TOUTES LES RÉPONSES AUX QUESTIONS QUE VOUS NE VOUS ÊTES JAMAIS POSÉES

Idée originale : Didier Baraud et Christian Demilly.

PHILIPPE NESSMANN

TOUTES LES
RÉPONSES AUX
QUESTIONS
QUE VOUS NE VOUS ÊTES
JAMAIS POSÉES

L'intégrale !

MARABOUT

SOMMAIRE

NOURRITURE

Qui a inventé les corn-flakes ?

Dans quelle ville le croissant a-t-il été inventé : Paris, Vienne ou Sainte-Croix ?

D'où vient le chocolat ?

De quelle région est originaire la dinde ?

Quels animaux les Égyptiens gavaient-ils pour faire leur foie gras ?

Le peintre Carpaccio mangeait-il du carpaccio ?

Qui a inventé le sandwich ?

Quelle recette de cuisine a été créée en 1800 sur le champ de la bataille de Marengo ?

Quel aliment, devenu depuis une spécialité italienne, Marco Polo a-t-il rapporté de Chine ?

Quel est le pays d'origine du ketchup ?

D'où vient le sel que nous consommons ?

Où est né le poisson surgelé ?

Pourquoi ne reprend-on jamais deux fois du fugu mal cuisiné ?

Qui a inventé le roquefort, ce fromage couvert de moisissures ?

Qui est le premier Français à avoir mangé un yaourt ?

Qui a inventé la tarte Tatin ?

Paris-Brest, religieuse au chocolat, baba au rhum... D'où viennent ces noms de pâtisseries ?

À quoi correspond la lettre E des colorants E121, E150 ou encore E162 ?

Avant d'être une boisson, à quoi servait le Coca-Cola ?

Pourquoi une bouteille de vin reste-t-elle à 12 degrés même l'été ?

Avec quoi fabrique-t-on du chewing-gum ?

MARQUES

Comment le Carambar a-t-il été inventé ?

Qui a gagné le combat de vaches, entre La Vache Qui Rit et La Vache Sérieuse ?

Quelle a été la première marque à faire de la publicité à la télévision française ?

Quel coup de publicité imagina l'inventeur de l'ascenseur pour faire décoller ses ventes ?

Pourquoi le bonhomme Michelin s'appelle-t-il Bibendum ?
À quoi correspondent les trois lettres de la marque automobile BMW ?
En 1964, pourquoi la Porsche 901 a-t-elle changé subitement de nom ?
Pourquoi le Scotch s'appelle-t-il du Scotch ?
Qu'a inventé le baron Bich : le pied-de-biche, le stylo Bic ou l'aérobic ?
D'où vient le nom du moteur de recherche Internet Google ?
Pourquoi le logo des ordinateurs Apple est-il une pomme croquée ?
Depuis quand les objets, en plus d'être utiles, doivent-ils être beaux ?
Qui crée les noms de marque ?

VÊTEMENTS

Pourquoi Nylon s'écrit-il avec un *y* ?
Qui a inventé les jeans ?
Pourquoi les pantalons s'appellent-ils des pantalons ?
Où sont nés les pantalons baggy ?
Pourquoi se déguise-t-on à carnaval ?
Qui était là le premier : l'île Bikini ou le maillot de bain Bikini ?
Dans le mot « tee-shirt », que signifie « tee » ?
Pourquoi les fermetures Velcro doivent-elles une fière chandelle aux chardons ?
Qui a inventé la fermeture Éclair ?
Pourquoi, quand on chausse du 39, n'a-t-on pas les pieds qui mesurent 39 cm ?
Les charentaises viennent-elles de Charente ?
Quelle marque de chaussures le cordonnier allemand Adi Dassler a-t-il créée ?
Pourquoi les chaussures Nike ont-elles une virgule pour logo ?

SPORTS ET LOISIRS

Courir un marathon de 42,195 km, c'est long ! Mais pourquoi cette distance
   bizarre ?
À quoi correspondent les cinq anneaux du drapeau olympique ?
Pourquoi le maillot jaune du Tour de France est-il jaune ?
Qui a inventé le premier vélo ?

En 1823, une faute de main lors d'une partie de football a donné naissance à un nouveau sport. Lequel ?

Pourquoi les journalistes sportifs prononcent-ils « footbôl », « basket-bôl » et « volley-bôl », mais « handbal » et non « handbôl » ?

Quel sport tire son nom de l'interjection « Tenez ! » ?

Avant d'être une arme d'art martial, à quoi servaient les nunchakus ?

Comment s'appelle le jeu que l'on joue les yeux bandés ? Et pourquoi ce nom ?

Quel était l'autre métier du créateur de Guignol ?

Comment est né l'ours en peluche ?

Qu'aime par-dessus tout un tyrésémiophile ?

Les jeux de cartes ont-ils le même nombre de cartes dans tous les pays ?

Que représentaient les tout premiers puzzles ?

Qui a inventé le jeu d'échecs ?

En 1809, contre qui Napoléon Ier a-t-il perdu aux échecs ?

L'inventeur du Monopoly était-il un tricheur ?

Quand le loto a-t-il été inventé ?

Quel a été le tout premier jeu vidéo ?

Quelle différence y a-t-il entre un cruciverbiste et un verbicruciste ?

Dans une boîte de Scrabble, pourquoi y a-t-il neuf lettres A mais seulement six O ?

PAGE 119

LES ARTS

Qui parle le quenya, le khuzdûl et le sovâl phârë ?

À quoi sert l'Académie française ?

Chaque année, combien d'argent gagne le lauréat du prix Goncourt ?

Combien faut-il vendre de disques pour obtenir un « disque d'or » ?

Pourquoi, au début du XXe siècle, y avait-il un piano dans les salles de cinéma ?

Pourquoi les oscars décernés à Hollywood s'appellent-ils ainsi ?

À la 23e minute du film *La Guerre des Étoiles*, dans quelle main Luke tient-il son verre ?

En 1938, quel canular a fait paniquer plus d'un million d'Américains ?

Pourquoi, dans les théâtres, est-il mal vu de prononcer le mot corde ?

Comme appelle-t-on l'apparition furtive d'un réalisateur dans son propre film ?

Pourquoi de nombreux personnages de dessins animés ont-ils quatre doigts à chaque main et non cinq ?

Si le cinéma est le 7e art, quels sont les six autres ?

Manga = man + ga. Mais que signifient *man* et *ga* en japonais ?

Qui est le plus ancien super-héros : Superman, Batman ou Spider-Man ?

Comment sont nés les Schtroumpfs ?

Comment s'appelait Hergé, le dessinateur de Tintin ?

Pourquoi les peintres impressionnistes ont-ils été appelés ainsi ?

Qui a peint la toile *Coucher de soleil sur l'Adriatique*, qui fit sensation en 1910 ?

Tous les tableaux signés Picasso ont-ils été peints par Picasso ?

Qui a volé la *Joconde* ?

Que sont devenues les Sept Merveilles du monde ?

Les statues géantes de l'île de Pâques sont-elles l'œuvre d'extraterrestres ?

Qui a dessiné la tour Eiffel ?

Combien mesure un ongle de la statue de la Liberté ?

Quel animal serait à l'origine de la construction du premier gratte-ciel : une girafe, une vache ou un termite ?

PAGE 147   **RELIGIONS ET MYTHOLOGIES**

De nombreux gratte-ciel américains n'ont pas de 13e étage. Pourquoi ?

En quelle année Jésus est-il né ?

Quelle pâtisserie mange-t-on généralement le premier dimanche de l'année ? Et pourquoi ?

Pourquoi distribue-t-on des œufs à Pâques ?

Depuis quand la croix est-elle le symbole des chrétiens ?

Pourquoi la Suisse est-elle le pays des montres ?

Dans quelle direction sont orientées les cathédrales ?

Comment devient-on pape ?

Autrefois, qui était l'avocat du diable ?

Pourquoi saint Christophe est-il le patron des chauffeurs de taxi ?

Pourquoi saint Valentin est-il le patron des amoureux ?

Pourquoi certains touristes deviennent-ils fous en visitant Jérusalem ?

Pourquoi les chrétiens mangent-ils du porc, mais pas les juifs ni les musulmans ?

Pourquoi parle-t-on de « bouc émissaire » plutôt que de « vache émissaire » ?

Qui a des sourcils de vache, des jambes d'antilope et quarante dents ?

Quel est le lien entre une peur panique, un musée et une sirène de pompier ?

Pourquoi le mot « Narcisse » désigne-t-il à la fois un héros de la mythologie grecque, une personne qui s'aime beaucoup et une fleur ?

Pourquoi les atlas géographiques s'appellent-ils des atlas ?

PAGE 167 **MOTS ET EXPRESSIONS**

Où doit-on aller pour toucher à coup sûr le Pactole ?

Quel gaz tient son nom du dieu égyptien Amon ?

Do, ré, mi, fa, sol, la, si, do… Pourquoi les notes de musique s'appellent-elles ainsi ?

Que signifient les deux lettres de l'expression « OK » ?

Lorsqu'un bateau est en détresse, le capitaine envoie un SOS. Pourquoi ces trois lettres-là ?

Pourquoi, en décrochant le téléphone, dit-on « allô » plutôt que « bonjour » ?

Pourquoi le mot américain *bug*, qui signifiait à l'origine « insecte », a-t-il pris le sens de « problème informatique » ?

Pourquoi un ordinateur s'appelle-t-il un ordinateur ?

Avant de désigner une machine, que signifiait le mot tchèque « robot » ?

Comment appelle-t-on des jumeaux qui naissent collés l'un à l'autre ? Et pourquoi ?

Quand on ignore la réponse d'une devinette, on donne sa langue au chat. Mais pourquoi au chat ?

Bachi-bouzouk ! Ectoplasme ! Sapajou ! Que signifient ces insultes du capitaine Haddock ?

Combien existe-t-il de mots en français ?

En 1897, une langue nouvelle a été créée de toutes pièces. Laquelle ?

Martin, Leblanc ou Dupré… Comment sont nés les noms de famille français ?

D'où viennent les noms des jours de la semaine ?

Dans septembre, il y a « sept ». Mais pourquoi « sept », alors que c'est le neuvième mois de l'année ?

Quarante, cinquante, soixante… Pourquoi, en France, poursuit-on la série avec soixante-dix et non pas septante ?

PAGE 187

SIGNES ET MESURES

1, 2, 3, 4, 5, 6, 7, 8, 9 et 0 sont appelés les « chiffres arabes ». Qui les a inventés ?

Il y a 24 heures dans un jour, 60 minutes dans une heure et 10 dixièmes dans une seconde. Pourquoi ces valeurs étranges ?

Pourquoi un film qui dure 2 heures au cinéma ne dure-t-il que 1 h 55 à la télévision ?

Pourquoi, aux États-Unis, par temps de canicule, la température de l'air peut-elle grimper jusqu'à 100° ?

Un mètre mesure... un mètre de long. Mais comment cette longueur a-t-elle été choisie ?

En France, les rails de chemin de fer sont écartés de 1,435 m. Pourquoi ce nombre étrange ?

Pourquoi une feuille de papier A4 mesure-t-elle 210 mm sur 297 mm ?

Pourquoi y a-t-il 666 questions dans ce livre ?

Qui a décidé que les CD feraient 12 cm de diamètre ?

Comment est né le signe de la clé de sol 𝄞 ?

L'euro s'écrit « € », le yen « ¥ » et le dollar « $ ». Mais pourquoi un « S » plutôt qu'un « D », comme « dollar » ?

Qu'est-ce qu'une esperluette & qui l'a inventée ?

Qui a inventé les guillemets ?

Pourquoi, jusqu'en 1530, écrivait-on « hospital » et « fenestre » à la place de « hôpital » et « fenêtre » ?

D'où le petit signe @ qui sert à écrire les adresses mail vient-il ?

www.marabout.com... Mais que signifient les lettres www ?

Le « Y » est-il vraiment grec ?

Qui a inventé l'alphabet braille ?

Pourquoi y a-t-il un serpent sur le caducée, l'emblème des médecins et des pharmaciens ?

Pourquoi la Croix-Rouge a-t-elle pour symbole une croix rouge ?

HISTOIRE ET GÉOGRAPHIE

Au XIXe siècle, un pays d'Afrique a été créé pour accueillir les esclaves noirs américains libérés. Lequel ?

Le drapeau des États-Unis comporte treize bandes rouges et blanches et cinquante étoiles. À quoi correspondent-elles ?

L'espagnol est la langue officielle de tous les grands pays d'Amérique latine, sauf un. Lequel et pourquoi ?

Pourquoi l'Amérique, découverte par Christophe Colomb, ne s'appelle-t-elle pas Colombie ?

Depuis quand la France s'appelle-t-elle la France ?

Dans quel département Napoléon Ier est-il né : Haute-Corse ou Corse-du-Sud ?

Quelle différence y a-t-il entre l'Angleterre, la Grande-Bretagne et le Royaume-Uni ?

Sur les timbres-poste de tous les pays du monde, le nom du pays est inscrit. Tous les pays sauf un. Lequel ?

En 1850, lorsqu'il était 12 heures à Strasbourg, quelle heure était-il à Brest : 11 h 10, 12 heures ou 12 h 50 ?

Dans certains pays, le 5 octobre 1582 n'a jamais existé. Pourquoi ?

En Angleterre, combien de temps dure une « minute de silence » ?

Qui décide qu'une chanson devient un hymne national ?

Dans quelle ville La Marseillaise a-t-elle été créée ?

Quelle ville de France a donné son nom à un verbe signifiant « priver quelqu'un de son emploi », et pourquoi ?

Autrefois, quelle ville avait pour spécialité la fabrication de cire de bougie ?

Les gondoles de Venise ont-elles toujours été noires ?

Pourquoi les phares qui guident les navires s'appellent-ils ainsi ?

Qui a découvert la grotte préhistorique de Lascaux ?

Pourquoi, sur un clavier d'ordinateur, les lettres ne sont-elles pas mises dans l'ordre alphabétique ?

Quel instrument de musique le Belge Adolphe Sax a-t-il inventé ?

Qui est le tout premier humain à avoir été photographié ?

Qui a inventé le code-barres ?

Qui a inventé les ustensiles de cuisine Tupperware ?

Quel point commun y a-t-il entre un lave-vaisselle, une tondeuse à gazon et des lentilles de contact ?

PAGE 259

LES SCIENCES

Que récompensent les prix Ig-Nobel ?

Grâce à quel animal la pile électrique a-t-elle été inventée ?

En quoi un poste de radio, un four à micro-ondes et un œil humain sont-ils cousins ?

Une cantatrice peut-elle briser un verre à la seule force de sa voix ?

Pourquoi, pour se laver les mains, l'eau ne suffit-elle pas ?

Au sommet de l'Everest, à quelle température l'eau bout-elle ?

L'eau gèle à 0 °C. Mais peut-on conserver de l'eau liquide à -10 °C ?

Pourquoi cela ne sert-il à rien d'avoir un thermomètre gradué jusqu'à -274 °C ?

Dans les années 1960, quel procédé la Nasa a-t-elle développé pour nourrir ses astronautes ?

Sous quel nom $C_{12}H_{22}O_{11}$ est-il plus connu ?

Combien cela coûte-t-il de transformer du plomb en or ?

Peut-on se réincarner en diamant ?

Pour dater une momie, on mesure son « carbone 14 ». Mais pourquoi 14 et pas 15 ?

Quel point commun y a-t-il entre le Parthénon et un cœur de tournesol ?

Quel est le plus grand nombre premier connu ?

3,14... et ensuite ? Combien de chiffres après la virgule pouvez-vous donner de Pi ?

L'HOMME

Aurez-vous assez de mémoire pour retenir la liste de chiffres suivante : 1, 3, 8, 4, 6, 9, 2, 0 ?

Réfléchir fait-il maigrir ?

Comment les savants ont-ils su ce qui se passait dans notre estomac ?

Combien de litres d'eau buvons-nous par jour et combien en éliminons-nous ?

Qu'est-ce qui, dans le corps humain, mesure 100 000 km de long ?

Combien de poils un homme a-t-il sur le corps ? Et une femme ? Et un enfant ?

Qui a le plus d'os : un enfant ou un adulte ?

Quand êtes-vous le plus grand : le matin ou le soir ?

Au cours de sa vie, combien de temps un homme de 80 ans a-t-il passé à dormir ?

Combien y a-t-il de centenaires en France ?

Peut-on apprendre en dormant ?

Combien notre langue peut-elle détecter de goûts différents ?

Existe-t-il des odeurs sans odeur ?

Existe-t-il un sixième sens ?

L'homme bionique est-il parmi nous ?

L'homme de Cro-Magnon savait-il parler ?

Pourquoi naît-on droitier ou gaucher ?

Pour faire un enfant, combien de « petites graines » papa met-il dans le ventre de maman ?

Pourquoi les humains n'ont-ils pas d'ailes dans le dos ?

Pourquoi, dans le ventre de sa mère, l'embryon humain a-t-il une queue ?

LES PETITES BÊTES

Il y a les vivants et les non-vivants. Moi, je suis juste entre les deux. Qui suis-je ?

Qui a inventé le vaccin ?

Quel célèbre savant a découvert la pasteurisation et en quoi consiste-t-elle ?

Nous vivons par 110 °C ou dans des bains d'acide. Qui sommes-nous ?

Le soir, quand vous vous endormez, combien êtes-vous en réalité dans votre lit ?

Quel fil naturel est cinq fois plus résistant que l'acier ?

Si les puces avaient la taille d'un homme, à quelle hauteur sauteraient-elles ?

Pourquoi les abeilles dansent-elles ?

Pourquoi seules les femelles moustiques piquent-elles ?

Pourquoi n'existe-t-il pas de fourmi de 18 m ?

Combien un mille-pattes a-t-il de pattes ?

Quelle espèce animale représente à elle seule 80 % de la masse totale des animaux terrestres ?

PAGE 313 — LES GROSSES BÊTES

Dans le règne animal, existe-t-il des papas poules ?

Pourquoi Nemo le poisson-clown n'a-t-il pas de petite sœur ?

Comment s'appelle le petit de la mule et du mulet ?

Combien une hippopotame a-t-elle de mamelles ?

Les animaux ont-ils des dents de lait ?

Pourquoi le koala dort-il vingt heures par jour ?

Les animaux à sang froid peuvent-ils avoir le sang chaud ?

Qu'est-ce qui mesure 25 cm de large sur plusieurs mètres de long et flotte à la surface des océans ?

Jusqu'à quelle distance un aigle est-il capable de voir un lapin ?

Les animaux reconnaissent-ils leur reflet dans un miroir ?

Quel est l'autre nom du *Canis familiaris* ?

Pourquoi, jusqu'en 1860, les dobermans ne mordaient-ils jamais les facteurs ?

Peut-on se baigner sans crainte dans le loch Ness ?

Combien le Yéti a-t-il de doigts de pied ?

Comment des pinsons ont-ils permis de comprendre que l'homme descendait du singe ?

Les poules ont-elles eu des dents ?

En 2005, qui a fêté ses 175 ans dans un zoo australien ?

LES PLANTES

Quel arbre est appelé le « fossile vivant » ?
Un arbre vivant est-il entièrement vivant ?
Quelle herbe peut pousser d'un mètre par jour ?
Que devient un bonsaï relâché dans la nature ?
Où sont passées les feuilles des cactus ?
Les plantes ont-elles un sexe ?
Pourquoi la fleur du *Stapelia nobilis* a-t-elle une odeur de viande pourrie ?
Quel petit fruit orange a été créé par le frère Clément en 1902 ?
À quelles fleurs Messieurs Bégon, Magnol et Fuchs ont-ils donné leur nom ?
Pourquoi les Romains ne mangeaient-ils jamais de pommes de terre ?
Les épinards contiennent-ils vraiment du fer ?
Pourquoi les plantes carnivores ont-elles bon appétit ?
Quel champignon émet des gaz après avoir mangé du sucre ?
Je suis la symbiose d'une algue et d'un champignon. Qui suis-je ?
Que donne le croisement d'un plant de tabac et d'une luciole ?

ÉCOLOGIE

Combien d'espèces animales et végétales disparaissent chaque jour ?
En 1850, combien y avait-il de lapins en Australie ?
Le temps que vous lisiez cette question et sa réponse, combien d'êtres
    humains seront nés sur Terre ?
Si tous les Terriens se tenaient serrés les uns contre les autres, quelle
    place occuperaient-ils ?
Avec l'eau consommée en une journée par un Américain, combien de
    bouteilles de 1,5 litre pourrait-on remplir ?
Combien de bouteilles en plastique faut-il pour faire un pull-over ?
Qui a la plus longue durée de vie : un client de supermarché ou son sac
    plastique ?

Avec un seul litre d'essence, quelle distance maximale peut parcourir une voiture ?

Y aura-t-il toujours du pétrole sur Terre ?

L'oxygène de l'air que nous respirons sans cesse va-t-il s'épuiser ?

Le réchauffement de la Terre est-il une mauvaise chose ?

Qu'est-ce que la pollution lumineuse ?

Combien de boulons et autres objets tournent en orbite autour de la Terre ?

Quelle mer a perdu la moitié de sa surface depuis 40 ans ?

Pourquoi aucun touriste n'a-t-il jamais mis les pieds sur l'île Surtsey, au large de l'Islande ?

PAGE 369

PLANÈTE TERRE

Quelle est l'altitude moyenne de la Terre ?

Le triangle des Bermudes est-il dangereux ?

Si vous êtes exactement au pôle Nord magnétique, vers où se dirige l'aiguille de votre boussole ?

Pendant un orage, comment savoir à quelle distance la foudre s'est abattue ?

Combien d'ampoules de 100 watts pourrait-on allumer avec l'électricité d'un éclair ?

Combien un nuage pèse-t-il ?

Peut-on prédire le temps qu'il fera dans un mois ?

Où et quand aura lieu le prochain tremblement de terre ?

Quel est le bruit le plus violent jamais entendu par des humains ?

Il y a 300 millions d'années, combien y avait-il de continents sur Terre ?

Trouve-t-on des coquillages dans les Alpes ?

Comment sait-on à quelle époque vivaient les dinosaures ?

Au temps des dinosaures, quelle était la durée d'une journée sur Terre ?

Si l'Univers est apparu à 0 h 00 et si 24 heures se sont écoulées depuis, à quelle heure sont apparus les premiers hommes ?

L'UNIVERS

Si le Soleil avait la taille d'un ballon de football, quelle taille aurait la Terre ?

Le Soleil s'éteindra-t-il un jour ?

Combien de temps met la lumière du Soleil pour atteindre la Terre ?

Peut-on remonter dans le temps ?

Je suis née, il y a 4,5 milliards d'années, du choc entre la Terre et une météorite géante. Qui suis-je ?

Si, sur Terre, vous crachez un noyau de cerise à 3 m, à quelle distance y parviendrez-vous sur la Lune ?

Peut-on acheter un terrain sur la Lune ?

Combien de temps doivent durer vos vacances, si vous voulez les passer sur Mars ?

Dans quelles circonstances la planète Cérès a-t-elle disparu ?

Où trouve-t-on l'astéroïde Bésixdouze ?

Pourquoi la constellation de la Grande Ourse s'appelle-t-elle ainsi ?

Où se trouve la planète « 51 Peg b » ?

Combien y a-t-il d'étoiles dans le ciel ?

Dans l'espace, combien pèserait un trou noir de la taille d'une bille ?

Combien d'extraterrestres y a-t-il dans notre galaxie ?

VIE QUOTIDIENNE ET COUTUMES

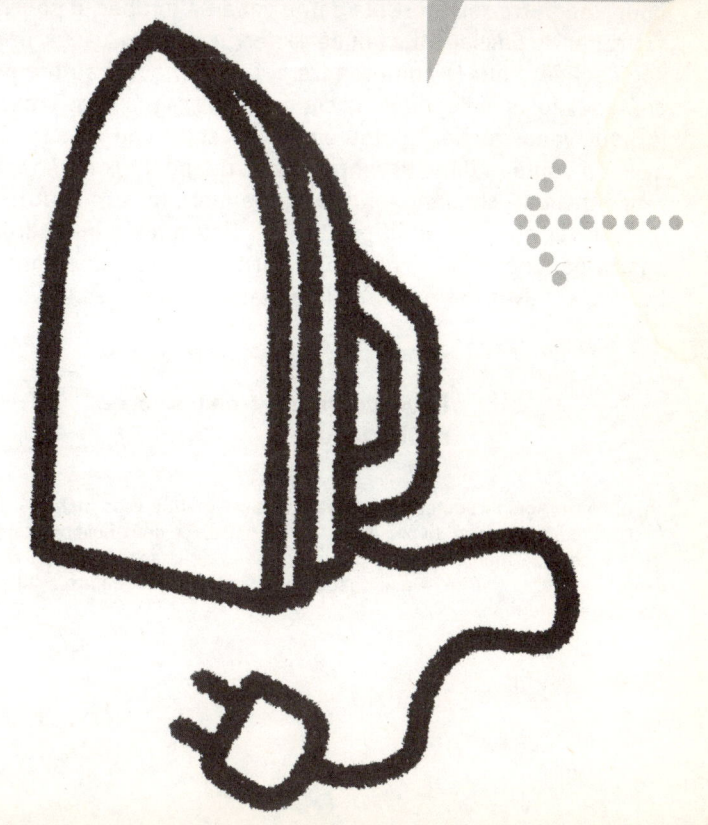

**« Bonjour ! »
Mais au fait, pourquoi
se serre-t-on la main quand
on se dit bonjour ?**

Les gestes de politesse ont parfois une raison précise. Ainsi, lorsqu'un homme et une femme montent un escalier, la politesse veut que l'homme passe le premier. Pourquoi ? Pour qu'il n'en profite pas pour regarder les fesses de la dame ! Et lorsqu'ils redescendent, l'homme passe encore le premier, mais pour une autre raison : si la dame venait à tomber, il pourrait la rattraper au passage. Le fait de se serrer la main a aussi une raison cachée. Pour la comprendre, il faut remonter au temps des châteaux forts. À l'époque, la confiance ne régnait pas vraiment : lorsque vous croisiez quelqu'un, vous risquiez de vous retrouver avec un couteau dans le ventre. Ainsi, quand deux personnes se rencontraient, chacune tendait sa main droite vers l'autre, pour lui prouver qu'elle n'était pas armée. Pourquoi la main droite et pas la gauche ? Parce que la majorité des humains sont droitiers. C'est avec cette main qu'on maniait les armes.

 **Pourquoi cogne-t-on les verres
pour trinquer ?**

Au Moyen Âge, lorsqu'on vous offrait à boire, il fallait vous méfier : le verre contenait peut-être du poison. Avant de boire, les deux buveurs cognaient leurs verres de manière qu'un peu de boisson de chaque verre se retrouve dans le verre de l'autre. Ainsi, chacun montrait à l'autre qu'il n'avait pas de mauvaises intentions.

Pourquoi les Anglais roulent-ils à gauche ?

En fait, la vraie question est plutôt : pourquoi les Français, les Allemands ou les Suisses roulent-ils à droite ? Car, autrefois, tout le monde se croisait par la gauche. La coutume remonte au Moyen Âge. À l'époque, bien sûr, il n'y avait pas d'automobiles. Imaginons deux cavaliers se retrouvant nez à nez sur un sentier étroit. Comme ils étaient le plus souvent droitiers, ils portaient leur épée du côté gauche, pour la dégainer plus facilement. Et pour que les deux épées ne se cognent pas au passage des chevaux, ils se croisaient par la gauche. Autre avantage : si l'un des cavaliers avait de mauvaises intentions, il était plus facile pour l'autre de le combattre en l'ayant sur sa droite. C'est pour cette raison qu'autrefois on se croisait par la gauche. Pourquoi cette coutume a-t-elle changé en France ou en Belgique ? À cause de Napoléon. À la fin du XVIIIe siècle, sur les champs de bataille, les armées s'affrontaient généralement par la gauche. Pour surprendre l'adversaire, Napoléon décida d'attaquer par la droite. Et, pour bien montrer sa suprématie, il imposa la conduite à droite dans les pays qu'il vainquit comme la Belgique, les Pays-Bas et l'Espagne. Peu à peu, tous les pays de l'Europe occidentale passèrent progressivement à la conduite à droite. Comme il ne conquit jamais la Grande-Bretagne, celle-ci conserva la conduite à gauche.

Roule-t-on à gauche ailleurs qu'en Grande-Bretagne ?

Dans le passé, la Grande-Bretagne avait de nombreuses colonies : l'Australie, la Nouvelle-Zélande, l'Inde, la Jamaïque, l'Afrique du Sud, le Kenya, la Malaisie... La conduite à gauche y était obligatoire. Depuis, ces pays sont devenus indépendants, mais on continue d'y rouler à gauche.

Où et quand a été installé le tout premier feu rouge ?

C'est au cœur de Londres, très exactement à l'intersection des rues Bridge Street et Palace Yard, que fut installé le tout premier feu rouge. Sa mise en service eut lieu le 10 décembre 1868, bien avant l'invention des voitures automobiles : à l'époque, il était destiné aux calèches à chevaux. Il s'agissait d'une simple lanterne au gaz suspendue au bout d'un mât en acier de 7 m de long. D'un côté, une lumière rouge signifiait « stop ! » ; de l'autre, une lumière verte pour « passez ! ». Au pied du feu bicolore, un agent de police tournait la lanterne dans la bonne direction à l'aide d'un levier. Cette invention intéressante fit cependant long feu : trois semaines seulement après sa mise en fonction, elle explosa, blessant grièvement le policier. Il fallut attendre cinquante ans et l'essor de l'industrie automobile pour voir apparaître les premiers feux tricolores électriques.

En France, de quand date le code de la route : 1789, 1922 ou 1945 ?

Le code de la route moderne, qui fixe les règles de la circulation routière, date de 1922. Au même moment ont été créés la police de la circulation et le permis de conduire. Auparavant, de simples certificats de capacité étaient délivrés, avec interdiction de dépasser les 20 km/h en ville et 30 km/h sur route.

> ## Depuis quand les plaques de nom de rue existent-elles ?

Au Moyen Âge, les noms de rue n'étaient pas inscrits sur des plaques. Ce n'était d'ailleurs pas utile – peu de gens savaient lire – ni même nécessaire – les noms de rue étaient toujours simples et logiques. Une rue était baptisée en fonction de ceux qui y travaillaient (rue des Poissonniers...), d'une caractéristique géographique (rue de la Colline...), du nom du propriétaire du terrain (rue du Père Fouras...), de la direction d'une ville voisine (rue d'Aubervilliers...) ou encore d'un édifice particulier (rue de l'Église...). Lorsque les villes ont grignoté sur les champs, des rues nouvelles ont été créées et tout s'est compliqué. En 1728, pour qu'on puisse s'y repérer, le lieutenant de police de Paris ordonna que les propriétaires des maisons de début et fin de rue apposent une plaque de fer blanc avec inscrit dessus en noir le nom de la rue. Comme c'était fragile, il les fit remplacer l'année suivante par des plaques de pierre gravées. Puis, en 1844, apparurent les plaques émaillées bleues et blanches. Aujourd'hui, à Paris, les noms de rues sont attribués par une commission municipale. En général, une rue existante n'est pas rebaptisée. Le nom d'une personnalité est souvent donné à une rue nouvellement créée.

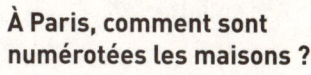

À Paris, comment sont numérotées les maisons ?

Paris est traversée par la Seine. Pour les rues perpendiculaires au fleuve, la numérotation démarre à celui-ci. Pour les rues parallèles, elle suit le cours du fleuve.

Pourquoi certains vieux immeubles ont-ils des fausses fenêtres murées ?

Il ne s'agit pas là d'appartements vides dont les fenêtres ont été bouchées pour qu'ils ne soient pas squattés. Regardez bien les vieux immeubles des villes : certains ont de belles fenêtres mais, du bas en haut de la maison, une rangée est obstruée non par une vitre mais par un mur. Un impôt est à l'origine de cela. Jusqu'à la Révolution française, on payait des impôts sur ce qu'on produisait – comme la taille prélevée par l'État ou la dîme prélevée par l'Église – ou sur ce qu'on achetait – comme la gabelle sur le sel. Mais l'essentiel de ces impôts était payé par les plus pauvres. À la Révolution, on essaya de créer des impôts plus justes. La « contribution sur les portes et fenêtres » était l'un d'eux. Les propriétaires des maisons étaient taxés en fonction du nombre et de la taille des ouvertures. L'idée était que, plus une maison est grande, plus elle a de portes et de fenêtres. Cette taxe, qui a survécu jusqu'en 1917, a eu de réelles répercussions sur l'architecture : les architectes se sont creusé la tête pour limiter le nombre des ouvertures. D'où les fenêtres borgnes de certains vieux immeubles, parfois cachées par des volets inutiles.

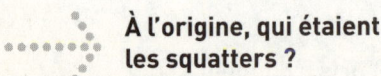 ### À l'origine, qui étaient les squatters ?

Aux États-Unis, les squatters (de l'anglais *to squat*, « se blottir ») étaient les pionniers qui s'installèrent sans titre de propriété sur les terres encore inoccupées du Far West.

Quelle est la forme des enseignes des bureaux de tabac en France ?

Et pourquoi ?

Les bureaux de tabac ont pour enseigne un losange rouge. L'histoire est assez ancienne. Le tabac, originaire d'Amérique, est arrivé en Europe au XVIᵉ siècle. Au siècle suivant, Colbert, le ministre de Louis XIV, s'est rendu compte que l'État français avait beaucoup d'argent à gagner avec le commerce du tabac. Il a donc décidé que sa fabrication et sa vente seraient aux seules mains de l'État. À l'époque, il ne se vendait pas sous la forme de cigarettes, mais de larges feuilles enroulées les unes sur les autres. Elles formaient un petit bâton appelé « carotte » à cause de sa ressemblance avec le légume. Le client n'avait qu'à râper sa carotte de tabac pour obtenir des brins à chiquer ou à mettre dans une pipe. Rapidement, certains revendeurs ont pris comme enseigne une carotte rouge, facilement reconnaissable. En 1906, l'État français a rendu cette enseigne obligatoire pour tous les débitants. La carotte a ensuite été stylisée en un losange rouge.

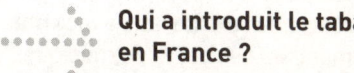

Qui a introduit le tabac en France ?

Au XVIᵉ siècle, Jean Nicot était ambassadeur de France au Portugal. Il y découvrit le tabac, que les Portugais importaient d'Amérique, et le rapporta en France. La reine Catherine de Médicis devint vite accro à cette plante, appelée « herbe à Nicot ». Plus tard, la « nicotine » désigna la substance excitante du tabac.

Depuis quand les prix sont-ils écrits sur des étiquettes ?

Jusqu'au XIXe siècle, les magasins étaient des petites échoppes moyenâgeuses où le commerçant fixait les prix à la tête du client. À la révolution industrielle, un homme fait évoluer les choses. Aristide Boucicaut, un marchand forain né dans le Perche, monte à Paris en 1829. Il a 19 ans, devient vendeur, économise de l'argent, se marie et rachète en 1852 une part d'une petite mercerie, Au Bon Marché. Mais Boucicaut a une conception révolutionnaire du commerce. Dans son magasin, le client est roi : il peut ressortir sans avoir rien acheté, les prix sont fixes et indiqués sur une étiquette, les articles livrés à domicile et échangeables, sans oublier les soldes plusieurs fois par an... Le commerce moderne ! Ça fonctionne si bien que le chiffre d'affaires du Bon Marché explose, la boutique s'agrandit et devient le premier grand magasin de France. Sa formule est alors copiée par le Bazar de l'Hôtel de Ville (BHV), le Printemps, la Samaritaine et les Galeries Lafayette. Mais Boucicaut et son épouse sont plus que de simples commerçants : philanthropes, ils proposent à leurs employés une cantine, une caisse de retraite, un service médical gratuit, le repos obligatoire le dimanche, des cours de musique... À l'époque, cela aussi était révolutionnaire.

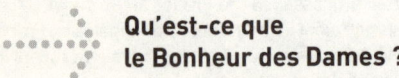

Qu'est-ce que le Bonheur des Dames ?

En 1883, l'écrivain Émile Zola fait paraître *Au Bonheur des Dames*. Ce roman se déroule dans un grand magasin appelé le Bonheur des Dames, inspiré du Bon Marché. Pour Zola, le grand magasin était une « cathédrale du commerce moderne, faite pour un peuple de clientes ».

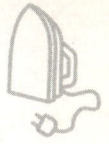

> ## À quels signes distingue-t-on un vrai billet de 10 euros d'un faux ?

Pour savoir si votre billet de 10 euros est vrai, commencez par le toucher : le papier, à base de pur coton, doit avoir une texture ferme et une sonorité craquante. Regardez ensuite la fine bande argentée, sur l'une des faces : en l'inclinant, le symbole € alterne avec le nombre 10. Et vu en transparence, des microperforations y forment un €. Toujours sur cette face du billet, en haut, les lettres rouges BCE ECB... ont un léger relief. Plus loin, à gauche du drapeau européen, de drôles de signes sont imprimés : en les regardant en transparence, ils se complètent parfaitement avec ceux de l'autre face et forment un 10. Toujours en transparence, une arche apparaît juste en dessous, en filigrane. Descendez maintenant jusqu'aux lettres EYPΩ : observées à la loupe, les rayures sont en réalité de minuscules 10. Au centre du billet, visible en transparence, un fil de sécurité a été incorporé dans l'épaisseur du papier avec l'inscription « 10 euro ». Enfin, pour en finir avec cette face, le drapeau européen vire au vert lorsqu'il est vu en lumière noire. Sur l'autre face du billet, une bande dorée apparaît en penchant le billet avec écrit « 10 » et « € ». Il existe encore d'autres sécurités, mais elles n'ont pas été révélées au public pour ne pas faciliter le travail des faux-monnayeurs.

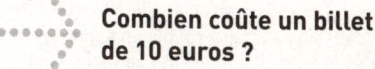

Combien coûte un billet de 10 euros ?

La fabrication d'un billet de banque, entre le papier, l'encre, les hologrammes et la main-d'œuvre, coûte quelques dizaines de centimes d'euro.

Comment est née l'expression « payer en monnaie de singe » ?

Payer en monnaie de singe signifie récompenser par de belles paroles, se moquer de quelqu'un, ou encore payer avec de la fausse monnaie. L'expression remonte au XIIIe siècle, au temps du roi Saint Louis. À l'époque, pour franchir le Petit-Pont qui, à Paris, permettait d'aller du nord de la ville vers l'île de la Cité, il fallait payer une taxe. Un péage, en quelque sorte. Le règlement prévoyait des exemptions pour certains métiers. Ainsi, les jongleurs, les acrobates ou les montreurs de singes qui se rendaient sur l'île pour y donner des spectacles pouvaient passer gratuitement. Mais, pour cela, ils devaient prouver à la personne chargée de récupérer la taxe qu'ils étaient bel et bien saltimbanques. Ils devaient donc réaliser un petit tour : une acrobatie, un numéro de jonglerie ou un numéro avec leur singe. Ces tours servaient de paiement.

Nos cousins les singes apparaissent dans d'autres expressions. Lesquelles ?

« Adroit comme un singe », « malin comme un singe », « laid comme un singe », « faire le singe », « des paroles à faire rougir un singe », « on n'apprend pas à un vieux singe à faire des grimaces », ainsi que le verbe « singer », qui signifie imiter quelqu'un de façon grotesque pour s'en moquer.

> **Le 1er avril est le jour des poissons d'avril. Mais pourquoi des poissons plutôt que des girafes ?**

Jusqu'en 1564, en France, l'année commençait le 1er avril. À cette date, on se faisait des petits cadeaux pour fêter le Nouvel An. Puis le roi Charles IX décida par un édit que l'année commencerait désormais le 1er janvier. Par habitude, on continua à se faire des petits cadeaux le 1er avril. Mais comme ce n'était plus le Jour de l'an, c'étaient des cadeaux « pour rire ». Voilà l'origine des farces du 1er avril. Et les poissons, là-dedans ? Le 1er avril était aussi la date de fermeture de la pêche en rivière, afin de permettre aux poissons de se reproduire. Ce jour-là, pour taquiner les pêcheurs en eau douce, on leur offrait un poisson d'eau de mer. Et ça tombait bien : le 1er avril tombant pendant le carême, les chrétiens, qui ne pouvaient manger de viande, avaient le droit de manger du poisson.

 Les farces du 1er avril n'existent qu'en France. Vrai ou faux ?

Faux, on en fait un peu partout en Europe et en Amérique. Ainsi, le 1er avril 1962, la télévision suédoise, qui émettait alors seulement en noir et blanc, annonça qu'il suffisait de placer un bas en Nylon devant l'écran pour obtenir un téléviseur couleur. Des milliers de spectateurs firent l'expérience, avec le résultat qu'on imagine...

Pourquoi les fers à cheval sont-ils censés porter bonheur ?

Autrefois, lorsqu'un paysan trouvait un fer à cheval sur le bord d'un chemin, c'était son jour de chance : en le revendant, il pourrait gagner quelques sous... L'origine du fer à cheval comme porte-bonheur n'est sans doute pas à chercher plus loin. Par la suite, on a voulu y voir d'autres symboles, plus ou moins convaincants : par exemple, la forme du fer formerait le C de « Christ »... Depuis toujours, les hommes cherchent autour d'eux des signes qui les rassurent sur leur avenir. Les porte-bonheur, censés l'influencer de manière positive, obéissent à une certaine logique. Ainsi le lapin est-il réputé pour sa grande capacité à se reproduire : ses pattes sont donc symboles d'abondance. Le caractère porte-bonheur du trèfle à quatre feuilles est sans doute lié à sa rareté. Quant à la coccinelle, appelée « bête à bon Dieu », elle est très utile car elle mange les pucerons, qui sont nuisibles aux plantes.

 **Le premier homme à marcher sur la Lune avait avec lui un ours porte-bonheur. Vrai ou faux ?**

Vrai ! L'Américain Neil Armstrong, le premier humain à marcher sur la Lune, le 21 juillet 1969, avait emporté dans la fusée son ours en peluche fétiche. Cet ours était, semble-t-il, aussi important pour l'astronaute que les performances de sa fusée. Même les personnes les plus rationnelles ont parfois besoin de grigris...

> ## Pourquoi la bague de mariage se porte-t-elle à l'annulaire de la main gauche ?

La tradition remonterait au temps des Grecs et des Romains. À l'époque, on croyait que l'annulaire de la main gauche était directement relié au cœur par une artère, la *vena amoris*, la « veine de l'amour ». Les Romains portaient donc l'alliance à ce doigt. Plus tard, les chrétiens ont conservé cette coutume. Pendant la cérémonie de mariage, le jeune marié plaçait l'anneau en haut de l'index de la jeune fille en disant « au nom du Père », puis en haut du majeur en disant « au nom du Fils », puis glissait la bague sur l'annulaire en disant « et du Saint-Esprit, Amen ». Mais cette tradition n'est pas universelle. Dans les pays orthodoxes, l'alliance se porte à l'annulaire de la main... droite ! Et, pendant le mariage traditionnel juif, l'alliance est passée à l'index droit de la jeune mariée.

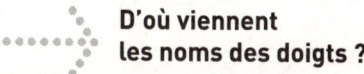

D'où viennent les noms des doigts ?

L'index est le doigt qui sert à indiquer quelque chose. Le majeur est le plus grand ; on l'appelle aussi médius car il est au milieu. L'annulaire est celui qui porte l'anneau. L'auriculaire est celui avec lequel on se gratte l'oreille. Quant au pouce, il vient du latin *pollex* qui désignait... le pouce !

En Chine, de quelle couleur sont les robes de mariée ?

Les Chinois, les Indiens ou les Français ne parlent pas la même langue, ne mangent pas les mêmes plats, ne croient pas aux mêmes dieux. Pourquoi donneraient-ils aux couleurs la même signification ? Si le rouge est partout la couleur du sang, le bleu celle du ciel et le vert celle des arbres, chacun les emploie à sa manière. Par exemple pour le deuil : en Occident, le noir, couleur des ténèbres et du monde souterrain, est de mise. En Asie et dans une partie de l'Afrique, c'est au contraire le blanc, symbole de pureté et de lumière. Autre exemple avec les mariages : en Europe, la robe de la mariée est d'un blanc virginal. En Chine, elle est rouge, teinte du bonheur. Le sens des couleurs change donc en fonction du lieu mais également de l'époque. Jusqu'au XIXᵉ siècle, en Occident, les paysans se mariaient... en rouge. La raison était alors pratique : ce jour-là, il fallait mettre ses plus beaux habits et c'est avec le rouge que les teinturiers étaient les plus habiles.

Depuis quand le bronzage est-il à la mode ?

Au XVIIIᵉ siècle, pour qu'on ne les confonde pas avec les paysans – bronzés car travaillant dans les champs –, les nobles se poudraient le visage en blanc. À la fin du XIXᵉ et au début du XXᵉ siècle, pour qu'on ne les confonde pas avec les ouvriers – pâles car travaillant en usine –, les élites allaient bronzer à la plage. Enfin, aujourd'hui où bronzage et cancers de la peau sont à la portée de tous, la tendance serait à un retour de la pâleur.

Pourquoi le Père Noël s'habille-t-il en rouge et blanc ?

Au commencement, il y avait saint Nicolas, un obscur évêque qui vivait en Asie Mineure en l'an 300. On lui attribuait de nombreux miracles, comme la résurrection d'enfants. Pour ses bienfaits, saint Nicolas devint, au fil des siècles, le patron des écoliers. Avec sa longue barbe et sa robe violette d'évêque, il leur apportait des petits cadeaux le 6 décembre, jour de sa fête. Au XVIIe siècle, lorsque des Hollandais émigrèrent aux États-Unis, ils emportèrent avec eux leurs traditions, et saint Nicolas. Il fut alors rebaptisé Santa Claus et distribua ses cadeaux à Noël. Au XIXe siècle, divers écrivains américains s'emparèrent du personnage et lui créèrent un univers : désormais, Santa Claus habitait au pôle Nord, possédait un traîneau tiré par des rennes et une fabrique de jouets. Le Père Noël était né ! Mais il fallut attendre encore un peu pour qu'il prenne son visage actuel. En 1931, Coca-Cola cherchait à vendre des sodas en hiver. La compagnie demanda à un dessinateur d'imaginer un Père Noël buvant du soda. Il le dessina dodu, avec un visage sympathique et habillé de rouge et blanc, les couleurs de la marque. Exactement le Père Noël que l'on connaît aujourd'hui !

En Alsace et en Lorraine, on continue de fêter la Saint-Nicolas. Vrai ou faux ?

Vrai. Dans la nuit du 6 décembre, saint Nicolas distribue des pains d'épices et des oranges aux enfants sages. Il est accompagné du Père Fouettard, qui s'occupe des enfants désobéissants.

Pourquoi mange-t-on une bûche à Noël ?

Avant d'être un gâteau, la bûche de Noël était... une bûche. Autrefois, les maisons étaient chauffées grâce aux feux de cheminée. La coutume voulait qu'à Noël on brûle une énorme bûche, qui devait se consumer très lentement. Il fallait qu'elle dure au moins trois jours, le temps de Noël ; si elle tenait six jours, jusqu'au Nouvel An, c'était mieux ; et douze jours jusqu'à l'Épiphanie, c'était encore mieux. La bûche était de préférence la souche d'un arbre fruitier, symbole d'abondance. Au moment d'être allumée, elle était bénie avec de l'eau, du sel et parfois du vin. Ensuite, la façon dont elle se consumait permettait à la famille de faire des prédictions sur l'année à venir : s'il y avait beaucoup d'étincelles, c'était signe de moisson abondante et de nombreuses naissances dans le bétail. Une fois le feu éteint, les cendres étaient précieusement conservées car elles étaient censées protéger le foyer des maladies, de la foudre ou encore des insectes. Au XXe siècle, les radiateurs ont remplacé les cheminées, mais la tradition de la bûche n'a pas totalement disparu puisqu'elle est devenue un gâteau.

 **D'où vient la tradition des boules dans les sapins de Noël ?**

Autrefois, les sapins de Noël étaient décorés avec des pommes. La légende raconte qu'en 1858, l'hiver fut si rigoureux en Moselle qu'il ne resta aucune pomme. Un souffleur de verre eut alors l'idée de les remplacer par des boules en verre.

Pourquoi est-il impoli de couper sa salade avec son couteau ?

À table, certaines règles de politesse se comprennent très bien. Il ne faut pas parler la bouche pleine : c'est de toute façon inutile car les autres ne comprendraient rien. Avant de boire, il faut avaler ce qu'on a dans la bouche puis se l'essuyer avec une serviette, afin d'éviter les traces de gras sur le verre ou, pire, les petits bouts de nourriture flottant sur l'eau. Il faut également fermer la bouche quand on mâche, par égard pour le voisin d'en face : vos amygdales ne valent pas le détour. Et il faut garder les mains sur la table : vos voisins se demanderaient ce que vous faites en dessous... Toutes ces règles de politesse sont évidentes. Mais pourquoi diable ne pourrait-on pas couper sa salade avec un couteau ? Pourquoi la salade plutôt que le fromage ou la viande ? La raison est ancienne : autrefois, les couteaux étaient en argent. Or, au contact du vinaigre, l'argent s'oxyde et noircit. Pour éviter cela, la salade était découpée avant d'être mise dans le saladier. Ainsi, pas besoin d'utiliser le couteau à table. Aujourd'hui, les couteaux ne s'oxydent plus, mais l'habitude est restée...

 ## Pourquoi les couteaux de table ont-ils un bout arrondi ?

Non, ce n'est pas pour éviter aux enfants de se blesser. Cela remonterait au XVIIe siècle. Irrité de voir ses convives se servir des couteaux comme de cure-dents, le cardinal de Richelieu en aurait fait arrondir le bout. Et pan, dans les dents !

NOURRITURE

Qui a inventé les corn-flakes ?

À la fin du XIXᵉ siècle, aux États-Unis, le petit déjeuner était assez gras, avec œufs au plat, beurre et bacon. À l'époque, Will Keith Kellogg et son frère le docteur John Harvey Kellogg travaillaient dans un sanatorium. Pensant que l'alimentation était importante pour la santé, ils firent différentes expériences avec des céréales afin de proposer à leurs patients un petit déjeuner plus sain. L'une d'elles consistait à faire cuire des grains de blé puis à les écraser entre deux rouleaux pour former une fine feuille de pâte. La petite histoire dit qu'un jour de 1894, les deux frères oublièrent une feuille de pâte dans la cuisine et qu'à leur retour, ils la retrouvèrent sèche et dure. Lorsqu'ils voulurent l'enrouler, elle se craquela en une multitude de petits pétales. Ils les grillèrent pour les rendre croustillants. Les patients les apprécièrent tant qu'après avoir quitté le sanatorium, ils s'en firent livrer chez eux. Will Keith Kellogg ouvrit alors une usine pour fabriquer ces pétales, la future Kellogg Company. En 1898, il appliqua sa recette à du maïs, créant les premiers corn-flakes.

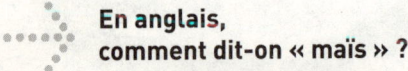

En anglais, comment dit-on « maïs » ?

« Maïs » se dit *corn*. On le retrouve dans pop-corn (maïs qui fait « pop » en éclatant), et dans corn-flakes (flocons de maïs).

> **Dans quelle ville le croissant a-t-il été inventé : Paris, Vienne ou Sainte-Croix ?**

Le croissant est originaire de Vienne, la capitale de l'Autriche. En 1683, la ville était assiégée par l'armée turque, qui attendait le bon moment pour l'envahir. Une tradition raconte qu'une nuit, un Polonais de 23 ans nommé Franz Georg Kolschitzky parvint à traverser les lignes turques. Il en rapporta d'importantes informations sur l'ennemi. Grâce à ces renseignements et aux renforts envoyés par le roi de Pologne, les Autrichiens passèrent à l'attaque. Les Turcs, vaincus, s'enfuirent, abandonnant sur place canons et provisions. Cinq cents sacs de café récupérés là furent offerts à Kolschitzky, pour le remercier. Il ouvrit alors un café à Vienne et demanda à son boulanger de créer une nouvelle pâtisserie. Il lui donna la forme d'un croissant, comme celui dessiné sur le drapeau turc, afin que chacun se souvienne de la victoire. Un siècle plus tard, la future reine Marie-Antoinette, née à Vienne, introduisit le croissant à Paris au moment de se marier avec Louis XVI.

Comment appelle-t-on croissants, brioches et autres pains au chocolat ?

Ce sont des viennoiseries, en l'honneur de la ville qui a vu naître le croissant. Vienne a également donné son nom au café viennois et au chocolat viennois : une tasse de café ou de chocolat chaud, surmonté d'une épaisse couche de crème Chantilly. Miam !...

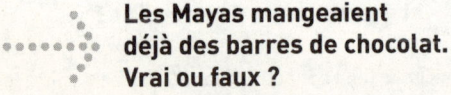

**D'où vient
le chocolat ?**

Le chocolat chaud est originaire d'Amérique latine. Au Mexique, les Mayas et les Aztèques le considéraient comme une boisson magique. Digne des dieux, elle était censée nourrir les hommes même après la mort. Les fèves de cacao avaient tellement de valeur qu'on s'en servait comme de pièces de monnaie. Pour faire du chocolat chaud, on les grillait et on les broyait, puis la pâte obtenue était diluée avec des piments dans de l'eau chaude. En 1492, lorsque Christophe Colomb arriva en Amérique, il le goûta et le trouva... horriblement amer ! Au siècle suivant, des fèves de cacao furent rapportées en Espagne. En rajoutant du sucre de canne, on obtenait une excellente boisson aux vertus étonnantes : on raconte qu'une tasse de ce précieux breuvage vous permettait de marcher toute une journée sans manger. Anne d'Autriche, la fille du roi d'Espagne, adorait en boire. Lorsqu'elle s'est mariée au roi de France Louis XIII, en 1615, elle a apporté des fèves de cacao dans ses bagages. Le chocolat chaud est ainsi arrivé à Paris et a connu un grand succès.

**Les Mayas mangeaient
déjà des barres de chocolat.
Vrai ou faux ?**

Faux. Le chocolat à croquer a été inventé au XIXᵉ siècle. Les noms de certains inventeurs sont restés célèbres : François-Louis Cailler, Philippe Suchard, Antoine Menier, Carl Van Houten, Henri Nestlé, Rodolphe Lindt, John Mars...

De quelle région est originaire la dinde ?

La dinde vient d'Inde, mais pas de l'Inde que l'on connaît aujourd'hui : celle de Christophe Colomb. Lorsque le navigateur mit pied à terre en Amérique en 1492 après un épuisant voyage, il crut très sincèrement être en Inde (on lui pardonnera cette légère erreur d'appréciation). Depuis longtemps déjà, les Aztèques, qui vivaient sur le continent, avaient domestiqué l'oiseau et dévoraient sa chair à pleines dents, sans oublier de faire des flèches et des costumes avec ses ergots et ses plumes. Les découvreurs du Nouveau Monde, conquis par cette « poule d'Inde », la ramenèrent en Europe où elle remplaça avantageusement le paon, trop sec et filandreux. La première « d'Inde » apparut sur une table princière en 1570, lors du mariage du roi Charles IX avec Élisabeth d'Autriche. Jusqu'au XIXᵉ siècle, ce délice fut réservé aux riches familles.

Comment dit-on dinde en anglais et en portugais ?

À l'époque où la dinde est arrivée en Europe, les notions de géographie et d'ornithologie étaient encore assez aléatoires. Ce qu'on savait, c'est que l'oiseau venait de loin. Au Portugal et en Angleterre, l'oiseau a pris, comme en France, le nom d'un pays lointain : il a été baptisé peru (Pérou) en portugais et turkey (Turquie) en anglais.

Quels animaux les Égyptiens gavaient-ils pour faire leur foie gras ?

Avant leurs longues migrations, les oiseaux palmipèdes, comme les canards ou les oies, se gavent naturellement de grains : ils font des réserves de graisse pour le voyage. C'est sans doute en dégustant le foie d'un de ces volatiles que les Égyptiens ont découvert les plaisirs du foie gras. Ils ont alors eu l'idée de gaver eux-mêmes les oiseaux. Des fresques vieilles de 4 500 ans retrouvées à Saqqarah montrent des valets nourrissant des oies, des canards et même des grues : un homme enfourne un entonnoir dans le bec de l'oiseau, y place des boulettes de grains et, d'un massage de la main sur le cou, oblige la nourriture à descendre dans le gosier. Après quelques jours à ce régime, le foie grossit, grossit, grossit... La pratique du gavage s'est ensuite répandue tout autour de la Méditerranée. Les Romains engraissaient les palmipèdes avec des figues. Cela donnait du « *jecur ficatum* », « foie aux figues » en latin. Foie gras et figues étaient si liés, que le mot *ficatum* (figue) a donné naissance au mot *figido* au VIIe siècle, puis *feie* au XIIe siècle, et enfin foie.

Aujourd'hui, avec quoi gave-t-on les oies et les canards ?

En Alsace et dans le Sud-Ouest de la France, les deux grandes régions du foie gras, les oiseaux sont gavés au maïs. De nombreux pays, considérant que le gavage cause aux animaux des souffrances inutiles, l'ont interdit sur leur territoire.

Le peintre Carpaccio mangeait-il du carpaccio ?

Venise, 1950. À quelques pas de la célèbre place Saint-Marc, face à la lagune, le Harry's Bar est le restaurant à la mode. Cette année-là, le patron, Giuseppe Cipriani, est embêté : des médecins ont interdit à l'une de ses clientes, la comtesse Amalia Nani Mocenigo, de manger toute viande cuite. La pôôôvre ! elle qui adore la viande... Pour la satisfaire tout de même, le patron prend un morceau de bœuf cru, le coupe en très fines lamelles et les étale sur une assiette. Problème : la viande crue n'a aucun goût. Il confectionne donc une sorte de mayonnaise liquide à l'huile d'olive. Quelques traits de sauce sur la viande rouge et le tour est joué ! Reste à trouver un nom à ce nouveau plat. Cette année-là, justement, une grande exposition a lieu à Venise : elle honore Carpaccio, un peintre né au XVe siècle, célèbre pour l'utilisation du rouge dans ses toiles. Le bœuf est rouge, Carpaccio aimait cette couleur, le plat s'appellera donc un carpaccio. Depuis, ce nom est devenu synonyme de « fine lamelle de quelque chose, pas forcément rouge » : il existe ainsi des carpaccios de poisson, de pomme de terre ou de courgette.

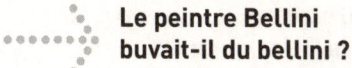

Le peintre Bellini buvait-il du bellini ?

Giuseppe Cipriani, le patron du Harry's Bar, avait de la suite dans les idées : deux ans avant le carpaccio, il avait inventé un cocktail fait d'un nectar de pêche et de champagne. Il lui avait donné le nom du peintre vénitien Giovanni Bellini, à qui une exposition était consacrée cette année-là...

Qui a inventé le sandwich ?

C'est John Montagu, quatrième comte de Sandwich, qui vécut en Angleterre au XVIIIe siècle. Il avait deux passions : la politique et le jeu. De la première, il fit son métier : il travailla dans plusieurs gouvernements britanniques, notamment comme ministre de la Marine. Et, grâce à la seconde, il laissa son nom dans l'histoire. Il passait en effet de longues heures à jouer aux cartes avec des amis, si bien qu'il ne prenait pas le temps de manger. Un jour de 1762, son cuisinier eut une géniale idée : il glissa une grosse tranche de jambon entre deux tranches de pain et les présenta au comte. Celui-ci put manger sans se salir les doigts ni s'arrêter de jouer. Le premier sandwich ! Le mot « hamburger », lui, vient de la ville allemande de Hambourg. Autrefois, on y faisait cuire les tranches de bœuf d'une façon particulière. En traversant l'océan Atlantique, ce *hamburger Stück* est devenu un hamburger steak. Quant au « hot-dog », son nom signifie « chien chaud » en anglais, mais on ignore pourquoi. Peut-être la saucisse rappelle-t-elle la forme d'un basset...

Quel est l'autre nom des îles Hawaii : les îles Hamburger, Sandwich ou Hot-Dog ?

Ce sont les îles Sandwich. En 1776, lorsque le navigateur James Cook les découvrit, il les baptisa ainsi pour remercier le comte de Sandwich de l'avoir aidé à financer son expédition.

> ## Quelle recette de cuisine a été créée en 1800 sur le champ de la bataille de Marengo ?

Le poulet marengo. À ma droite, l'armée autrichienne ; à ma gauche, l'armée française de Napoléon Bonaparte. Le 14 juin 1800, les combats sont rudes près du village italien de Marengo. Les Autrichiens attaquent dans la matinée et, dans l'après-midi, semblent avoir bataille gagnée. Mais dans la soirée, grâce à la charge de la cavalerie, les Français renversent la situation et mettent en déroute les Autrichiens. Pendant ce temps, dans les lignes arrière, le cuisinier Dunan s'inquiète : il ne lui reste plus grand-chose pour préparer le repas de Bonaparte. Un poulet, quelques œufs, des tomates, de l'huile, des écrevisses, de l'ail et un peu de cognac. Il fait sauter le poulet, le flambe au cognac et confectionne une sauce avec les tomates. Napoléon Bonaparte apprécie tellement ce plat que, par la suite, il exigera le même après chaque bataille. La recette du poulet marengo sera cependant un peu modifiée : les œufs frits disparaîtront et les écrevisses seront remplacées par des champignons. Et, à la place du poulet, on peut aussi cuisiner du veau.

Quelle sauce aurait été créée en souvenir de la victoire française de 1756 à Port-Mahon, aux Baléares ?

La « mahonnaise », devenue plus tard « mayonnaise ». Mais l'origine du mot est contestée. Pour certains, elle viendrait plutôt de la ville de Bayonne ; pour d'autres, du mot « moyeu », qui désignait autrefois le jaune d'œuf.

> ## Quel aliment, devenu depuis une spécialité italienne, Marco Polo a-t-il rapporté de Chine ?

Marco Polo est né à Venise au XIIIᵉ siècle. À 17 ans, il entreprend un long voyage avec son père, commerçant, et son oncle. Ils se rendent en Asie par la Mongolie, passent seize ans en Chine au service de l'empereur Kubilay Khan, puis reviennent en Europe par Sumatra. À leur retour, ils rapportent dans leurs bagages une spécialité chinoise : les pâtes. Les spaghettis italiens viennent donc de Chine ! Belle histoire, n'est-ce pas ? Aussi belle que… fausse. Si Marco Polo et les pâtes chinoises sont bien réels, les spaghettis n'ont pas attendu le célèbre voyageur pour apparaître en Italie. Cette légende, née au début du XXᵉ siècle, est une invention du *Macaroni Journal*, publication des fabricants de pâtes américains pour vendre leurs produits. Et cela a fonctionné : nous aimons bien mettre un nom et une date sur une invention. Les pâtes rapportées de Chine par Marco Polo, ça sonne mieux que les spaghettis inventés on ne sait où par on ne sait qui, on ne sait quand.

Comment s'appelait le fondateur des pâtes Panzani : Giovanni ou Jean ?

À sa naissance en Italie, le futur fabricant de pâtes s'appelait Giovanni Panzani. Mais, lorsque ses parents se sont installés en France, ils l'ont rebaptisé Jean, car ça faisait moins italien. Dans les années 1990, pour humaniser la marque Panzani, des publicitaires lui ont adjoint un prénom et ont opté pour Giovanni plutôt que Jean, car ça faisait plus… italien !

Quel est le pays d'origine du ketchup ?

Vous pensez bien que si la réponse était les États-Unis, la question ne serait pas dans ce livre. La réponse est donc : la Chine. À l'origine, le ketchup était une sauce piquante servant à assaisonner la cuisine. Il ne contenait d'ailleurs pas de tomate : il s'agissait d'une saumure de poisson (en chinois *ke-tsiap*), c'est-à-dire du jus qui ressort du poisson lorsqu'il est conservé en barrique avec du sel. Cette sauce a voyagé jusqu'en Malaisie, où elle était connue sous le nom de *kechap* : c'est là que les marins anglais l'ont découverte au XVIIIᵉ siècle. Ils en ont rapporté des tonneaux en Angleterre. La recette varia alors beaucoup et différents ingrédients furent ajoutés, notamment pour l'adoucir : champignon, concombre, tomate... Le ketchup traversa ensuite l'Atlantique avec les émigrants anglais et arriva aux États-Unis. Chaque famille se confectionnait sa propre sauce, ce qui pouvait être long et prendre une journée entière. Aussi, lorsqu'en 1876, Henry John Heinz vendit des bouteilles de ketchup tout fait, le succès fut immédiat.

 **La tomate est-elle un fruit ou un légume ?**

Si l'on considère qu'un légume se mange salé, alors la tomate en est un. Mais, d'un point de vue botanique, c'est un fruit car, comme la cerise ou la pomme, il se forme après la fécondation d'une fleur et contient des graines.

D'où vient le sel que nous consommons ?

De la mer mais surtout... de la terre ! Le sel est une substance indispensable à la vie des humains. Et pas seulement pour donner du goût aux plats : notre corps a besoin de plusieurs grammes de sel par jour, notamment pour le fonctionnement de nos muscles. Dans l'Antiquité, il était fabriqué dans les marais salants : on laissait s'évaporer l'eau de mer au soleil et on récupérait le sel. Puis on a exploité les mines de sel : ce sel-là provient de mers asséchées il y a plusieurs dizaines de millions d'années, que les mouvements de la croûte terrestre ont ensevelies. Pour le récolter, on injecte de l'eau sous terre, on récupère l'eau salée puis on la fait bouillir. Aujourd'hui, le sel est un produit de consommation courante, mais il n'en a pas toujours été ainsi : cher à extraire et à transporter, il a longtemps été aussi précieux que l'or. Dans l'Antiquité, les légionnaires romains étaient d'ailleurs payés en sel, qu'ils troquaient ensuite sans mal contre ce qu'ils désiraient. On trouve encore la trace de cela dans le mot salaire, qui vient du latin *salarium*, « paiement en sel ».

D'où vient le sucre ?

Jusqu'au XVIIIe siècle, le sucre consommé en France provenait des cannes à sucre des Antilles. Mais, au début du XIXe siècle, la guerre entre Anglais et Français empêcha les produits antillais d'atteindre les ports de la métropole. Napoléon poussa alors au développement du sucre issu des betteraves, qui avaient l'avantage d'être cultivées directement sur le sol continental.

Où est né le poisson surgelé ?

En 1912, l'Américain Clarence Birdseye s'installe en Arctique pour plusieurs années. Biologiste de formation, il veut y vivre avec sa famille comme trappeur, achetant puis revendant des fourrures. Mais, rapidement, il doit faire face à un problème : comment, dans le Grand Nord, conserver la nourriture ? Pragmatique, il étudie la façon de faire des habitants du coin, les Esquimaux. Il remarque que le saumon fraîchement pêché gèle immédiatement lorsqu'il est exposé à l'air glacial. Mieux : il conserve ses qualités nutritionnelles et gustatives pendant plusieurs semaines, voire plusieurs mois. Il note aussi qu'un canard ou un caribou est meilleur lorsqu'il est congelé en hiver plutôt qu'au printemps : la température et la vitesse de congélation ont donc leur importance. Dans les années 1920, de retour aux États-Unis, Birdseye invente la première machine de congélation ultra-rapide à l'aide d'un ventilateur électrique, de bacs de saumure et de pains de glace. Dix ans plus tard, il vend les produits surgelés de sa fabrication dans plusieurs magasins américains.

Pourquoi ne faut-il pas recongeler un produit décongelé ?

Les aliments contiennent des bactéries. Lorsqu'on congèle l'aliment, certaines se mettent en sommeil. Ensuite, en les décongelant, elles se réveillent et se multiplient à une vitesse exponentielle. Ce n'est pas gênant si on mange l'aliment rapidement. Mais si on le recongèle puis on le redécongèle, les bactéries vont devenir très très nombreuses. On risque alors une intoxication alimentaire.

> **Pourquoi ne reprend-on jamais deux fois du fugu mal cuisiné ?**

Parce qu'on est mort !!! Le fugu, aussi appelé poisson globe, est un plat très apprécié des Japonais. La bestiole a cette particularité de contenir un poison extrêmement toxique, la tétrodotoxine, qui se trouve très concentrée dans le foie et différents organes. Toute la difficulté, pour le cuisinier, consiste à découper le poisson sans que son couteau touche les organes empoisonnés. Sinon, la chair serait contaminée et la toxine paralyserait le consommateur, qui mourrait asphyxié en quelques heures. Chaque année, au Japon, plusieurs malheureux – on les compte sur les doigts d'une main – décèdent d'un empoisonnement au fugu. Le plus souvent, ils l'avaient préparé eux-mêmes. Dans les restaurants, le risque est infime : seuls les cuisiniers diplômés ont le droit de découper le poisson. La formation est longue et l'examen difficile. À la fin, le futur diplômé doit manger le poisson qu'il a lui-même préparé.

 **On peut manger sans risque du fugu d'élevage. Vrai ou faux ?**

Vrai. Le fugu est toxique parce que, toute sa vie, il se nourrit d'organismes eux-mêmes toxiques. En capturant des alevins au fond de la mer et en leur donnant de la nourriture saine, on obtient des fugus sains. Mais le fugu d'élevage aura-t-il le même succès que le fugu sauvage ? Car la chair de ce poisson n'est pas particulièrement délicate : ce que les consommateurs apprécient surtout en lui, c'est le goût du risque.

Qui a inventé le roquefort, ce fromage couvert de moisissures ?

Autrefois, dans le sud de la France, un jeune berger déjeunait tous les midis dans une grotte, à l'abri du soleil. Son repas : un quignon de pain et du fromage fabriqué avec le lait de ses brebis. Un jour, alors qu'il déballait son casse-croûte, il aperçut une jolie bergère qui passait par là. Il en oublia aussitôt son repas dans la grotte et courut suivre la belle. Quelque temps plus tard, il revint dans la grotte et, « beurk ! », trouva son fromage couvert de moisissures vertes. Mais comme il avait très faim, il le goûta quand même et, « hmmm ! », ce n'était pas si mauvais. C'était même très bon... C'est ainsi que serait né, près du village de Roquefort, le fromage du même nom. Mais cette histoire est tellement jolie qu'elle est certainement fausse. C'est juste une belle légende.

 ## Avec le lait de quels animaux fait-on du fromage ?

On peut faire du fromage avec le lait de nombreux mammifères : la vache, bien sûr (camembert, gruyère, munster...), mais également la chèvre (chabichou, crottin...), la brebis (roquefort, niolo...) ou la bufflonne (mozzarella...). Et ce n'est pas tout : au Niger, on utilise le lait des chamelles, en Mongolie celui des juments et en Laponie celui des rennes.

Qui est le premier Français à avoir mangé un yaourt ?

Le yaourt est apparu en Asie centrale, il y a fort longtemps. Du lait était mis dans une outre en peau de chèvre puis fermenté : il devenait ainsi solide et prenait un agréable goût acidulé. Le yaourt a mis très longtemps à s'imposer en France. En 1542, il tente une première incursion. À l'époque, le roi François Ier souffre de troubles intestinaux. Son allié le sultan ottoman Soliman le Magnifique lui envoie, depuis la Turquie, son médecin ainsi qu'un troupeau de chèvres. Le médecin fabrique du yaourt, François Ier le mange et guérit. Mais le médecin repart sans avoir révélé son secret. Il faut ensuite attendre la fin du XIXe siècle pour qu'on s'intéresse de plus près au yaourt. Un savant d'origine russe collaborateur de Pasteur, Élie Metchnikoff, après s'être demandé s'il y a un lien entre la longévité des montagnards du Caucase et le yaourt, démontre ses bienfaits sur les désordres intestinaux du nourrisson. Finalement, c'est au début du XXe siècle que débute la fabrication industrielle des yaourts : Isaac Carasso obtient de l'Institut Pasteur des ferments et se lance en Espagne dans la fabrication de yaourts. Il baptise son entreprise du surnom donné à son fils Daniel : Danon, qui prononcé à l'espagnol se dit Danone.

 ## Quelles sont les autres orthographes du mot yaourt ?

Yaourt vient du bulgare *yugurt*, qui lui-même vient du turc *yogurt*, qui vient de *yogurmak*, épaissir. En français, les autres orthographes sont « yogourt » et « yoghourt ».

Qui a inventé la tarte Tatin ?

La tarte Tatin a été inventée par les sœurs Tatin. Mais faut-il dire « inventée » ou bien « ratée » ? Car, au départ, l'histoire ressemble à un ratage... À la fin du XIXe siècle, Caroline et Stéphanie Tatin tenaient l'hôtel-restaurant situé en face de la gare de Lamotte-Beuvron, au sud d'Orléans. Caroline, la plus jeune, avait la tête bien sur les épaules : les clients venaient souvent la voir pour lui demander conseil. Stéphanie, l'aînée, s'occupait de la cuisine. Une vraie tête en l'air ! Un jour, à midi, elle s'aperçut qu'elle avait oublié de préparer le dessert. Elle s'empara de pommes, les disposa dans un moule à tarte, les sucra et mit le tout au four. Ouf, sauvée ! Mais soudain, elle réalisa qu'elle avait oublié le plus important : la pâte à tarte. Elle ouvrit le four et la déposa sur les pommes. À la fin de la cuisson, le résultat n'avait pas belle allure : c'était pas de la tarte... Pour réparer sa bourde, Stéphanie remit le dessert à l'endroit et, par manque de temps, le servit chaud. C'était croustillant et délicieusement caramélisé. Une belle réussite !

Le lancer de moule à tarte a donné naissance à un jeu célèbre. Lequel ?

Dans les années 1940, l'usine de gâteaux de William Frisbie fournissait les desserts à la cantine de l'université américaine de Yale. Après le repas, les étudiants s'amusaient à faire voler les moules. Ce jeu a rapidement été appelé « *frisbee* ».

> **Paris-Brest,
> religieuse au chocolat,
> baba au rhum... D'où viennent
> ces noms de pâtisseries ?**

Le Paris-Brest a été inventé à la fin du XIXᵉ siècle. On ignore le nom de son auteur, mais on sait pourquoi il l'a baptisé ainsi : en référence à la course cycliste Paris-Brest-Paris, fraîchement créée. D'ailleurs, la forme du gâteau – une couronne en pâte à chou fourrée d'une délicieuse crème pralinée – rappelle la forme d'une roue de vélo. D'autres pâtisseries doivent leur nom à leur allure : le financier – un gâteau rectangulaire à base d'œuf et d'une fine poudre d'amande – ressemble à un petit lingot d'or. Et la religieuse au chocolat – un gros chou fourré d'une sublimissime crème pâtissière, surmonté d'un chou plus petit – fait penser à une bonne sœur en habits de nonne. Le baba au rhum, lui – un excellentissimesque gâteau à pâte légère imbibé de sirop alcoolisé – aurait été conçu au XVIIIᵉ siècle à la cour de Stanislas Leszczynski, roi de Pologne exilé en Lorraine. Trouvant le kouglof alsacien trop sec, il l'aurait mouillé de liqueur et baptisé du nom de son héros favori, Ali Baba. C'est également à la cour de Stanislas que, selon la légende, serait né de la main de Madeleine Paulmier le petit gâteau qui porte aujourd'hui le prénom de cette servante : la madeleine.

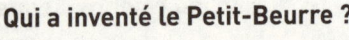 **Qui a inventé le Petit-Beurre ?**

Fils de Jean-Romain Lefèvre et Pauline-Isabelle Utile, Louis Lefèvre-Utile a créé le Petit-Beurre en 1886 et l'a fabriqué dans l'usine qui porte ses initiales : LU.

> **À quoi correspond la lettre E des colorants E121, E150 ou encore E162 ?**

Prenez un paquet de bonbons, de gâteaux ou de bouillon en cube, et regardez sa composition. Vous avez de fortes chances de tomber sur un E220, un E150 ou encore un E304. Ces codes désignent des produits rajoutés aux ingrédients de base lors de la fabrication. La lettre E correspond à « Europe » : ce code est le même dans tous les pays de l'Union européenne. Le nombre qui suit désigne le genre de l'additif. Les colorants ont des numéros allant de E100 à E180. Les conservateurs, qui rallongent la durée de vie d'un produit, de E200 à E290. Les antioxydants, qui empêchent les corps gras de rancir, de E300 à E321. Les agents de texture, qui lient les ingrédients, les rendent onctueux ou empêchent la formation de dépôt, de E322 à E483... Certains de ces additifs sont artificiels. D'autres existent dans la nature : ainsi, le E162 correspond-il au rouge de betterave. De plus en plus, les industriels évitent d'inscrire les codes en E : ils préfèrent marquer « rouge de betterave » que « E162 », car cela fait moins chimique.

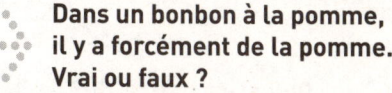

Dans un bonbon à la pomme, il y a forcément de la pomme. Vrai ou faux ?

Faux. Si une pomme sent la pomme, c'est parce qu'elle contient naturellement une molécule que notre nez a appris à reconnaître comme étant l'odeur de la pomme. Mais il est possible de copier cette molécule et de la fabriquer en usine. L'arôme devient alors artificiel et notre nez n'y voit que du feu...

Avant d'être une boisson, à quoi servait le Coca-Cola ?

C'était un médicament. Son inventeur, John Pemberton, était un pharmacien d'Atlanta, aux États-Unis. En 1885, il travaille à la conception d'une boisson inspirée du vin Mariani. Ce breuvage, créé en 1863 par le pharmacien corse Angelo Mariani, était constitué de vin de Bordeaux et de feuilles de coca. Il contenait donc un peu de cocaïne. Les médecins le recommandaient contre la grippe, les maux d'estomac ou encore la dépression. Bref, un médicament universel vanté même par le pape Léon XIII ! En 1885, Pemberton concocte son propre vin au coca, le « French Wine Coca », avec également de la noix de cola riche en caféine. Malheureusement pour lui, la ville d'Atlanta impose l'année suivante l'interdiction des boissons alcoolisées. Qu'importe ! Pemberton supprime le vin, ajoute du sucre et obtient un sirop. Mélangé à de l'eau gazeuse, il est vendu à la fontaine à soda de la pharmacie voisine. C'est Frank Robinson, le comptable, qui lui trouve un nom et un logo : puisque la boisson contient de la coca et du cola, ce sera le Coca-Cola. Bien sûr, la recette a depuis évolué, avec notamment la suppression de la cocaïne au début du XXᵉ siècle.

Qu'est-ce que le 7X ?

Le sirop avec lequel on fabrique le Coca-Cola est constitué de vanille, de sucre, de caféine… et de 7X, dont la formule est jalousement tenue secrète. La Coca-Cola Company fabrique ce sirop puis le revend à des sociétés indépendantes qui, un peu partout dans le monde, rajoutent de l'eau gazeuse, le mettent en bouteilles et le distribuent.

> ## Pourquoi une bouteille de vin reste-t-elle à 12 degrés même l'été ?

Précaution d'usage : les lignes qui suivent sont à lire avec modération et uniquement par les adultes ! On dit souvent qu'une bouteille de vin fait 12 degrés. Il ne s'agit pas d'une température en degrés Celsius mais du titre alcoométrique. Lorsque du jus de raisin fermente pour donner du vin, son sucre se transforme en alcool. Une bouteille de vin contient donc une certaine quantité d'alcool pur. Le titre alcoométrique est le pourcentage du volume d'alcool par rapport au volume total. Si, sur une étiquette, il est écrit 12 % vol., cela signifie qu'il y a 12 litres d'alcool pur dans 100 litres de ce vin. Cela correspond à 9 cl d'alcool pur pour une bouteille de 75 cl, l'équivalent d'un pot de yaourt rempli aux trois quarts. Le titre alcoométrique dépend du type de boisson : celui du cidre doux est inférieur à 3 % vol. ; de la bière, environ 5 % vol. ; du vin, environ 12 % ; du whisky, environ 40 %.

Qu'est-ce qu'un jéroboam, un salmanazar ou un balthazar ?

Une bouteille de vin classique contient 0,75 l. Une bouteille ayant le volume de 2 bouteilles classiques (1,5 l) s'appelle un magnum ; de 4 bouteilles (3 l), un jéroboam ; de 6 bouteilles (4,5 l), un réhoboam ; de 8 bouteilles (6 l), un mathusalem ; de 12 bouteilles (9 l), un salmanazar ; de 16 bouteilles (12 l), un balthazar ; de 20 bouteilles (15 l), un nabuchodonosor.

Avec quoi fabrique-t-on du chewing-gum ?

À l'origine, le chewing-gum était fait avec du chicle. C'est une résine qui coule du tronc du sapotier, un arbre d'Amérique latine. En 1869, le général mexicain Antonio Lopez de Santa Anna, chassé de son pays par la Révolution, arriva aux États-Unis avec dans ses bagages 250 kilos de cette résine séchée. Il pensait qu'on pourrait l'utiliser en remplacement du caoutchouc et chargea l'Américain Thomas Adams de la revendre. Mais cela ne fonctionnait pas : Santa Anna retourna dans son pays et Adams se retrouva avec le chicle sur les bras. Il eut alors l'idée de le vendre en pharmacie comme gomme à mâcher (en anglais *chewing gum*). Un peu plus tard, William Whit y ajouta du sirop de glucose, le dentiste William Sample un goût de réglisse et William Wrigley en fit un produit de grande consommation grâce à des campagnes de publicité. Aujourd'hui, les sapotiers étant trop rares, les chewing-gums ne sont plus faits à partir de chicle mais d'un élastomère dérivé du pétrole, de cires pour que l'élastomère ne colle pas aux dents, d'un antioxydant pour le protéger du vieillissement, de résines pour lier entre eux tous ces ingrédients... Rien que des bonnes choses, donc !

D'où vient le mot caoutchouc ?

Le caoutchouc est obtenu à partir du latex, un liquide laiteux qui coule de certains arbres quand on les saigne, comme l'hévéa. En langue indienne, caoutchouc signifie « bois (cao) qui pleure (ochu) ».

MARQUES

Comment le Carambar a-t-il été inventé ?

Tout a commencé dans une très vieille confiserie, dans la banlieue de Lille, où l'on fabriquait des chocolats et des caramels. Un jour de 1954, le patron se retrouva avec un surplus de cacao. Pour l'écouler, il l'intégra à du caramel et créa ainsi une nouvelle recette. On raconte que ce jour-là la machine qui fabriquait les caramels se dérégla et, au lieu de fabriquer un bonbon de taille normale, produisit une longue barre. Un caramel en barre, un caramel-barre, un caram'bar, un Carambar ! Le nom était trouvé. Les blagues, elles, apparurent quelques années plus tard, en 1969 : les enfants étaient invités à envoyer des devinettes et des rébus à la confiserie. Un jury sélectionnait les « meilleures ». Elles étaient imprimées sur l'emballage et leurs auteurs recevaient leur poids en Carambar. Ce concours n'existe malheureusement plus mais les blagues sont toujours présentes...

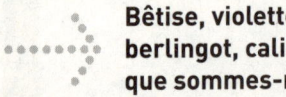

Bêtise, violette, berlingot, calisson : que sommes-nous ?

Des bonbons. Chacun est originaire d'une ville de France particulière : les bêtises viennent de Cambrai, les violettes de Toulouse, les berlingots de Nantes, les calissons d'Aix, les pastilles de Vichy, les nougats de Montélimar, l'anis de Flavigny...

> **Qui a gagné le combat de vaches, entre La Vache Qui Rit et La Vache Sérieuse ?**

Le 16 avril 1921, le fromager Léon Bel se rend au tribunal de commerce pour y déposer une nouvelle marque : La Vache Qui Rit, un fromage fondu qu'il vient d'inventer. Il demande à son ami Benjamin Rabier, un célèbre dessinateur animalier originaire comme lui du Jura, de dessiner le bestiau. C'est ainsi que naît l'image de la vache rouge hilare avec des boucles d'oreilles en forme de boîte de fromage, où l'on voit une vache rouge hilare avec des boucles d'oreilles en forme de boîtes de fromage, où l'on voit... Grâce à une habile campagne de publicité, La Vache Qui Rit se vend très bien, si bien qu'elle fait naître de nombreuses vocations chez les concurrents : La Vache Qui Parle, La Vache Heureuse, La Vache Qui Rue, La Vache Qui Lit, Le Veau Qui Pleure... Le plus dangereux est la Vache Sérieuse, fromage à tartiner lancé en 1926 par la fromagerie Grosjean avec le slogan : « Le rire est le propre de l'homme, le sérieux celui de la vache. » La bataille est si rude que la Vache Qui Rit l'amène devant les tribunaux. En mars 1959, la cour d'appel de Paris interdit à la fromagerie Grosjean d'utiliser le nom Vache Sérieuse, rebaptisée alors Vache Grosjean.

Où mange-t-on du Con Bo Cuoi ?

La Vache Qui Rit, qui se conserve bien et longtemps, est appréciée partout dans le monde. Son nom est juste traduit dans la langue du pays : cela donne *The Laughing Cow* aux États-Unis et en Angleterre, *La Vaca que Rié* en Espagne, *Krowka Smieszka* en Pologne, *Vessiolaia Bouriònka* en Russie ou encore *Con bo Cuoi* au Vietnam.

Quelle a été la première marque à faire de la publicité à la télévision française ?

Au commencement, la télévision n'existait pas. Puis, en 1935, une première chaîne de télévision française est apparue, suivie par une deuxième chaîne en 1963. Mais la publicité pour les marques n'était pas encore autorisée : selon une loi de 1951, seules les publicités collectives avaient droit de cité. Elles vantaient des produits comme les pruneaux d'Agen, les artichauts de Bretagne ou encore les bananes d'Outremer. Ainsi, en 1966, des producteurs de petits pois se sont offert une page de réclame avec Pi-Piou, un petit oiseau animé qui disait : « On a toujours besoin de petits pois chez soi. » Cette publicité eut un effet étonnant : les ventes de conserves ont d'abord décollé, puis ont chuté. Les téléspectateurs ont en effet acheté des boîtes, mais comme le spot ne disait pas « Mangez vos petits pois ! », ils les ont gardées dans leurs placards et n'en ont pas racheté... En 1968, un changement de la loi a permis la publicité de marques à la télévision. Le mardi 1er octobre de cette année, à 19h56, les premières marques à en profiter ont été le lait en poudre Régilait, les tricots Bel, le fromage Boursin, les téléviseurs Schneider et le beurre Virlux.

Chaque année, combien un enfant voit-il de spots de publicité à la télévision ?

Un Français de 4 à 14 ans avale entre 4 000 à 7 000 spots par an. Un Américain du même âge en ingurgite entre 20 000 et 30 000 !

Quel coup de publicité imagina l'inventeur de l'ascenseur pour faire décoller ses ventes ?

En 1845, le mécanicien Elisha Otis s'installe à New York. Très doué pour inventer des machines, il met au point un astucieux monte-charge : afin que celui-ci ne s'écrase pas au sol si la corde venait à rompre, il l'équipe d'un frein de sécurité révolutionnaire. En 1853, il emprunte de l'argent pour monter son entreprise et commercialiser son ascenseur sécurisé. Mais les ventes ne suivent pas. Pour faire sa publicité, Otis présente son ascenseur lors d'une grande foire au Crystal Palace de New York. Soudain, il monte dessus et, alors qu'il est très haut dans les airs, interpelle le public en bas : « Attention ! Je vais couper la corde qui retient la plate-forme. » La foule retient son souffle. Otis sort un couteau et coupe la corde. L'ascenseur chute de quelques centimètres puis s'arrête. « Sain et sauf, mesdames et messieurs, sain et sauf ! » s'exclame-t-il. Ce coup d'éclat, raconté par le *New York Daily Tribune*, lui vaut plusieurs commandes. Un siècle et demi plus tard, l'entreprise Otis est le premier fabricant d'ascenseurs au monde. C'est également elle qui, en 1900, a développé les premiers Escalators.

À quelle vitesse peut aller un ascenseur ?

Sans les ascenseurs, les gratte-ciel n'existeraient pas. Et pour monter au sommet des plus hauts buildings, il a fallu développer des ascenseurs ultra-rapides. Ceux de la tour de Taipei ne mettent que 40 secondes pour atteindre le 89e étage, à 382 mètres de hauteur. Ils vont à 60,6 km/h.

Pourquoi le bonhomme Michelin s'appelle-t-il Bibendum ?

En latin, *bibendum* signifie : « Buvons ! » Mais pourquoi « buvons » alors qu'il s'agit de pneumatiques ? C'est toute une histoire qui commence en 1893. André Michelin, qui avec son frère Édouard a inventé deux ans plus tôt un pneu de bicyclette révolutionnaire car facile à changer, donne une conférence à Paris. Pour bien faire comprendre les avantages de sa découverte, il dit que « le pneu boit les obstacles ». L'année suivante, les frères tiennent un stand à l'exposition universelle et coloniale de Lyon. Une pile de pneus de différentes tailles accueille les visiteurs. « Regarde, dit Édouard, avec des bras, on dirait un bonhomme ! » Les deux idées se rejoignent un peu plus tard lorsque le dessinateur O'Galop présente aux deux frères ses affiches publicitaires. Parmi elles, une publicité pour une brasserie montrant un gros Bavarois une chope de bière à la main et le slogan suivant : « *Nunc est bibendum !* », « Et maintenant, buvons ! » Les frères demandent à l'illustrateur de développer l'idée. En 1898, l'affiche est prête : un gros bonhomme fait de pneus remplace le Bavarois, un verre rempli de clous remplace la chope de bière, l'inscription « *Nunc est bibendum !* » est toujours là, avec en plus le slogan suivant : « À votre santé ! Le pneu Michelin boit l'obstacle. » Le *Bibendum* est né !

Qu'est-ce qu'une micheline ?

Les michelines étaient des trains montés sur pneus. Inventés par la firme Michelin, ils ont circulé de 1932 à 1953. Aujourd'hui, une micheline désigne abusivement tout autorail.

> ## À quoi correspondent les trois lettres de la marque automobile BMW ?

La majorité des marques de voiture reprennent le nom du créateur de l'entreprise. Ils s'appelaient Louis Renault, André Citroën, Armand Peugeot, Henry Ford, les frères Opel, Vicenzo Lancia, Ferdinand Porsche, Enzo Ferrari, Kiichiro Toyoda, ou encore Charles Rolls et Henry Royce. BMW ne fait pas partie de cette catégorie. Autre possibilité pour baptiser une marque de voiture : utiliser un mot particulier, dans une langue étrangère ou en français. Rover signifie « vagabond » en anglais, Volvo « je roule » en latin, Mitsubishi « trois diamants » en japonais, et Jaguar est le nom d'un animal. BMW ne fait pas non plus partie de cette catégorie. Troisième possibilité : les sigles. Fiat est celui de Fabbrica Italiana Automobili di Torino (« Fabrique italienne d'automobiles de Turin »), Saab celui de Svenska Aeroplan Aktie Bolaget (« Société anonyme des aéroplanes suédois »)... et BMW celui de Bayerische Motoren Werke, ce qui signifie en allemand « Usine de moteurs de Bavière ».

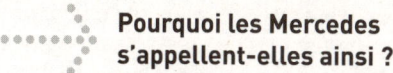

Pourquoi les Mercedes s'appellent-elles ainsi ?

En 1901, le Hongrois Emil Jelinek acheta une voiture au fabricant allemand Gottlieb Daimler. Il l'inscrivit à une course automobile à Nice, après l'avoir rebaptisée du nom de sa fille, Mercedes. Satisfait, il proposa au constructeur de devenir revendeur officiel en vendant les voitures sous le nom de sa fille. Le nom plut et resta.

En 1964, pourquoi la Porsche 901 a-t-elle changé subitement de nom ?

Surprise en novembre 1964 : la Porsche 901, qui l'année précédente avait été présentée sous ce numéro au salon de l'automobile de Francfort, change de nom. La raison ? Porsche n'a pas prêté attention au fait que tous les noms d'automobile avec un 0 au milieu – 101, 102, 103... jusqu'à 909 – sont déjà la propriété de Peugeot. Même si la Peugeot 901 n'existe pas encore, aucun autre fabricant automobile ne peut plus utiliser ce nombre. Le constructeur allemand rebaptise son bolide Porsche 911... Avant de créer une marque, il faut vérifier qu'elle n'est pas déjà déposée pour un produit du même secteur d'activités ou un même service. La mention « même secteur ou même service » est importante. Ce n'est pas parce qu'un constructeur automobile s'est réservé les nombres avec un zéro au milieu qu'un fabricant de yaourts ou d'avions ne peut plus les prendre. Boeing ne s'en est d'ailleurs pas privé avec son 707. L'important, c'est que cela ne fasse pas de concurrence à l'autre. Ainsi Mont-Blanc est-il une marque de stylos et de crème dessert sans que cela ne nuise à aucun des deux.

 **Pourquoi les vieilles Porsche ont-elles un air de famille avec la Coccinelle de Volkswagen ?**

Avant de créer sa propre marque de voiture en 1948, Ferdinand Porsche a dessiné, à partir de 1933 et à la demande d'Adolf Hitler, la première Volkswagen, baptisée après-guerre Coccinelle. Pas étonnant qu'elle ait un air de famille avec les premières Porsche : elles ont le même père.

**Pourquoi le Scotch
s'appelle-t-il du Scotch ?**

Dans les années 1920, aux États-Unis, la mode était aux voitures bicolores. Le problème, pour les carrossiers, était d'obtenir avec leur pistolet à peinture une frontière bien nette entre les deux couleurs. Pour cela, ils peignaient la partie inférieure de la voiture, attendaient que ça sèche, collaient du papier journal pour marquer la limite puis attaquaient la partie supérieure. Mais le journal collait si bien qu'en l'enlevant, le carrossier arrachait la peinture fraîche. En 1925, l'ingénieur Dick Drew, un employé de la société 3M qui fabriquait le papier de verre utilisé par les carrossiers, eut connaissance de leur problème. Il proposa à ses chefs de travailler sur un cache adhésif qui s'enlèverait en douceur. Il créa alors un ruban de masquage : une large bande en plastique dont seuls les deux bords étaient autocollants, afin de faciliter le collage et le décollage. Les carrossiers, croyant que le milieu de la bande n'était pas encollé pour des raisons d'économie, le surnommèrent *scotch tape*, ce qui signifie en anglais « ruban écossais », à cause de la réputation d'avarice des Écossais. La société 3M en fit une marque, avec du tissu écossais pour image de marque.

 **Quel trombone existait en premier :
l'instrument de musique
ou l'agrafe à papier ?**

Trombone désigne un instrument de musique depuis le XVIIe siècle. Et, par analogie de forme, une agrafe en fer recourbé depuis le XXe siècle.

Qu'a inventé le baron Bich : le pied-de-biche, le stylo Bic ou l'aérobic ?

Le baron Bich (prononcer « bic ») a inventé le stylo du même nom. Et ce n'est pas tout, car l'homme était sacrément ingénieux ! Né en Italie en 1914, il arriva en France à l'âge de 10 ans, lorsque ses parents vinrent s'y installer. Après la Seconde Guerre mondiale, il racheta avec un ami une usine de pièces détachées de stylos à plume. Rapidement, il comprit le potentiel d'une invention toute nouvelle, celle du journaliste hongrois László Bíró. Celui-ci, en voyant jouer des enfants, avait remarqué qu'une bille trempée dans de l'eau sale laissait une traînée noire derrière elle. László Bíró avait alors développé ce principe et inventé en 1943 le stylo à bille. Dans les années 1950, Marcel Bich lui racheta les brevets, créa le stylo Bic, et lança une grande campagne de publicité. Un succès immédiat ! Dans les années 1970, le baron connut d'autres succès avec le premier briquet à flamme réglable, puis le premier rasoir jetable. Mais il connut aussi l'échec : le parfum Bic, vendu en 1988 dans les stations-service et les bureaux de tabac, ne rencontra jamais son public et fut retiré de la vente.

Quel instrument d'écriture le chimiste et peintre français Nicolas Conté a-t-il amélioré en 1794 ?

Le crayon à papier. Il a inventé la mine moderne, fabriquée avec du graphite et de l'argile. En fonction de la proportion d'argile, il obtint des duretés différentes.

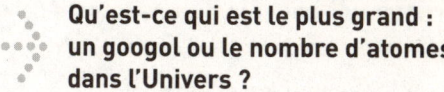

D'où vient le nom du moteur de recherche Internet Google ?

Un moteur de recherche fouille des milliards de pages Internet et en recense les mots, pour que l'utilisateur puisse trouver rapidement la page qui l'intéresse. Mais au fait, avant de continuer, combien y a-t-il de zéros dans un milliard ? Petite révision : un 1 suivi de trois 0 (1 000), ça fait mille. Suivi de six 0 (1 000 000), un million. Suivi de neuf 0 (1 000 000 000), un milliard ; de douze 0, un billion ; de dix-huit 0, un trillion ; de vingt-quatre 0, un quatrillion. Mais comment s'appelle un 1 suivi de cent 0 ? En 1938, comme ce nombre symbolique n'avait pas de nom, le mathématicien américain Edward Kasner demanda à son neveu Milton, âgé de 9 ans, d'en inventer un. « Googol ! » répondit l'enfant. Kasner rapporta fidèlement ce mot dans son livre *Mathematics and the Imagination*. Soixante ans plus tard, lorsque les Américains Larry Page et Sergey Brin cherchèrent un nom pour le moteur de recherche qu'ils venaient de créer, dont le but était de balayer un nombre immense de pages Internet, ils se souvinrent de ce nom et le transformèrent en Google.

Qu'est-ce qui est le plus grand : un googol ou le nombre d'atomes dans l'Univers ?

Un googol est un 1 suivi de cent 0. Le nombre d'atomes dans l'Univers est estimé à un 1 suivi de quatre-vingts 0. Il est donc cent milliards de milliards de fois plus petit qu'un googol.

Pourquoi le logo des ordinateurs Apple est-il une pomme croquée ?

Né en 1912, Alan Turing était un brillant mathématicien anglais. Pendant la Seconde Guerre mondiale, il a participé à la conception d'un calculateur capable de décrypter les messages allemands. Après l'armistice, il a travaillé sur les tout premiers ordinateurs et s'est intéressé à l'intelligence artificielle. Mais sa carrière a été stoppée par la révélation de son homosexualité : à l'époque, en Grande-Bretagne, c'était un crime. En 1954, il meurt empoisonné par une pomme contenant du cyanure. Beaucoup pensent qu'il s'est suicidé, d'autant que sa mort rappelle un de ses films préférés, Blanche-Neige. La marque Apple (en anglais, *apple* signifie « pomme ») et le logo de la pomme croquée aux couleurs arc-en-ciel viennent de là. Ou plutôt : « viendraient de là », car ce n'est qu'une légende. Selon Steve Jobs, cofondateur d'Apple, le nom serait une référence aux années de galère, lorsqu'il n'avait que des pommes à croquer. Quant au logo, il l'a voulu simple, rond et coloré, tout l'inverse de celui du concurrent IBM qui était droit, froid et d'une seule couleur. Enfin, Rob Janoff, l'auteur du logo, raconte que si la pomme est croquée, c'est pour qu'elle ne ressemble pas trop à... une tomate cerise !

 ### Où peut-on acheter un kilo de macintosh ?

Chez un marchand de fruits et légumes : avant d'être le nom d'un ordinateur, macintosh était celui d'une variété de pommes, comme la golden ou la boskoop. Ce n'est pas un hasard si la marque à la pomme en a fait un nom d'ordinateur...

> **Depuis quand les objets, en plus d'être utiles, doivent-ils être beaux ?**

Jusqu'au xxᵉ siècle, chacun avait son domaine : les œuvres d'art devaient être belles et les objets utiles. Personne n'en voulait à sa lampe à pétrole d'être hideuse, pourvu qu'elle éclaire bien. Mais, après 1929, la crise économique fit chuter les ventes, obligeant les industriels américains à innover pour écouler leurs marchandises. Le design fut l'une des réponses à leur problème : il s'agissait de rendre les objets aussi beaux que fonctionnels. Raymond Loewy, un Français installé aux États-Unis, fut l'un des pères du design. En 1934, un fabricant de réfrigérateurs lui demanda de relooker ses appareils. Loewy leur donna une ligne moderne et dynamique et, immédiatement, les ventes bondirent de 60 000 frigos par an à 275 000. Le designer et son agence dessinèrent également un paquet de cigarettes, une cocotte en fonte, tout l'intérieur de l'avion Concorde, les logos des marques Shell et de Lu, des voitures et des locomotives... « Le laid se vend mal », disait-il. Aujourd'hui, plus personne n'envisagerait de vendre un objet sans avoir réfléchi un minimum à son esthétique.

Qu'est-ce qu'un designer sonore ?

C'est une personne chargée de rendre attrayants des bruits qui ne le sont pas forcément. Par exemple, ils font en sorte que le claquement des portes d'une voiture de luxe produise un son étouffé, synonyme de calme et de volupté, plutôt que le fracas d'une vieille casserole.

Qui crée les noms de marque ?

Si vous inventez une bricole, que vous la fabriquez dans votre garage pour la vendre à vos amis, pas besoin de lui trouver un nom trop original ! Mais si vous êtes une grande entreprise et que vous voulez vendre votre produit dans le monde entier, là, c'est indispensable. Pour vous aider, il existe des agences spécialisées dans la recherche de noms. Ainsi la société Nomen, fondée en 1981 par Marcel Botton, a-t-elle imaginé des noms de radio (Chérie FM), de biscuits (Guet-Apens), d'automobile (Clio), de fournisseur d'accès à Internet (Wanadoo), d'entreprise (Vivendi)... Quelles sont les qualités d'un bon nom ? D'abord, il doit être fort, évoquer une histoire et marquer les esprits. Des tests sont ensuite réalisés avec des clients potentiels. Et si l'entreprise veut exporter à l'étranger, il faut vérifier que le nom ne signifie rien dans aucune autre langue. Par exemple, en Croatie, Pipi est une marque de jus d'orange. Pour inonder le marché français, elle devra sans doute changer de nom... Enfin, il faut également vérifier que le nom n'a pas déjà été donné à un objet similaire, et le déposer à l'Institut national de la protection industrielle (INPI) pour que plus personne ne puisse le prendre.

 **Dans quel domaine trouve-t-on de nombreuses sociétés avec des noms en « oo » ?**

Pour les noms de société comme pour tout, il y a des modes. Il y a eu la mode des entreprises en « is » (Aventis, Norvartis...) en « oo » (sur Internet : Yahoo, Wanadoo, Kelkoo, Google...), ou encore des personnages historiques (Thalès, Vinci...).

VÊTEMENTS

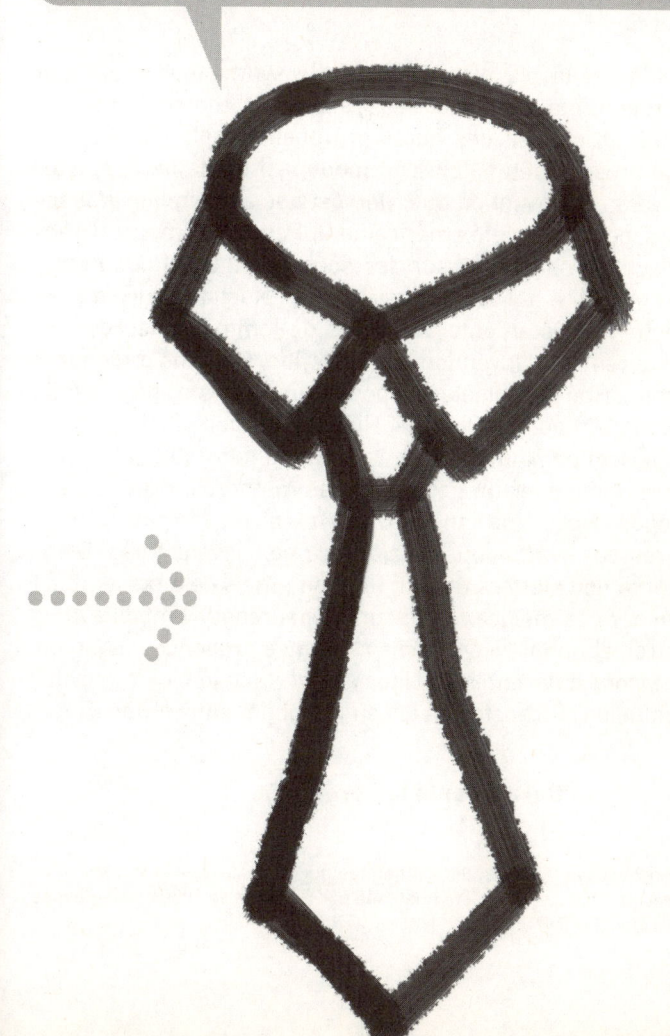

Le Nylon est la première fibre textile synthétique créée par l'homme. C'était en 1938. Jusque-là, pour confectionner des vêtements, on utilisait des fibres provenant de plantes (lin, coton...), de grosses bêtes (laine de mouton...) ou de petites bêtes (soie de vers...). L'invention du Nylon est due au chimiste Wallace Carothers, pour la société américaine DuPont de Nemours. Grâce à des réactions chimiques sur des sous-produits du goudron, il a obtenu une fibre polyamide résistante et élastique, idéale pour la confection de vêtements ou de bas de femmes. Bien des légendes courent sur l'invention du mot Nylon. Certains prétendent qu'il serait formé des initiales d'épouses de chimistes de DuPont : Nancy, Yvonne, Louella, Olivia, et Nina. La version officielle, fournie par DuPont de Nemours, est la suivante : en 1938, un comité fut chargé d'imaginer un nom. L'un des membres, Ernest Gladding, proposa Norun (de l'anglais *no run*, « qui ne file pas ») ; mais comme les bas synthétiques filaient, ça ne convenait pas. Gladding inversa deux lettres et obtint Nuron ; mais cela ressemblait trop à un nom de médicament pour les neurones. Il modifia donc deux lettres et obtint Nilon ; mais ce mot se prononce en anglais de deux façons différentes : « Nilon » ou « Naillelon ». Pour éviter toute confusion, il transforma le *i* en *y* et obtint enfin Nylon.

Qui a inventé le Goretex ?

Le Goretex est une fibre textile synthétique qui laisse passer la transpiration mais retient la pluie. Elle a été imaginée par Bill Gore en 1950 et développée par son fils Bob en 1969.

Qui a inventé les jeans ?

San Francisco, 1850. Des milliers d'immigrants affluent du monde entier vers la Californie, à l'ouest des États-Unis. Ils rêvent de faire fortune, attirés par la découverte récente d'or. Parmi eux, Oscar Levi Strauss, originaire de Bavière, ne vient pas chercher le précieux métal mais vendre une épaisse toile pour confectionner des tentes. Un jour, il a l'idée de tailler dedans des pantalons. Ils sont si solides et durent si longtemps que les chercheurs d'or les adoptent immédiatement. Et comme ces pantalons ressemblent à ceux portés par les marins de la ville italienne de Gênes, on les appelle des jeans, déformation de « Gênes ». En 1873, Levi Strauss rend ses pantalons encore plus solides grâce à l'idée d'un autre tailleur : il renforce les poches avec des rivets métalliques. Il meurt en 1902, très riche. Il n'a jamais trouvé une seule pépite d'or, mais il a gagné plus d'argent que beaucoup de chercheurs !

 **Le tissu avec lequel on fabrique les jeans s'appelle de la « toile denim ».
Dans quelle ville française était-il fabriqué ?**

Dans la ville de Nîmes. Et ce n'est pas une blague ! Au XIXe siècle, on y fabriquait un tissu en coton bleu indigo très solide, celui-là même qui était envoyé en Amérique pour fabriquer les jeans.

Avant de désigner un habit, Pantalon était le nom d'un personnage du théâtre italien. Apparue vers 1550, la *commedia dell'arte* était un théâtre d'improvisation. Elle mêlait le chant, la danse et les pirouettes. Comme aucun texte n'était écrit, les comédiens l'inventaient en fonction du personnage qu'ils interprétaient. Et pour que l'histoire fonctionne, chaque personnage avait un caractère bien précis. Il y avait Arlequin, un valet amoureux qui aimait bien manger ; Polichinelle, un vaurien bossu ; Pierrot, un serviteur enfariné toujours dans la lune ; le Docteur, qui n'en était pas un mais aimait le faire croire ; Colombine, une servante coquette et malicieuse ; Pantalon, un vieux marchand de Venise, prétentieux et avare… Pour rendre ces personnages facilement reconnaissables, les comédiens portaient des masques et des habits spécifiques. Celui de Pantalon était une culotte étroite descendant jusqu'au pied. À l'époque, c'était original : l'habit des hommes s'arrêtait généralement au genou. Le personnage de Pantalon fut tellement associé à son accoutrement qu'on finit par donner son nom à ce vêtement.

 **Lequel de ces noms communs était à l'origine un personnage de théâtre : sosie, chauvin, tartuffe ou sacripant ?**

Tous ! Sosie est un personnage d'*Amphitryon*, une comédie de Plaute, Chauvin apparaît dans *La Cocarde tricolore* des frères Cogniard, Sacripant dans *Roland l'amoureux* de Boiardo, et Tartuffe est le héros de la pièce éponyme de Molière.

Où sont nés les pantalons baggy ?

Avant de donner la réponse, petit cours de rattrapage pour que les plus de 20 ans ne se sentent pas trop ignorants : les baggy sont ces pantalons extra-larges qui tombent sur les fesses et laissent apparaître le caleçon. Très appréciés des ska-teurs et autres rappeurs, ils ne sont pas nés dans la rue, mais derrière les barreaux des prisons. Dans les années 1990, nom-breux sont les membres des gangs de New York qui y ont fait un séjour. Là, les gardiens leur fournissaient un pantalon taille unique, sans ceinture. Ce pantalon souvent trop large descendait sur les fesses. Au lieu de le vivre comme une humiliation, les petits caïds en ont fait un élément de fierté et de style (prononcer : « staïle »). Et tant mieux si on voit la marque du caleçon ! Plus tard, à leur sortie de tôle, ils ont continué à exhiber leurs jeans trop larges portés sans ceinture, histoire de montrer qu'ils étaient de vraies terreurs passées par la case prison. Les petits jeunes, pour se donner des airs de mauvais garçons, les ont alors imités. Le monde du rap, du skateboard et de la mode s'est alors emparé du phénomène baggy et l'a sorti de son ghetto.

De quelle région du monde vient le mot tatouage ?

Les tatouages existaient déjà pendant la préhistoire. Mais le mot vient du poly-nésien *tatau*, « marquer ». Il a été rapporté en Europe par les navigateurs du XVIIe siècle, impressionnés par les tatouages des Tahitiens.

Pourquoi se déguise-t-on à carnaval ?

Durant le Moyen Âge, l'ordre des choses était bien établi : les mendiants le restaient toute leur vie, les serviteurs ne devenaient jamais des maîtres, les femmes étaient soumises aux ordres des hommes. L'horizon était bouché et la vie pas toujours très drôle. Les fêtes de carnaval, qui s'étendaient de l'Épiphanie (le 6 janvier) jusqu'au Mardi Gras (en février), étaient une période pendant laquelle l'ordre du monde était renversé : grâce au déguisement, le roi devenait mendiant, le fou était un sage, les jeunes se mettaient dans la peau d'un vieillard, les femmes s'habillaient en homme... Cette inversion des rôles était autorisée et même souhaitée par ceux qui détenaient l'autorité : c'était une soupape de sécurité, un défoulement à moindres frais. Car, dès le lendemain de Mardi Gras, chacun reprenait sa vraie place : l'idiot dans son village, le pauvre sur le trottoir et la religieuse dans son couvent. Aujourd'hui, où les autorités sont moins oppressantes et où l'on a des amusements toute l'année, cette inversion des rôles n'est plus nécessaire. Les masques et les déguisements font désormais partie du folklore.

 ### D'où vient le mot carnaval ?

Carnaval vient de l'italien *carnelevare*, qui signifie « enlever (*levare*) la viande (*carne*) ». En effet, le carnaval prend fin avec le carême, période pendant laquelle l'Église catholique prescrivait de jeûner et de ne pas manger de viande.

Qui était là le premier : l'île Bikini ou le maillot de bain Bikini ?

Au début du XXe siècle, le maillot de bain s'appelait encore « costume de bain ». Il couvrait le torse des femmes comme des hommes et était en laine. Résultat : il pesait 300 grammes avant d'entrer dans l'eau, 3 kilos après... Par la suite, il s'est un peu allégé, est devenu plus moulant, mais il est resté très pudique jusqu'en 1946. Cette année-là, un nouveau maillot pour dame fait l'effet d'une bombe ! Il est l'œuvre d'un ancien ingénieur de chez Renault, Louis Réard, qui a repris la bonneterie de sa maman pendant la guerre. Le maillot est constitué de quatre minuscules triangles de tissu : deux pour la culotte, deux pour les seins. À l'époque, un vêtement dévoilant le ventre est tellement choquant qu'aucun mannequin professionnel n'accepte de le porter. Qu'importe ! Réard embauche une danseuse nue du Casino de Paris, Micheline Bernardini, et la fait défiler le 5 juillet 1946 dans une piscine parisienne. Et puisque les journaux ne parlent alors que de l'essai nucléaire américain réalisé quatre jours plus tôt dans l'atoll de Bikini, dans le Pacifique sud, Réard baptise son bout de tissu Bikini. Mais il faudra encore plusieurs décennies pour que ce maillot très dénudé s'impose sur les plages.

Qu'est-ce qu'un monokini ?

Un monokini est un bikini sans le haut : les seins sont donc à l'air. Le designer Rudi Gernreich a créé ce mot en 1964 à partir du préfixe mono (qui en grec signifie « un »), laissant croire que le *bi* de bikini veut dire « deux ».

En anglais, *tee* (prononcer « ti ») signifie T (prononcer « té »). Et comme *shirt* signifie « chemise », un tee-shirt est donc une chemise en forme de T. L'autre orthographe admise est d'ailleurs encore plus explicite : T-shirt ! L'histoire de ce vêtement remonte à la Première Guerre mondiale. Les soldats américains, venus combattre en France, découvrent que les Français portent un tricot de corps en coton, bien plus confortable que le leur en laine. Ce maillot s'impose dans l'armée américaine et revient en France pendant la Seconde Guerre mondiale. Mais le tee-shirt n'est encore qu'un sous-vêtement : on ne le montre pas. Il faut attendre les années 1950 pour que des stars américaines fassent changer les choses : les acteurs John Wayne, Marlon Brando ou encore James Dean en portent sans rien dessus. Ça choque au début puis ça devient à la mode. Et comme, en plus, il est possible d'imprimer dessus des dessins ou du texte, le tee-shirt devient pendant la seconde moitié du XXᵉ siècle un vêtement à part entière et indémodable.

À l'origine, qui portaient des chandails ?

Au XIXᵉ siècle, les chandails étaient portés par les vendeurs de fruits et légumes des Halles de Paris. Le nom de ce pull-over est d'ailleurs une abréviation de l'un de ces métiers : les marchands d'ail.

> ## Pourquoi les fermetures Velcro doivent-elles une fière chandelle aux chardons ?

Chaque fois que Georges de Mestral sortait son chien, c'était la même histoire. L'animal filait dans les broussailles et en ressortait couvert de boulettes. Il s'agissait des fruits secs d'une plante des montagnes, la bardane. Il fallait ensuite beaucoup de patience pour ôter les boulettes une à une : elles étaient solidement accrochées au pelage de l'animal. Comment tenaient-elles si bien ? En 1948, l'ingénieur suisse en prit une et l'observa au microscope : il découvrit de minuscules crochets recourbés qui agrippaient les vêtements et les poils. Ils étaient si souples qu'ils se déformaient quand on tirait dessus, puis reprenaient leur place, prêts à s'accrocher à nouveau. Georges de Mestral comprit qu'en les imitant, il pourrait créer un nouveau système de fermeture des vêtements. Huit années furent nécessaires à sa mise au point. L'invention était composée de deux rubans, l'un recouvert de velours, l'autre de crochets. Plaqués l'un contre l'autre, ils s'accrochaient. Il baptisa son invention Velcro : « vel » pour « velours » et « cro » pour « crochet ».

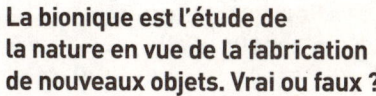

La bionique est l'étude de la nature en vue de la fabrication de nouveaux objets. Vrai ou faux ?

Vrai. Les combinaisons des nageurs professionnels, aujourd'hui interdites en compétition, sont par exemple le résultat de la bionique. Elles ont été conçues après une longue observation de la peau des dauphins et des requins.

Jusqu'au XIXᵉ siècle, les vêtements se fermaient avec des boutons. C'était un peu long. Et les bottes des dames étaient ajustées avec des lacets ou une ribambelle de petits crochets qu'il fallait attacher un à un, depuis la semelle jusqu'en haut de la botte. Très long ! Et pour les enlever, il fallait les défaire un à un. Horriblement long ! En 1891, l'Américain Whitcomb Judson chercha un système pour fermer les bottes en un seul geste. Pour cela, il relia les crochets entre eux et forma une chaîne métallique. En plaçant deux chaînes l'une en face de l'autre, les crochets s'emboîtaient tout seuls à l'aide d'une tirette. L'Américain construisit une usine pour fabriquer industriellement son invention, mais elle connut un succès limité : les chaînes, trop rigides, étaient peu pratiques. En 1905, Judson embaucha le Suédois Gideon Sundback. Celui-ci eut l'idée de transformer les crochets en petites dents et de les fixer sur du tissu. La fermeture à glissière était née et n'allait pas tarder à conquérir le monde.

 **Pourquoi la fermeture Éclair
s'appelle-t-elle « Éclair » ?**

À l'origine, Éclair était une marque de la société Prestil. Comme les mots Frigidaire, Mobylette, Thermos, Klaxon, Sopalin ou Scotch, le nom de la marque a fini, à l'usage, par désigner l'objet.

> **Pourquoi, quand on chausse du 39, n'a-t-on pas les pieds qui mesurent 39 cm ?**

Les savants ont inventé le centimètre à la Révolution française. Mais, avant cette date, les hommes avaient déjà des pieds. Et donc des chaussures. Le métier de bottier existait donc déjà. Et comme le centimètre, lui, n'existait pas encore, les bottiers utilisaient une autre unité de mesure : le point de Paris. C'est cette ancienne unité que l'on continue d'employer pour nos chaussures. Un point de Paris correspond à 0,666 cm. Si vous chaussez du 39, cela signifie que votre chaussure mesure 39 x 0,666 = 25,9 cm. Cela vous semble compliqué ? En Angleterre, ce n'est guère mieux : la taille 2 correspond à notre 35, le 3 à notre 36, le 4 à notre 37 et ainsi de suite... Et aux États-Unis, c'est pire encore : il faut prendre la pointure anglaise et rajouter 1 pour les hommes, 1,5 pour les femmes. Ainsi, un Américain et une Américaine dont les pieds ont exactement la même longueur n'ont pas la même pointure... Pour simplifier tout cela, l'Organisation internationale de normalisation (ISO) a créé une nouvelle norme, le *mondo* point : la pointure correspond à la longueur du pied en centimètres. On ne peut pas faire plus simple ! Malheureusement, les fabricants de chaussures tardent à l'appliquer...

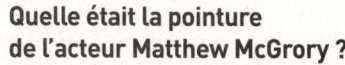

Quelle était la pointure de l'acteur Matthew McGrory ?

L'acteur américain, décédé en 2005, a notamment joué le rôle du gentil géant dans le film de Tim Burton *Big Fish*. Mesurant 2,29 m, il chaussait du 63.

Les charentaises viennent-elles de Charente ?

Oui, comme leur nom l'indique, ces confortables pantoufles en feutre sont originaires de Charente. Leur histoire débute au XVIIe siècle. La marine française étant mal en point, Louis XIV demande à son contrôleur général des finances, Colbert, de trouver un site pour y installer un port militaire. Le choix se porte sur Rochefort, à l'embouchure du fleuve Charente. Tout l'arrière-pays profite alors de la venue des militaires. La région d'Angoulême fournit notamment les toiles, les draps et le feutre pour l'équipement des marins. Mais ceux-ci ne prenant que le meilleur, une partie du feutre part au rebut. On lui trouve alors un autre usage : la fabrication de chaussons à glisser dans les bottes ou les sabots, pour les rendre plus agréables. Plus tard, ces chaussons deviennent chaussures d'intérieur. Mais le vrai essor de la charentaise a lieu au XXe siècle grâce à deux industriels de La Rochefoucauld : André Chaignaud lui donne des couleurs vives et des motifs écossais, et James Rondinaud les exporte aux quatre coins du monde.

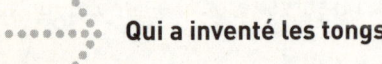 **Qui a inventé les tongs ?**

Ces sandales avec leur bride en forme de Y datent du temps des Égyptiens. On en a retrouvé dans des tombes vieilles de plus de 3 500 ans...

> **Quelle marque de chaussures le cordonnier allemand Adi Dassler a-t-il créée ?**

Adolph Dassler, surnommé Adi, naît en Bavière en 1900. Avec son frère Rudolph, ils apprennent le métier de cordonnier et fabriquent leurs premières chaussures. Passionnés de sport, ils considèrent que chaque discipline sportive doit avoir des chaussures adaptées : ainsi, sous celles des sprinters, ils fixent des pointes pour leur permettre de mieux agripper la piste. Ces innovations connaissent un succès immédiat : aux Jeux olympiques de 1928, la moitié des athlètes portent des chaussures Dassler. En 1936, l'Américain Jesse Owens en chausse aussi lorsqu'il gagne ses quatre médailles d'or olympiques. C'est la gloire pour les deux frères ! Mais, en 1948, ils se séparent et créent chacun leur marque. Pour Rudolph, ce sera Puma. Et pour Adi ce sera... ce sera... puisqu'il s'appelle Adi Dassler, ce sera... Adidas. C'est sous ce nom qu'il inventera les chaussures de football avec crampons dévissables, qui aideront l'équipe d'Allemagne à gagner la Coupe du monde en 1954.

> **En grec, que veut dire *nikè* : « je t'ai eu ! », « chaussure » ou « victoire » ?**

La marque Nike vient du mot grec *nikè*, qui signifie « victoire ». Reebok vient de *reed-book*, une espèce de gazelle. Quant à Asics, ce sont les initiales du vers latin « *Anima sana in corpore sano* », « Un esprit sain dans un corps sain ».

Certains signes sont aussi célèbres que la marque qu'ils représentent. Celui des voitures Renault ? Un losange. Des ordinateurs Apple ? Une pomme. Celui des chaussures Nike a une petite histoire. En 1971, Phil Knight et Bill Bowerman importaient des chaussures de sport japonaises pour les revendre aux États-Unis. Mais ils voulaient créer leur propre marque. Ils avaient un modèle de chaussure, le nom de la marque – Nike –, mais pas de logo. À l'université de Portland, où Phil Knight donnait des cours de comptabilité pour arrondir ses fins de mois, il rencontra une étudiante en design, Carolyn Davidson. Il lui commanda un dessin représentant le mouvement. Elle réalisa plusieurs croquis, dont aucun ne le séduisit. Il fallait pourtant faire vite : au Mexique, des boîtes de chaussures attendaient le logo pour être imprimées. Sans conviction, Knight opta pour un logo en forme de virgule : « Je ne l'aime pas, mais je m'y ferai ! » L'étudiante lui présenta sa facture : 35 dollars. Trois fois rien comparé au succès mondial de la virgule par la suite ! En 1983, Phil Knight compléta cette somme en offrant à Carolyn Davidson une virgule en or sertie d'un diamant et une enveloppe remplie d'actions Nike.

D'où vient le mot « virgule » ?

Virgule est formé du radical latin *virg-*, la verge, et du suffixe *-ule*, qui désigne ce qui est petit. Une virgule est donc une petite verge. Et effectivement, à bien y regarder, il y a un air de famille...

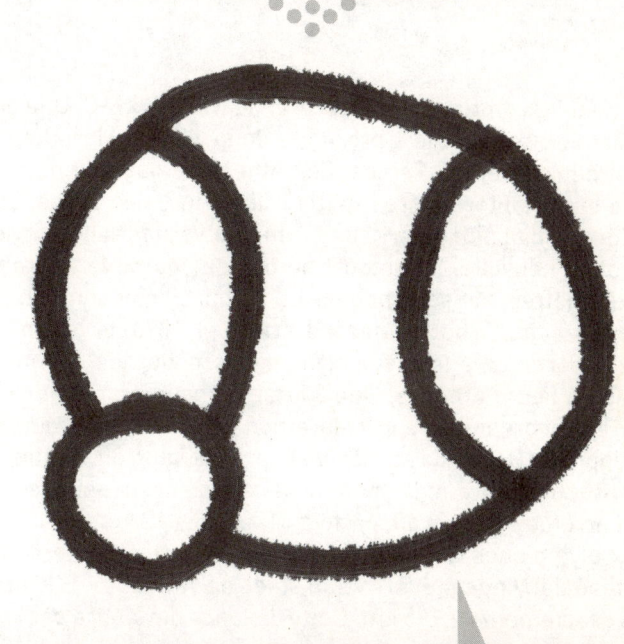

SPORTS
ET LOISIRS

Courir un marathon de 42,195 km, c'est long ! Mais pourquoi cette distance bizarre ?

L'histoire commence en Grèce, en l'an 490 av. J.-C. Une grande bataille se déroule à proximité de la ville de Marathon entre les Athéniens et les Perses. Les Athéniens gagnent et, grâce à cette importante victoire, mettent fin à l'invasion perse. Le soldat grec Philippidès part sur-le-champ vers Athènes annoncer la bonne nouvelle. Il parcourt au pas de course la quarantaine de kilomètres, fait son annonce et... meurt d'épuisement. Fin du premier acte. Début du second acte : en 1896, le baron Pierre de Coubertin crée les Jeux olympiques modernes. La première édition a lieu à Athènes. Une course d'une quarantaine de kilomètres est organisée entre Marathon et Athènes, en souvenir de Philippidès. Devant le succès de l'épreuve, plusieurs villes organisent leur propre marathon. Mais la distance n'est pas encore bien arrêtée : parfois 40, parfois 41, parfois 42 km. En 1908, aux Jeux olympiques de Londres, la course part de la terrasse du château de Windsor et arrive au stade de White City. Elle mesure très exactement 42,195 km. Cette distance deviendra par la suite la longueur officielle de tous les marathons.

Il existe une épreuve de course à pied se courant sur 1 609 m. Vrai ou faux ?

Vrai. Il s'agit du « mile ». Le « mile » est une unité de mesure anglaise correspondant à 1 609 m. Mais cette épreuve n'existe pas aux Jeux olympiques, où l'on ne court que sur des distances métriques : 100 m, 200 m, 400 m, 800 m, 1 500 m, 5 000 m, 10 000 m... Sauf le marathon !

**À quoi correspondent
les cinq anneaux
du drapeau olympique ?**

Les Jeux olympiques ont connu deux vies. La première dans l'Antiquité : créés par les Grecs en 776 avant J.-C., ils se déroulaient tous les quatre ans dans la ville d'Olympie. En 393 après J.-C., l'empereur chrétien Théodose Ier les jugea contraires à la religion et les fit interdire. Heureusement, ils eurent droit à une seconde naissance. À la fin du XIXe siècle, le baron Pierre de Coubertin pensait que le sport était important pour le développement de la jeunesse. Des fouilles archéologiques sur le site d'Olympie lui donnèrent l'idée de ressusciter les Jeux. La première édition eut lieu en 1896 à Athènes, avec 241 athlètes de 14 pays. Le baron les dota de plusieurs symboles : d'abord, la devise latine « *Citius, altius, fortius* » qui signifie « Plus vite, plus haut, plus fort ». Ensuite, en 1914, un drapeau avec cinq anneaux entrelacés. Chacun représente un continent. Les six couleurs (bleu, jaune, noir, vert et rouge sur fond blanc) ont été choisies pour que chaque pays du monde en retrouve au moins une dans son drapeau. Enfin, la flamme olympique fut instituée en 1928.

 **Parmi ces sports, lequel a été un sport olympique : le tir à la corde, le croquet, le golf, la culbute ou le canot à moteur ?**

Tous l'ont été ! Lors des premiers Jeux, de nombreuses épreuves existaient qui depuis ont été supprimées : nage sous l'eau, polo, jeu de paume, montée à la corde, kayak pliant, saut en longueur sans élan, lancer du javelot des deux mains...

Pourquoi le maillot jaune du Tour de France est-il jaune ?

Le premier du classement général porte un maillot jaune. Voici comment celui-ci est né : en novembre 1902, Henri Desgrange, directeur du journal sportif *L'Auto*, déjeunait avec son collaborateur Géo Lefèvre. « Pourquoi ne créerions-nous pas une grande course cycliste ? lança ce dernier. Un tour de la France en plusieurs étapes. » « Tu es fou, répondit son directeur, on va tuer les cyclistes ! » « Mais non !... Et puis ce tour permettra d'écrire des articles sur l'étape du jour. Comme ça, les gens achèteront notre journal ! » L'idée fit son chemin et, trois mois plus tard, *L'Auto* annonça la création du Tour de France, « la plus grande course du monde entier ». Cette première édition connut un grand succès populaire et fut reconduite les années suivantes. Mais, à l'époque, aucun signe ne permettait aux spectateurs de distinguer dans le peloton le premier au classement général. Pour y remédier, Desgrange décida en 1919 que le maillot du meilleur cycliste aurait une couleur spéciale. Laquelle ? Puisque les pages du journal *L'Auto* étaient jaunes, ce serait le jaune. Et c'est ainsi qu'est né le maillot jaune du Tour de France.

De quelle couleur est le maillot du leader du Tour d'Italie ?

Depuis 1931, le maillot du leader du Tour d'Italie est rose. Pourquoi rose ? Car c'est la couleur des pages de la *Gazzetta dello Sport*, journal qui organise la compétition.

> **Qui a inventé le premier vélo ?**

En 1813, Drais von Sauerbronn conçut une drôle de machine avec deux roues en ligne reliées par un cadre en bois. La roue avant pivotait grâce à un guidon. Cet ancêtre du vélo, baptisé draisienne du nom de son inventeur, n'avait pas de pédales : l'utilisateur battait des pieds sur le sol ! Cinquante ans plus tard, le Français Pierre Michaux améliora le système en fixant des pédales sur la roue avant. Et, pour aller plus vite, on augmenta progressivement la taille de cette roue : 1,5 m de haut contre seulement 0,5 m pour la roue arrière. Dans les années 1870, on inventa le cadre en métal et la chaîne reliant un pédalier libre à la roue arrière, ce qui permit de donner la même taille aux deux roues. Depuis, la forme des vélos n'a plus beaucoup changé. Ah si ! En 1887, il a connu une dernière évolution importante : le fiston d'un vétérinaire écossais se plaignait de ce que sa bicyclette était inconfortable. Son père, John Dunlop, recouvrit les roues d'un boyau de caoutchouc rempli d'air, et inventa ainsi le tout premier pneu au monde.

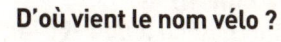 **D'où vient le nom vélo ?**

Vélo est l'abréviation de vélocipède. Ce mot est formé de « véloce » (rapide) et « pède » (pied) : au pied rapide. Le mot « bicyclette » est quant à lui formé de *bi* (« deux »), *kyklos* (« roue ») et *ette* (suffixe diminutif) : c'est un petit engin à deux roues.

En 1823, une faute de main lors d'une partie de football a donné naissance à un nouveau sport. Lequel ?

Le rugby. Personne ne saura jamais quelle mouche a piqué William Webb Ellis. Au cours d'un match de foot en Angleterre, en 1823, ce jeune collégien s'empara de la balle et piqua un sprint avec le ballon sous le bras, sous le regard incrédule de ses camarades. Faute ! Faute !... Mais, attendez, ça peut être amusant comme nouveau jeu ! Au cours des années qui suivirent, des règles furent énoncées : l'objectif était d'aplatir le ballon de l'autre côté de la ligne de but adverse. Et puisque ce sport avait été inventé par un collégien de la ville anglaise de Rugby, on l'appela le « football de Rugby », ou plus simplement le « rugby ». Il se développa dans plusieurs colonies anglaises (l'Australie, l'Afrique du Sud, la Nouvelle-Zélande, Fidji...) et en France, où un sport plus ancien se jouait déjà à la main, la « soule ». Tous les quatre ans, une coupe du monde de rugby est organisée avec les meilleures équipes. Le trophée que brandit le vainqueur s'appelle la coupe William Webb Ellis, en souvenir du jeune collégien qui inventa ce sport.

Aux États-Unis, le football se joue avec les mains. Vrai ou faux ?

Vrai. Aux États-Unis, on appelle « football », ou « American football », un sport inventé en 1875 à partir du rugby. Pour les Américains, notre football se nomme « soccer ».

> **Pourquoi les journalistes sportifs prononcent-ils « footbôl », « basket-bôl » et « volley-bôl », mais « handbal » et non « handbôl » ?**

C'est une question d'origine ! Les règles actuelles du football ont été définies en 1848 par les étudiants de l'université anglaise de Cambridge. Le mot « football », qui signifie « balle au pied », se prononce donc à l'anglaise : « footbôl ». Le basket-ball a été créé dans un collège américain en 1891 par James Naismith, un professeur de sport qui trouvait les séances de gymnastique peu attractives. Basket-ball, dont la traduction est « balle au panier », se prononce à l'américaine : « basket-bôl ». Le volley-ball est l'invention d'un autre professeur d'éducation physique américain, William Morgan, en 1895. La « balle à la volée » se prononce à l'américaine : « volley-bôl ». Seul le handball n'est pas d'origine anglaise ou américaine. Apparu à la fin du XIXe siècle, ce sport était d'abord tchèque, avant qu'un professeur de sport (encore un !), l'Allemand Karl Schellenz, n'en fixe les règles en 1919. Le handball, qui signifie « balle à la main », se prononce donc à la germanique : « handbal ».

À l'origine, le handball se jouait à onze joueurs sur un terrain de foot. Vrai ou faux ?

Vrai. Mais pour des raisons climatiques, les pays nordiques ont développé une variante à sept joueurs se pratiquant dans un gymnase. Dans les années 1950, le handball à sept, plus rapide et plus spectaculaire, s'est définitivement imposé face au handball à onze.

Quel sport tire son nom de l'interjection « Tenez ! » ?

Le tennis. À l'origine, il y a un jeu apparu en France au XIIe siècle. Une balle, lancée contre un mur par un joueur, était rattrapée par un autre joueur, qui la relançait à son tour. Comme on attrapait la balle dans la paume de la main, ce jeu s'appelait le « jeu de paume ». Au cours des siècles, ses règles se sont modifiées : ainsi, pour se protéger les mains, on créa les raquettes. Le terrain aussi changea : le mur disparut et les joueurs se retrouvèrent face à face sur un terrain rectangulaire, divisé en deux par une ficelle. Au moment de servir, le joueur criait à son adversaire « tenez ! ». Au XVIe siècle, le jeu de « tenetz » (en vieux français) traversa la Manche pour devenir, à la cour du roi d'Angleterre, le tennis. Mais il fallut attendre la fin du XIXe siècle pour qu'il prenne sa forme actuelle. À la veille de Noël 1873, le major anglais Walter Wingfield eut l'idée de commercialiser des boîtes de jeu : dedans, quatre raquettes, des balles, un filet, des bandes pour limiter le terrain et un livret d'explication. Ce jeu, baptisé « lawn tennis » ou « tennis de gazon », se jouait dans son jardin. Il connut un succès immédiat et devint rapidement un sport.

Où a eu lieu le premier tournoi de tennis au monde ?

Le premier tournoi de tennis s'est disputé en 1877 à Wimbledon, dans la banlieue de Londres. Le tournoi de Wimbledon est aujourd'hui l'un des quatre tournois du grand chelem, avec l'Open d'Australie, Roland Garros et l'US Open.

Avant d'être une arme d'art martial, à quoi servaient les nunchakus ?

Un nunchaku est une arme formée de deux bouts de bois de 30 à 60 cm, reliés entre eux par une corde ou une chaîne de 10 cm. L'utilisateur saisit l'un des bouts et, tel Bruce Lee dans les films de kung fu, fait prestement tournoyer l'autre d'un mouvement de rotation du poignet. Cela peut être extrêmement dangereux, même pour l'utilisateur, s'il n'est pas très doué. Avant d'être un fléau pour les combattants, le nunchaku était un fléau pour... les céréales ! Un fléau, au sens propre du terme, est un instrument agricole servant à battre les céréales pour séparer le grain de l'enveloppe. Le nunchaku est devenu une arme au XVIIe siècle. À cette époque, les Japonais ont annexé l'île d'Okinawa et, pour éviter les rébellions, ont interdit à ses habitants la possession de toute arme connue. Malins, les paysans ont découvert que, bien utilisés, leurs outils pouvaient être redoutables. C'est ainsi que nunchakus, tonfas (manches de bois pour décortiquer le riz), kamas (faucilles), bos (bâtons de 1,8 m) et autres sansetsukons (fléaux à trois morceaux) sont devenus des armes.

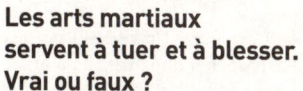

Les arts martiaux servent à tuer et à blesser. Vrai ou faux ?

À l'origine, ces techniques servaient à se battre pour de vrai à l'aide d'armes nobles (lances, poignards, sabres...) ou d'instruments (fléaux, bâtons...). Mais, au XIXe siècle, ces moyens de défense orientaux n'ont plus fait le poids face aux armes à feu occidentales. Les arts martiaux se sont alors transformés en une philosophie, une manière de vivre et un contrôle de soi.

Comment s'appelle le jeu que l'on joue les yeux bandés ?

Et pourquoi ce nom ?

C'est colin-maillard. L'un des joueurs se bande les yeux puis, à tâtons, cherche les autres participants. Lorsqu'il en a attrapé un, il doit le reconnaître. Ce jeu tient son nom d'une très vieille légende, celle du chevalier Colin. Un peu avant l'an mil, donc, il y avait au pays de Liège un guerrier du nom de Jean Colin. Il était si vaillant que le pieux roi Robert l'avait fait chevalier. Et comme son arme favorite était le maillet, on le surnommait Colin Maillard. Un jour, alors qu'il livrait une rude bataille contre le comte de Louvain, le preux chevalier fut plusieurs fois blessé et eut les deux yeux crevés. Tout autre que lui aurait abandonné le combat. Mais Colin Maillard était d'une grande bravoure : en aveugle, il continua à frapper l'ennemi de son maillet, guidé par les indications de ses écuyers. En souvenir de cet exploit légendaire, on donna son nom à un jeu.

Au Mexique, qu'est-ce que la piñata ?

La *piñata* est le colin-maillard local. On remplit de friandises une coque en papier mâché, puis on l'accroche à une branche d'arbre à l'aide d'une ficelle. Des enfants essaient, chacun à son tour et les yeux bandés, de donner des coups de bâton dans la piñata pour la faire éclater et récupérer son contenu.

Arracheur de dents ! Laurent Mourguet naît en 1769 dans une famille pauvre de tisseurs lyonnais. Il devient lui-même canut. À 20 ans, lorsque la Révolution française éclate, il se retrouve au chômage. Le jeune homme, qui ne sait ni lire ni écrire, devient marchand ambulant puis arracheur de dents. À l'époque, les dentistes n'existent pas : si vous souffrez trop d'une dent, hop !, un petit coup de tenaille et la douleur disparaît avec la quenotte. Pour attirer et distraire le client, Mourguet crée un petit spectacle de marionnettes. Comme cela se faisait alors, il commence par reprendre le personnage de Polichinelle. En 1804, il délaisse la tenaille et se consacre entièrement à ses poupées. Il se fait aider par le père Thomas, un amuseur-comédien-violoniste très porté sur le beaujolais. Il doit s'en séparer mais s'en inspire pour créer son premier personnage : Gnafron, le cordonnier ivrogne. Viennent ensuite Guignol, un canut rusé et râleur qui parle l'argot local, Madelon, son épouse, le gendarme... Chaque jour, Mourguet invente son texte en fonction de son humeur et des événements du jour. Grâce à Guignol, ouvriers et paysans découvrent l'actualité en s'amusant...

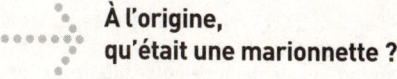

À l'origine,
qu'était une marionnette ?

Au Moyen Âge, une marionnette était une petite Marie, c'est-à-dire une statuette de la Vierge que l'on promenait lors des processions. Plus tard, elles ont désigné les figurines utilisées pour les spectacles.

Comment est né l'ours en peluche ?

Comparée à l'histoire des poupées, celle des ours en peluche est très récente : ils ne sont apparus qu'au début du XXᵉ siècle, simultanément en Allemagne et aux États-Unis. Leur apparition en Amérique est amusante. Le président de l'époque, qui s'appelait Theodore Roosevelt, adorait faire des parties de chasse. En 1903, alors qu'il rentrait bredouille, ses amis crurent lui faire plaisir en capturant un ours vivant et en lui proposant de l'abattre. Le président refusa, sauvant ainsi la vie de l'animal. Les journalistes présents sur les lieux en parlèrent et des dessinateurs illustrèrent l'événement. En voyant l'un de ces dessins dans un journal, Rose et Morris Michtom, des fabricants de jouets, eurent l'idée de créer un ours articulé en mohair. Ils le baptisèrent « Teddy Bear » : « Teddy » car c'était le surnom de Theodore Roosevelt, « Bear » car cela signifie « ours » en anglais. L'ours en peluche était né. Il arriva en France vingt ans plus tard.

Pourquoi les poupées Barbie s'appellent-elles Barbie ?

En 1959, Ruth Handler, qui avait créé la fabrique de jouets Mattel avec son mari, imagina un nouveau modèle de poupée. Contrairement aux poupées existant déjà, qui avaient un visage de bébé ou de fillette, celle-ci aurait l'allure d'une femme adulte. Elle lui donna le surnom de sa fille Barbara : Barbie.

> ## Qu'aime par-dessus tout un tyrésémiophile ?

Un jour, après avoir fini un camembert, sans vraiment savoir pourquoi, boum !, vous trouvez l'étiquette jolie avec sa prairie normande, ses deux vaches et le petit village au fond. Du coup, vous la décollez et la conservez précieusement dans un cahier. Puis vous découvrez d'autres étiquettes encore plus belles, qui rejoignent la première dans le cahier. C'est l'engrenage infernal : vous sombrez dans la tyrésémiophilie. Ce mot vient du grec *turos* (fromage), *semeion* (signe) et *philein* (aimer). Un tyrésémiophile est un collectionneur d'étiquettes de fromage. Mais pas d'inquiétude : vous n'êtes pas seul ! Il existe de nombreux autres collectionneurs : il y a les philatélistes (timbres), les numismates (pièces de monnaie), stickophiles (autocollants), copocléphiles (porte-clefs), fibulanomistes (boutons), philopins (pin's), cervalobélophiles (sous-bocks de bière), arctophiles (ours en peluche), odolabélophiles (flacons de parfum), fabophiles (les fèves de galettes des rois)... Et attention de ne pas confondre les nanomanes et les nanipabullophiles : les premiers sont amateurs de nains de jardin, les seconds de nains de jardin avec brouette.

Les collectionneurs sont-ils plutôt des hommes ou des femmes ?

Environ un Français sur dix collectionne des objets. Les trois quarts sont des hommes. La « collectionnite » apparaît, pour la moitié d'entre eux, avant l'adolescence. Elle naît d'un besoin de faire quelque chose, de posséder, de classer et de se surpasser. Neuf collectionneurs sur dix s'occupent régulièrement de leur collection.

Les Européens n'ont pas inventé les cartes à jouer : originaires d'Asie, elles ne sont arrivées en Occident qu'à la fin du XIVe siècle. Dans chaque pays, et même dans chaque région, on les a alors adaptées à sa façon. Aujourd'hui, le jeu français compte 52 cartes – 1, 2, 3, 4, 5, 6, 7, 8, 9, 10, valet, dame et roi – réparties dans quatre couleurs : carreau, cœur, pique et trèfle. Ce jeu est le plus utilisé au niveau mondial, mais il n'est pas le seul. Le jeu traditionnel espagnol ne comporte que 48 cartes – 1, 2, 3, 4, 5, 6, 7, 8, 9, valet, cavalier et roi – et les quatre couleurs ne sont pas les mêmes que les nôtres : elles s'appellent pièces, coupes, épées et bâtons, avec bien sûr des petits dessins correspondants. Quant au jeu traditionnel allemand, il ne compte que 32 ou 36 cartes et ses quatre couleurs sont le grelot, cœur, gland et feuille.

 **Quel est le nom des rois du jeu de cartes français ?**

Au Moyen Âge, on adorait les histoires des Neuf Preux. Il s'agissait de neuf rois légendaires : trois juifs de l'Ancien Testament (Josué, Judas Maccabée, David), trois païens de l'Antiquité (Hector de Troie, Alexandre le Grand, Jules César) et trois chrétiens du Moyen Âge (Charlemagne, Godefroy de Bouillon, Arthur). Parmi eux, David, Alexandre, César et Charlemagne ont été retenus pour représenter les rois de pique, de trèfle, de carreau et de cœur. Quant à Hector, il est devenu le valet de carreau.

> **Que représentaient
> les tout premiers puzzles ?**

Les puzzles sont nés vers 1760, simultanément dans deux pays d'Europe. En Grande-Bretagne, le cartographe John Spilbury imagine un jeu éducatif permettant d'apprendre la géographie : il peint une carte d'Angleterre sur une fine planche en bois, la découpe en suivant le tracé des comtés et vend chaque morceau séparément. Le but est de reconstituer l'Angleterre en rassemblant les morceaux. En France, au même moment, un dénommé Dumas imagine le même jeu, mais avec une carte d'Europe et des morceaux représentant les pays. Peu après, les puzzles (de l'anglais *puzzle*, casse-tête, énigme) deviennent historiques : en 1787, l'Anglais William Darton édite un jeu avec le portrait des rois d'Angleterre, de Guillaume le Conquérant jusqu'à George III. Mais ce jeu est compliqué car, pour le résoudre, il faut connaître par cœur l'ordre des rois. Deux ans plus tard, l'Anglais Wallis le simplifie : il crée un puzzle de l'histoire d'Angleterre qui nécessite surtout de la patience et de l'observation. Il est à l'origine des puzzles que nous connaissons aujourd'hui.

**Jusqu'à combien de pièces
comptent les plus grands
puzzles commercialisés ?**

Le fabricant Ravensburger vend des monstres de 18 240 pièces, mesurant près de 2,76 m sur 1,96 m et pesant plus de 9 kg. De quoi occuper les longues soirées d'hiver, lorsque la télé est en panne...

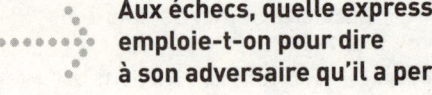

Qui a inventé le jeu d'échecs ?

Un échiquier fait huit cases sur huit. Et, d'après une célèbre légende, cela ruina un roi ! Cette légende raconte que le brahmane Sissa inventa le jeu d'échecs au VIe siècle, en Inde, et l'offrit en cadeau au jeune roi qui venait d'accéder au trône. La pièce la plus importante du jeu était le roi, mais cette pièce ne pouvait rien faire sans l'aide des autres. Grâce aux échecs, le jeune roi comprit qu'il n'était rien sans ses sujets et fit tout pour améliorer leur sort. Puis il convoqua le brahmane : « Je vais te récompenser pour ton jeu. Que veux-tu ? » « Rien », répondit Sissa. « Si si, demande-moi ce que tu veux ! » Sissa réfléchit et dit : « Dans ce cas, tu mettras un grain de blé sur la première case du jeu. Puis deux sur la deuxième, quatre sur la troisième, et ainsi de suite, en doublant le nombre à chaque case... » « C'est tout ?!... Tu refuses ma générosité ?... Bon, mon trésorier t'apportera ton sac de blé demain », s'exclama le roi. Mais le soir, le trésorier, affolé, vint le voir : « Il est impossible de remplir cette requête ! Il faudrait 18 milliards de milliards de grains ! Bien plus que tout le blé de la Terre ! » Le jeune roi venait de recevoir une nouvelle leçon, une leçon d'humilité.

Aux échecs, quelle expression emploie-t-on pour dire à son adversaire qu'il a perdu ?

Échec et mat. « Échec » vient du persan *shah*, qui signifie « roi ». Et dans cette langue *mat* signifie « mort ». « Échec et mat » se traduit donc par « le roi est mort ».

En 1809, contre qui Napoléon Ier a-t-il perdu aux échecs ?

Contre un automate. Conçu et réalisé en 1769 par l'inventeur von Kempelen, le « Turc » était un androïde vêtu de soieries et coiffé d'un turban. Il faisait face à un meuble en bois sur lequel se trouvait l'échiquier. À l'intérieur du meuble, une machinerie compliquée actionnait l'automate. Tout cela était montré au joueur humain avant la partie, pour éviter toute contestation. Le Turc fut présenté à la reine Marie-Thérèse d'Autriche avant de faire une grande tournée en Europe. Et, stupeur !, il jouait fort bien : une machine battait l'homme à un jeu d'intelligence. Certains crièrent à la supercherie, mais sans pouvoir rien démontrer. En 1809, alors qu'il allait mener bataille à Wagram, en Autriche, Napoléon Ier s'arrêta au château de Schönbrunn et fit une partie contre l'automate. Et l'empereur perdit. L'androïde poursuivit ensuite sa carrière aux États-Unis. C'est là qu'en 1834 le truc du Turc fut révélé : un vrai joueur d'échecs, mais de petite taille, se cachait dans la commode sous un faux plancher. C'est lui qui actionnait le bras de l'automate ! Conservé dans un musée de Philadelphie, le Turc brûla vingt ans plus tard dans un incendie.

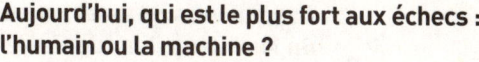

Aujourd'hui, qui est le plus fort aux échecs : l'humain ou la machine ?

En 2006, un match en six parties a opposé le champion du monde Vladimir Kramnik au logiciel Deep Fritz. Résultat sans appel : la machine, capable d'examiner 8 à 10 millions de positions par seconde, a gagné deux parties, a fait quatre matchs nuls, et n'a pas perdu une seule fois.

D'abord, le conte de fées : en 1929, au moment de la grande crise financière mondiale, un chômeur américain, Charles Darrow, invente un jeu nouveau. Le but du Monopoly est d'acheter des terrains, d'y faire construire des maisons puis de les louer ou de les revendre. Autrement dit, s'amuser à gagner un maximum d'argent. Darrow propose son jeu à la firme Parker Brothers, qui le refuse par deux fois, le trouvant trop long et trop compliqué. Finalement, en 1935, elle l'édite et le Monopoly connaît un succès immédiat. Traduit en 26 langues, il permet à Darrow d'être le premier inventeur de jeu à devenir millionnaire. Et voici l'autre face de la médaille : pour créer le Monopoly, Darrow s'est très fortement inspiré d'un jeu plus ancien, le Landlord's Game, ou Jeu du Propriétaire. Conçu en 1904 par l'Américaine Lizzie Magie, il se jouait quasiment de la même manière avec le même plateau. Seule vraie différence : dans l'esprit de Lizzie Magie, qui faisait partie de la secte des Quakers, le but était de montrer aux joueurs les méfaits de la spéculation immobilière, et non le plaisir de gagner de l'argent. Elle a été servie : son jeu ne lui a quasiment rien rapporté.

Dans la version américaine du Monopoly, les rues de quelle ville achète-t-on ?

Le plateau du jeu dépend du pays : on achète les rues d'Atlantic City dans la version originale américaine, de Paris (version française), de Berlin (version allemande), de certaines rues des plus grandes villes du pays (version belge ou suisse), des capitales (version européenne)...

> ## Quand le loto a-t-il été inventé ?

Dans les années 1970 ? À la fin du XIXᵉ siècle ? Sous Napoléon Iᵉʳ ? Tout le monde a perdu ! Le loto a été inventé en Italie à la fin du XVIᵉ siècle. Le goût du jeu poussait alors les Italiens à parier sur les fréquents changements politiques. En 1576, pour rendre la république de Gênes un peu plus stable, une réforme fut imposée : tous les six mois, cinq noms seraient tirés au sort parmi les 120 membres du Sénat – nombre réduit ensuite à 90. Ces cinq-là deviendraient gouverneurs et procurateurs de la ville. Bien vite, les Génois firent des paris pour trouver ces noms. Cette loterie (*lotto*, en italien) fut d'abord interdite avant de se répandre dans d'autres villes d'Italie, puis d'Allemagne, de Pologne et de France en 1757. Il s'agissait de deviner 5 numéros sur un total de 90. Les gains dépendaient du nombre de bons numéros. Interdit en France en 1836, pour ôter au public tout espoir de gain acquis par la voie du sort, le loto y est revenu en 1976. Il s'agissait de trouver 6 numéros sur un total de 49, formule imaginée après la Seconde Guerre mondiale par deux Allemands, Lothar Lammers et Peter Weiand. Depuis 2008, il faut trouver 5 numéros parmi 49, plus 1 numéro chance parmi 10.

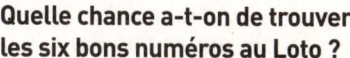

Quelle chance a-t-on de trouver les six bons numéros au Loto ?

Une chance sur 19 millions ! Seul l'État gagne à tous les coups : sur 100 euros misés par les joueurs, 50,5 euros sont redistribués aux joueurs ; 12 euros vont à la Française des jeux, organisateur du Loto ; 37,5 euros à l'État.

**Quel a été
le tout premier
jeu vidéo ?**

Les jeux vidéo ne sont pas nés en un clic : ils sont apparus lentement, au rythme des progrès informatiques. L'idée du jeu est généralement attribuée à l'ingénieur américain Ralph Baer. En 1951, son entreprise lui demande de concevoir la « meilleure télévision du monde ». Il propose d'y intégrer un module de jeu, mais son idée n'est pas retenue. L'année suivante, l'étudiant anglais A.S. Douglas programme sur l'ordinateur de son laboratoire, qui à l'époque remplissait une salle entière, OXO, un jeu de morpion contre la machine. En 1958, nouvelle avancée importante : pour distraire les visiteurs de son laboratoire, l'Américain Willy Higinbotham conçoit Tennis For Two : deux joueurs se renvoient une balle au-dessus d'un filet. Mais la véritable naissance du jeu vidéo date de 1961. Pour tester les capacités du nouvel ordinateur de leur labo, un groupe d'étudiants américains, menés par Steve Russell, créent Spacewar. Deux vaisseaux spatiaux, contrôlés par des manettes spécialement fabriquées pour l'occasion, se tirent dessus à coups de missiles. Au centre, un Soleil les attire, créant un danger supplémentaire. Ce jeu plut tant qu'il fut distribué avec l'ordinateur.

Qu'est-ce que Pong ?

Pong est le premier jeu vidéo qui, en 1972, connut un succès planétaire. Il s'agissait d'un point lumineux sur fond noir, que les joueurs se renvoyaient de gauche à droite avec des manettes. Oui, c'est vrai, aujourd'hui ça paraît un peu neu-neu ; mais à l'époque, c'était vachement bath !

Le cruciverbiste fait des mots croisés alors que le verbicruciste, lui, fait des mots croisés. Comprenez : le premier s'amuse à remplir les grilles alors que le second s'ingénie à les concevoir. Les premiers mots croisés, avec leurs petites cases noires, sont nés au début du XXe siècle de l'imagination du Britannique Arthur Wynne. Il en proposa aux journaux londoniens, qui les refusèrent. Il les proposa donc, en 1913, à un journal américain. Énorme succès ! Du coup, tous les journaux en voulurent. Wynne, qui n'avait pas prévu le coup et n'avait pas protégé son invention par un brevet, se fit alors doubler par un autre Britannique, Morley Adams : celui-ci créa une agence de fabrication de mots croisés en anglais. Les célèbres grilles arrivèrent en France en 1925. L'écrivain Tristan Bernard en composa avec des définitions humoristiques, spirituelles ou énigmatiques. Cela différencie les mots croisés français de la plupart des autres langues, où la définition est attachée au sens premier du mot.

Quel est le plus petit mots croisés au monde ?

L'écrivain Georges Perec, grand amateur de mots, conçut une grille d'une seule case. Les définitions : Horizontalement : 1. Voyelle. Verticalement : I. Consonne. La réponse est la lettre Y, qui, en fonction du mot dans laquelle elle se trouve, est considérée comme une voyelle (par exemple dans cycle) ou une semi-consonne (yeux).

Dans une boîte de Scrabble, pourquoi y a-t-il neuf lettres A mais seulement six O ?

Un jeu de Scrabble comporte cent lettres et deux jokers. Parmi les lettres, il y a neuf A, deux B, deux C, trois D, quinze E... Ces nombres ne doivent rien au hasard. Prenez un livre et comptez le nombre de fois où la lettre A apparaît, puis recommencez avec le B, le C... Vous découvrirez que, sur 100 lettres imprimées, il y a en moyenne neuf A, un peu moins de deux B, un peu plus de deux C, environ trois D, un peu plus de quinze E... Bien sûr, cette fréquence varie d'une langue à l'autre. Le Y et le W étant moins rares en anglais qu'en français, il y a deux Y et deux W dans la version anglaise du jeu de Scrabble, contre un seul en français. À l'inverse, les adjectifs anglais ne prenant pas de S au pluriel, il n'y en a que quatre contre six chez nous. En 1931, lorsque l'Américain Alfred Burst conçut le jeu du Scrabble, les ordinateurs n'existaient pas encore : pour déterminer la fréquence des lettres, il les compta une à une dans différents journaux.

 **Avec quel tirage de 7 lettres fait-on le plus de mots ?**

Avec les lettres AEINRST, on peut écrire 20 anagrammes : tsarine, traînes, sentira, riantes, entrais, transie, insérât, satiner, sériant, serinât, tarsien, arisent, taniser, ratines, résinat, rentais, inertas, aretins, tarines et retsina. Si, si, tous ces mots sont bien dans le dictionnaire !

LES ARTS

Qui parle le quenya, le khuzdûl et le sovâl phârë ?

Le quenya est parlé par les Hauts Elfes, le khuzdûl par les Nains, le sovâl phârë par les Humains. Ces langues ont cours dans la Terre du Milieu, monde où se situe l'action du *Seigneur des Anneaux*. Elles sont même à l'origine de la célèbre saga littéraire. Car son auteur, avant de devenir écrivain, était un éminent linguiste. Passionné depuis son adolescence par les langues, J.R.R. Tolkien parlait couramment l'afrikaans, le latin, le grec, l'hébreu, le gallois, le finnois... Dans les années 1920, alors qu'il était professeur d'anglo-saxon à l'université, son hobby était de créer des langages imaginaires. S'inspirant de langues réelles, il conçut le quenya et le sindarin, langues des elfes, riches de plus de 2 000 mots. L'univers qu'il imagina tout autour lui permit, vingt ans plus tard, d'écrire *Le Seigneur des Anneaux*. Une dizaine de langues y apparaissent. Certaines sont très développées, d'autres à peine esquissées à l'occasion de noms de lieux et de personnages, de chants ou de poèmes.

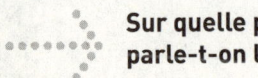

Sur quelle planète parle-t-on le klingon ?

Le klingon est la langue parlée sur la planète Qo'noS, dans la série télé *Star Trek*. Au départ, les acteurs qui tenaient le rôle des extraterrestres baragouinaient un langage de leur invention. Mais c'était peu crédible. Un linguiste a donc été appelé à la rescousse. En s'inspirant des langues des Indiens d'Amérique, il a conçu un vocabulaire de plus de 2 500 mots, une grammaire, une syntaxe, une prononciation...

> ## À quoi sert l'Académie française ?

Au Moyen Âge, chaque région de France avait son propre parler, avec ses mots et ses expressions. Aux XVIe et XVIIe siècles, l'État français a lancé plusieurs initiatives pour unifier la langue. L'Académie est l'une d'elle. Créée en 1635 par le cardinal de Richelieu, elle a pour objectif de fixer des règles rendant la langue plus pure, notamment par l'établissement d'un dictionnaire. Ses 40 fauteuils sont occupés par des poètes, des romanciers, des hommes de théâtre, des philosophes, des historiens, des hommes de science, d'État ou d'Église... Ils sont surnommés Immortels car, sur le sceau que Richelieu attribua à l'Académie française, est inscrite la devise « À l'immortalité ». Il s'agit bien sûr de celle de la langue, non des académiciens... Et de fait, sur les 700 membres qu'a compté l'auguste institution depuis sa création, bien peu sont restés dans les mémoires : qui se souvient de François-Auguste de Parseval de Grandmaison, Jean Richepin, Robert de Flers ou Antoine Jay ? À l'inverse, certains immenses écrivains à l'œuvre immortelle n'en ont jamais fait partie : Honoré de Balzac, Alexandre Dumas père, Stendhal, Gustave Flaubert, Marcel Proust, Émile Zola... On dit parfois qu'ils ont occupé le 41e fauteuil de l'Académie française.

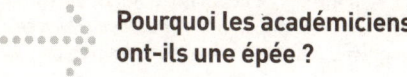

Pourquoi les académiciens ont-ils une épée ?

Au XVIIe siècle, seuls les nobles et les militaires pouvaient porter l'épée. En 1635, les roturiers admis à l'Académie française acquirent ce droit. Cela devint même l'un des signes distinctifs des académiciens.

Le chèque remis chaque année au lauréat du Goncourt est de... 10 euros. Champagne ! Ou plutôt, avec cette somme, limonade ! Ce prix littéraire est pourtant le plus prestigieux en France. Créé par le testament d'Edmond de Goncourt en 1896 et remis pour la première fois en 1903, il récompense un roman paru dans l'année. Tous les premiers mardis du mois, sauf en été, les dix membres de l'Académie Goncourt dînent au premier étage du restaurant Drouant, à Paris. Ils établissent une liste de livres susceptibles d'obtenir le prix puis, généralement en novembre, ils annoncent le nom du vainqueur. L'heureux lauréat reçoit alors les 10 euros remis par l'Académie Goncourt. Mais ce n'est que le début de la fortune car, grâce à la renommée du prix, il vendra en moyenne 400 000 exemplaires de son livre. Or, pour chacun, il touche environ 10 % du prix du livre. Si l'ouvrage coûte 20 euros et qu'il en vend 400 000, ça lui rapporte 800 000 euros. Et là, je dis... Champagne !

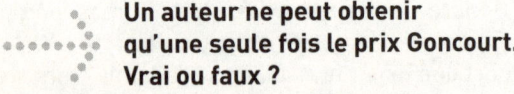

Un auteur ne peut obtenir qu'une seule fois le prix Goncourt. Vrai ou faux ?

Vrai. Un seul écrivain l'a eu deux fois, Romain Gary, qui l'a obtenu en 1956 pour *Les Racines du Ciel* puis, en 1975, pour *La Vie devant soi*. Mais ce second livre a été publié sous le pseudonyme d'Émile Ajar et les membres du jury ignoraient qui était le vrai auteur...

> **Combien faut-il vendre de disques pour obtenir un « disque d'or » ?**

Les « disques d'or » sont des récompenses remises aux artistes ayant vendu un grand nombre de disques. Combien ? Ça dépend... D'abord, du pays et du nombre de ses habitants : il est plus facile d'écouler 100 000 disques à 300 millions d'Américains qu'à 4 millions d'Irlandais. Aux États-Unis, le seuil pour obtenir un disque d'or est de 500 000 exemplaires ; en Irlande, de seulement 7 500 exemplaires. En France, c'est le Syndicat national de l'édition phonographique qui fixe ce seuil et qui tient les comptes. Mais comme depuis quelques années les ventes de disques baissent, ce nombre a lui aussi été revu à la baisse : avant 1991, il fallait vendre 500 000 singles pour obtenir un disque d'or. Après 1992, c'est passé à 250 000. Puis à 200 000 en 2005, 150 000 en 2009 et 75 000 en 2013. Pour les albums, il en fallait 100 000 jusqu'en juillet 2006, seulement 75 000 jusqu'en juillet 2009, et 50 000 depuis. Le disque remis à l'artiste n'est pas vraiment en or : il s'agit d'un disque normal recouvert d'une pellicule d'or fin.

 **Il existe des disques de diamant. Vrai ou faux ?**

Vrai. Pour les albums, il existe des disques d'or (50 000), de platine (100 000) et de diamant (500 000). Pour en obtenir un, il n'y a pas de limite de durée : en septembre 2005, Madonna a décroché en France un disque de platine pour son album *Immaculate Collection*, sorti... 15 ans et 10 mois plus tôt !

Pourquoi, au début du XXᵉ siècle, y avait-il un piano dans les salles de cinéma ?

À ses débuts, le cinéma était muet. Inventé par les frères Lumière en 1895, il a mis plusieurs décennies à parler. La faute à la technologie : si on savait déjà enregistrer des voix ou de la musique sur des disques, on n'avait pas trouvé le moyen de synchroniser son et image. Voir les lèvres d'un acteur bouger et entendre sa voix quelques secondes plus tard n'était pas satisfaisant... Du coup, les premiers films étaient silencieux. À l'écran, les comédiens s'exprimaient par des gestes amples et exagérés. De temps à autre, un intertitre donnait une indication supplémentaire : « Pendant ce temps, dans la cabine du capitaine. » Pour mettre un peu d'ambiance, les salles de cinéma disposaient généralement d'un piano. Pendant la diffusion du film, un pianiste regardait l'écran et jouait en simultané. Tout son talent consistait à faire coller les effets musicaux à l'action du film. Le cinéma parlant est apparu dans les années 1920, lorsqu'on a réussi à inscrire le son directement sur la pellicule, sur une bande optique située à côté de l'image.

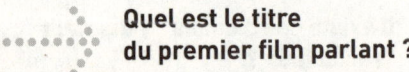

Quel est le titre du premier film parlant ?

Le *Chanteur de jazz*, réalisé en 1927 par Alan Crosland, est le premier long métrage parlant. En tout et pour tout, les dialogues durent moins d'une minute et ne comptent que 281 mots. Les 6 chansons sont interprétées par Al Jolson, un Blanc maquillé en Noir.

**Pourquoi les oscars
décernés à Hollywood
s'appellent-ils ainsi ?**

« Et le gagnant de l'oscar du meilleur acteur est... j'ouvre l'enveloppe... » Depuis 1929, à Hollywood, l'Académie des arts et sciences du cinéma récompense chaque année les meilleurs films sortis aux États-Unis. Ces prix sont des statuettes dorées représentant un homme debout tenant une épée, connu sous le surnom d'Oscar. Mais pourquoi « Oscar » plutôt que « John » ou « Bob » ? Plusieurs théories s'affrontent. Certains disent que c'est l'actrice Bette Davis qui, en recevant la statuette en 1935, a trouvé que son derrière plat ressemblait à celui de son mari Harmon Oscar Nelson Jr. Mais un an plus tôt, le journaliste Sidney Skolsky avait déjà utilisé le nom d'Oscar : selon lui, cela proviendrait d'une vieille plaisanterie : « Un cigare, Oscar ? » En fait, l'hypothèse la plus souvent retenue attribue la paternité du surnom à la bibliothécaire de l'Académie du cinéma, Margaret Herrick. En voyant pour la première fois la statue, elle se serait exclamé : « Mais c'est mon oncle Oscar ! » En France, les choses sont plus simples : les prix remis chaque année s'appellent les césars, du nom de l'artiste qui en a créé la sculpture.

Quel est le record d'oscars pour un seul film ?

Chaque année, une petite trentaine d'oscars sont remis : meilleur film, réalisateur, acteur, actrice, musique, décor, costumes... Les films *Ben-Hur* (en 1959), *Titanic* (en 1997) et *Le Seigneur des Anneaux : Le Retour du Roi* (en 2003) ont chacun reçu 11 oscars.

> **À la 23e minute du film *La Guerre des Étoiles*, dans quelle main Luke tient-il son verre ?**

Les deux ! Lors du repas avec son oncle, Luke tient d'abord son verre dans la main gauche. L'instant d'après, comme par magie, le verre est passé dans la main droite. Et encore après, il est revenu dans la gauche. Ce genre d'erreur est fréquent dans les films. Les scènes ne sont en effet pas tournées dans l'ordre. En fonction du lieu ou de la disponibilité des acteurs, le réalisateur peut commencer par des scènes de la fin du film, puis s'attaquer à celles du milieu... Du coup, d'un plan à l'autre, la position d'un acteur, des nuages dans le ciel ou des objets sur une table peut avoir changé. Sur le tournage, une personne – la scripte – est chargée de veiller à ce que tout corresponde. Malgré son travail, il subsiste dans tous les films de minuscules erreurs : des anachronismes (dans *Gladiator*, il y a des traces de tracteur dans un champ), des erreurs de continuité (dans une scène d'*Indiana Jones et la dernière croisade*, la barbe de Sean Connery est en bataille et, dix secondes plus tard, bien nette), des erreurs de tournage (la caméra se reflète dans une vitre)...

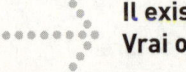

Il existe des chasseurs d'erreurs. Vrai ou faux ?

Vrai. Dans le film *Les convoyeurs attendent*, le jeune héros traque les erreurs cachées dans les films. Dans la vraie vie aussi, des chasseurs de coquilles proposent le fruit de leurs recherches sur Internet. Pour découvrir leurs sites, tapez « erreurs » et « film » dans un moteur de recherche.

> **En 1938, quel canular a fait paniquer plus d'un million d'Américains ?**

« Et maintenant, place à Ramon Raquello et son orchestre, depuis l'hôtel Park Plazza de New York. » Le 30 octobre 1938, la musique envahit les ondes de la radio CBS. Mais, rapidement, elle est interrompue par un flash d'information : d'étranges explosions viennent d'être observées à la surface de Mars. Un peu plus tard, la radio annonce l'atterrissage de soucoupes martiennes dans le New Jersey. Des reporters, envoyés sur place, décrivent l'échec des militaires pour arrêter les envahisseurs, leur avancée vers New York, le gaz empoisonné dispersé en chemin, la fuite de la population... Ce 30 octobre, sur les ondes de CBS, l'acteur Orson Welles et sa troupe du Mercury Theater interprètent un spectacle tiré du roman *La Guerre des Mondes*, de H. G. Wells. À quatre reprises, ils préviennent qu'il s'agit d'une fiction. Mais la radio est encore un objet nouveau et tout ça est si bien joué qu'un million d'auditeurs croient réellement à l'arrivée des Martiens : ils appellent la police, envahissent les routes, s'enferment armés dans leur cave. Panique à New York ! En une soirée, Orson Welles devint célèbre en démontrant que, si l'on ne garde pas un minimum d'esprit critique, il est facile de se laisser manipuler par les médias.

 Qui est l'extraterrestre de Roswell ?

En 1995, une vidéo a été diffusée montrant l'autopsie d'un extraterrestre qui se serait écrasé à Roswell, aux États-Unis, en 1947. Cette vidéo était une grossière supercherie, pourtant, nombreux sont ceux qui y ont cru...

Pourquoi, dans les théâtres, est-il mal vu de prononcer le mot corde ?

Dans les théâtres, les décors sont hissés grâce à d'ingénieux systèmes de cordes... enfin... de fils. Car il ne faut pas prononcer le mot commençant par « cor » et finissant par « des » : il est censé être fatal, c'est-à-dire porteur de mort. Si un acteur ou un technicien le prononce tout de même, il se rachète en payant sa tournée de vin blanc. D'où vient cette curieuse superstition ? Des marins ! Autrefois, c'étaient eux qui, en bons spécialistes des cordages, se recyclaient dans les théâtres pour hisser les décors. Ils y ont apporté leurs superstitions. Sur les bateaux, en effet, le mot commençant par « co » et finissant par « rde » est lui aussi tabou. Si chaque cordage du gréement d'un voilier a un nom bien particulier – on parle de manœuvres, de bouts, de drisses, d'étais, de haubans, de boulines... – seuls trois sont appelés « corde » : celui de la cloche, celui de rechange pour la cloche et celui qui servait autrefois à pendre les mutins. Pas étonnant que le mot commençant par « c » et finissant par « orde » rappelle la mort.

Quelles sont les superstitions au théâtre ?

Outre le mot corde, il ne faut pas porter de costumes verts (cela pourrait venir du fait que la teinture verte était toxique), ni offrir d'œillets à une comédienne (autrefois, le directeur d'un théâtre en offrait lorsqu'il renvoyait un acteur), ni siffler sur scène (seul le régisseur en avait le droit pour ordonner un changement de décor), ni souhaiter « bonne chance » à un acteur (lui dire « merde ! »).

Comme appelle-t-on l'apparition furtive d'un réalisateur dans son propre film ?

Alfred Hitchcock était le spécialiste du genre : il apparaît de manière fugace dans trente-sept de ses films. Ainsi, à la dixième minute de *Psychose*, on l'aperçoit au coin d'une rue, attendant quelqu'un avec un chapeau de cow-boy sur la tête. Pour éviter que les spectateurs ne perdent de vue l'intrigue en le cherchant, Hitchcock prenait soin de faire sa courte apparition en début de film. Ces clins d'œil sont appelés « caméos ». Ils ne consistent pas seulement, pour un réalisateur, à se montrer. Il peut aussi filmer furtivement un acteur connu ou une personnalité célèbre : Charlton Heston, l'acteur principal de la version de 1968 de *La Planète des singes*, apparaît ainsi dans le remake de 2001 dans un rôle de... singe. Mais les caméos existent aussi ailleurs qu'au cinéma. La bande dessinée *Astérix* en est truffée : Goscinny et Uderzo, les créateurs du malicieux Gaulois, apparaissent notamment dans *Astérix et le Chaudron*, Jacques Chirac dans *Astérix et Compagnie*, Jean Gabin dans *l'Odyssée d'Astérix*...

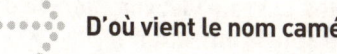 **D'où vient le nom caméo ?**

En anglais, *cameo* signifie « camée ». Un camée est une pierre fine dans laquelle on a taillé une figure en relief. Un acteur qui fait un caméo dans un film y apparaît donc aussi fugacement que le visage d'un camée.

Pourquoi de nombreux personnages de dessins animés ont-ils quatre doigts à chaque main et non cinq ?

La fabrication d'un dessin animé est très longue. Pour que le spectateur ait l'impression de voir le dessin bouger sur l'écran, il faut projeter vingt-quatre images par seconde. Cela fait près de quinze mille dessins pour 10 minutes de film. Un travail pharaonique ! À la fin des années 1920, lorsque Walt Disney créa le personnage de Mickey, il le dessina le plus simplement possible : les oreilles étaient représentées par deux ronds, quelle que soit la position de la tête. Et la souris n'avait que quatre doigts : c'était plus rapide à dessiner ! Plus tard, dans les dessins animés de longue durée, les studios Disney mélangèrent les personnages à quatre et à cinq doigts. Parmi ceux à quatre doigts, on retrouve Pinocchio, les sept nains de *Blanche-Neige*, le génie d'*Aladdin*, les souris de *Cendrillon* ou encore les balais de *Fantasia*. Aujourd'hui, de nombreux films d'animation sont fabriqués sur ordinateur, comme *Monstres et Cie*. Un monstre à huit doigts n'est pas plus long à dessiner qu'un monstre à quatre doigts.

 **Dans la vraie vie, combien de doigts les souris ont-elles ?**

Les souris ont cinq doigts aux pattes arrière et quatre aux pattes avant : le pouce a disparu. Walt Disney ne se trompait donc pas en dessinant un Mickey à quatre doigts.

> ## Si le cinéma est le 7e art, quels sont les six autres ?

Un romancier est-il un artiste ? Et un comédien ? Un chef cuisinier ? Un footballeur ? Tout dépend de ce qu'on entend par art. La définition a beaucoup évolué depuis l'Antiquité. En latin, *ars* signifie « science, savoir, métier, technique ». Chez les Grecs, il y a neuf arts, représentés par les neuf Muses : histoire, astronomie, musique, comédie, tragédie, danse, élégie, poésie lyrique et éloquence. Il n'y a donc ni peinture ni sculpture, considérées comme trop manuelles, mais au contraire des sciences comme l'astronomie. Cette distinction se perpétue au Moyen Âge. Puis la donne change après la Renaissance : le travail intellectuel des peintres et des sculpteurs est reconnu. Ils signent leurs œuvres et passent peu à peu du statut d'artisan à celui d'artiste. À l'inverse, les sciences sortent de la liste des arts. Selon le philosophe Hegel, celle-ci se compose de l'architecture, la sculpture, la peinture, la musique, la danse et la poésie. Auxquelles l'Italien Ricciotto Canudo ajoute en 1911 un septième art, le cinéma.

Existe-t-il un 8e art ?

Le théâtre, la photographie et la télévision se disputent le titre de 8e art. La bande dessinée s'est déjà autoproclamée 9e art. Les jeux vidéo pourraient devenir le 10e. Mais les modèles réduits de trains et les jeux de rôle ont eux aussi mis une option dessus. Et pourquoi pas le foot ?

> **Manga = man + ga.**
> **Mais que signifient *man***
> **et *ga* en japonais ?**

Au XIXe siècle, le peintre japonais Hokusaï, auteur de la célèbre *Grande Vague*, discutait avec l'un de ses élèves. Pour illustrer son propos, il dessina des dizaines de croquis rapides montrant des hommes et des femmes au travail, des animaux ou encore des plantes. Quelques années plus tard, il publia ce cahier de dessins sous le nom de *Hokusaï Manga*. En japonais, *man* signifie rapide, divertissant, malhabile ; et *ga*, dessin, image. Ces images divertissantes prirent la forme d'une bande dessinée au XXe siècle : après la Seconde Guerre mondiale, avec l'occupation du Japon par les États-Unis, les journaux nippons publièrent des comic-strips américains, ces bandes dessinées en quelques cases, comme *Snoopy*. Cela influença beaucoup les dessinateurs de mangas. Parmi eux, Osamu Tesuka, qui admirait le travail de Walt Disney, introduisit les onomatopées, les yeux immenses et la notion de mouvement grâce à des petits traits. Il est le père d'Astro le petit robot.

À qui s'adressent les mangas ?

Au Japon, il existe des mangas destinés aux enfants, aux garçons adolescents, aux filles adolescentes, aux jeunes hommes, aux jeunes femmes, aux adultes. Il existe aussi des mangas humoristiques, policiers, historiques, romantiques... Bref, les mangas s'adressent à tout le monde !

> **Qui est le plus ancien super-héros :
> Superman, Batman ou Spider-Man ?**

En 1933, deux super-amis, qui s'étaient rencontrés dans un lycée américain, créent un petit journal baptisé *Science-Fiction*. Pour le remplir, Jerry Siegel imagine des histoires et Joe Shuster les illustre. C'est ainsi que naît l'idée d'un homme aux pouvoirs extraordinaires, Superman. Mais ce Superman-là ne ressemble pas encore à celui que nous connaissons : vil et cruel, il est super-méchant. Au cours des années suivantes, les deux compagnons transforment leur héros du tout au tout : ils en font un défenseur du bien, lui imaginent un passé, l'habillent d'un costume coloré... Siegel et Shuster cherchent alors à faire paraître leur personnage dans un comics, une revue de bande dessinée. Mais ça se passe supermal : pendant quatre ans, aucun éditeur n'en veut. Puis, en juin 1938, un journal en cours de création leur donne une chance. Superman apparaît dans le numéro 1 d'*Action Comics* et c'est un succès immédiat. À tel point que, l'année suivante, le journal concurrent *Detective Comics* crée son propre super-héros, Batman. Quant à Spider-Man, il tissera ses premières toiles bien plus tard, en 1962.

Quelles sont les trois particularités des super-héros ?

D'abord, ils possèdent des super-pouvoirs ou des super-gadgets. Ensuite, ils ont un super-costume, généralement moulant pour qu'on voit bien leurs muscles. Enfin, lorsqu'ils ne sont pas des super-héros, ils mènent une vie super-banale et leurs amis ignorent qui ils sont en réalité.

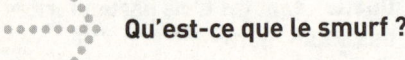

Comment sont nés les Schtroumpfs ?

En 1958, le dessinateur Peyo est en vacances à la mer avec son ami le dessinateur Franquin, créateur de Gaston Lagaffe. Un jour, à table, Peyo veut la salière, mais il a un trou de mémoire : « Passe-moi le... le... le schtroumpf ! » Franquin lui tend la salière et répond : « Tiens, voilà le schtroumpf, et quand tu auras fini de le schtroumpfer, tu me le reschtroumpferas ! » Les jours suivants, les deux compères s'amusent à traduire en schtroumpf des chansons de l'époque ou des fables de La Fontaine : « Maître Schtroumpf sur un arbre schtroumpfé tenait en son schtroumpf un schtroumpf ! » Puis Peyo imagine un monde de lutins bleus avec des bonnets blancs, parlant cette langue et vivant dans un village de champignons. Leur première apparition en bande dessinée date de 1958 : ils ne sont encore que les invités d'une aventure dont les véritables héros s'appellent Johan et Pirlouit. Mais dès l'année suivante, ils vivent leurs propres histoires. Au début, tous les Schtroumpfs se ressemblent : le caractère de chacun – Schtroumpf grognon, à lunettes, gourmand... – ne se dessinera qu'au fil des albums.

Qu'est-ce que le smurf ?

Smurf est la traduction de Schtroumpf en anglais. C'est aussi le nom d'une danse hip-hop. Elle a été baptisée ainsi en raison du bonnet porté par les danseurs, qui ressemblait schtroumpfement à celui des petits lutins bleus.

Comment s'appelait Hergé, le dessinateur de Tintin ?

Hergé ? Oui, mais c'était son pseudonyme. Le vrai nom du papa de Tintin était Georges Rémi. Né en 1907, il voulait dès son plus jeune âge devenir dessinateur. Mais il savait que cela demandait beaucoup de travail et que, pendant quelque temps, ses dessins ne seraient pas très bons. Aussi, à 17 ans, il décida de publier ses premiers croquis sous un faux nom. « Plus tard, pensait-il, lorsque je dessinerai bien, je signerai de mon vrai nom. » Il prit alors ses initiales, GR, les inversa, RG, puis les écrivit en toutes lettres : Hergé. Et comme il devint célèbre sous ce nom, il le conserva. De nombreux artistes changent ainsi de nom, pour une raison ou une autre. Certains raccourcissent ou francisent leur nom, comme le chanteur Charles Aznavour (né Aznavourian). D'autres en mélangent les lettres, comme l'écrivain Marguerite Yourcenar (née de Crayencour). D'autres prennent le prénom de leur mère, comme l'écrivain Louis-Ferdinand Céline (né Destouches). Ou encore le nom du village où ils ont grandi, comme l'acteur André Bourvil (né Raimbourg). Enfin, pour certains, on ignore complètement comment ils ont choisi leur pseudonyme, comme Molière (né Jean-Baptiste Poquelin).

Les reconnaissez-vous ?

Savez-vous qui sont Walter Willison, Jean-Philippe Smet, Juan Moreno, Sophie Maupu et Patrick Maurice Benguigui ? Ce sont les noms de naissance de Bruce Willis, Johnny Hallyday, Jean Reno, Sophie Marceau et Patrick Bruel.

Pourquoi les peintres impressionnistes ont-ils été appelés ainsi ?

Jusqu'au milieu du XIXᵉ siècle, la peinture était académique : sujets sérieux (scène historique, portrait, nature morte...), dessin parfait, couleurs sombres, tableaux réalisés en atelier... Puis a déboulé une bande de jeunes peintres qui a tout bouleversé. Sensibles aux changements de lumière, ils sont sortis de leur atelier, ont peint la vie quotidienne, fait miroiter des couleurs vives par petites touches. En avril 1874, plusieurs d'entre eux, dont Degas, Cézanne, Monet, Pissarro, Renoir et Sisley, exposent leurs œuvres. Le critique d'art Louis Leroy les voit et en reste interloqué. Notamment par *Impression, soleil levant*, un tableau de Claude Monet où l'on devine le port du Havre dans les brumes matinales. Leroy publie dans le journal *Charivari* un article ironique intitulé : « L'Exposition des impressionnistes ». Il décrit le dialogue imaginaire de deux visiteurs :

« Que représente cette toile ? Voyez au livret.

– *Impression, soleil levant.*

– Impression, j'en étais sûr. Je me disais aussi, puisque je suis impressionné, il doit y avoir de l'impression là-dedans... »

L'article était très moqueur, mais le titre plut beaucoup aux jeunes peintres. Comme ils n'avaient pas encore de nom pour définir leur mouvement, ils se baptisèrent « impressionnistes ».

 ## Comment les membres du mouvement Dada ont-ils choisi leur nom ?

Dada est un mouvement artistique d'avant-garde né en Suisse en 1916. Le nom a été choisi au hasard, en feuilletant un dictionnaire bilingue français-allemand.

> **Qui a peint la toile *Coucher de soleil sur l'Adriatique*, qui fit sensation en 1910 ?**

Depuis 1884, le Salon des artistes indépendants se tient tous les ans à Paris. Il s'agit d'une exposition où chacun peut présenter ses peintures au public, sans passer par un jury. D'immenses peintres comme Van Gogh, Matisse ou Cézanne y ont accroché des toiles. En 1910, une œuvre attire particulièrement l'attention. Il s'agit d'un tableau intitulé *Coucher de soleil sur l'Adriatique*. Sa moitié supérieure est jaune, sa partie inférieure bleue et le centre bariolé de rouge et de jaune. C'est l'unique œuvre connue de son auteur, un certain J. R. Boronali, peintre italien né à Gênes. Certains critiques d'art s'enthousiasment devant cette toile abstraite. C'est alors que l'écrivain Roland Dorgelès se rend au journal *Le Matin* et révèle l'identité du véritable auteur : Lolo, l'âne du patron du Lapin Agile, un célèbre cabaret de Montmartre. Sous le contrôle d'un huissier, Dorgelès a attaché un pinceau à la queue de l'âne et l'a laissé peindre. Le but de la supercherie était de se moquer des critiques qui admirent tout et n'importe quoi, pourvu que ce soit de l'art moderne. La toile a tout de même été achetée 400 francs, une belle somme pour l'époque.

Qui est Aliboron ?

Dans la fable de La Fontaine *Les Voleurs et l'Âne*, l'âne est surnommé maître Aliboron. Lorsque Dorgelès a cherché un nom de peintre pour sa supercherie, il a pris les trois premières lettres d'Aliboron, les a placées à la fin et a obtenu Boronali.

Tous les tableaux signés Picasso ont-ils été peints par Picasso ?

Hélas, non ! Si l'immense majorité des tableaux sont bien de sa main, il en existe aussi réalisés par des faussaires. Ceux-ci sont des peintres, souvent talentueux, qui peignent « à la manière de ». David Stein, Elmyr de Hory ou encore Réal Lessard ont ainsi produit des faux Picasso, Van Gogh, Matisse ou Modigliani. L'une des histoires les plus incroyables est sans doute celle du Néerlandais Han Van Meegeren. Dans les années 1930 et 1940, lassé de ne pas être reconnu pour son art, il se mit à peindre à la manière de Vermeer de Delft, un célèbre peintre du XVIIe siècle. Ses toiles étaient si parfaites qu'elles trompèrent les meilleurs experts et furent exposées dans les musées. Pendant la Seconde Guerre mondiale, son tableau *Le Christ et la parabole de la femme adultère* se retrouva même dans la collection du maréchal nazi Hermann Goering. Après guerre, Van Meegeren fut emprisonné pour avoir vendu un vrai Vermeer à l'ennemi. Risquant la peine de mort pour crime de guerre, le faussaire préféra avouer son forfait et, pour prouver ses dires, peignit dans son cachot une nouvelle toile à la manière de Vermeer. Il ne fut finalement condamné qu'à un an de prison, pour tromperie.

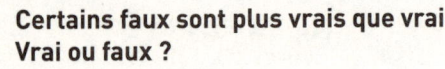

Certains faux sont plus vrais que vrai. Vrai ou faux ?

Vrai. En 1960, le vrai peintre Van Dongen a reconnu comme sien le tableau *Portrait de femme avec chapeau à plumes*, pourtant peint deux ans plus tôt par le faussaire Réal Lessard. Et comme le tableau n'était pas signé, il l'a signé. C'est en tout cas ce qu'affirme Lessard...

Qui a volé la *Joconde* ?

Le lundi 21 août 1911, un gardien du musée du Louvre n'en croit pas ses yeux : à l'emplacement de la *Joconde*, il n'y a... plus rien. Le célèbre tableau a été volé ! L'enquête conduit rapidement les policiers chez le poète Guillaume Apollinaire. Celui-ci vient de restituer des statuettes phéniciennes dérobées au Louvre quelques années plus tôt : il affirme qu'elles lui ont été données par un certain Géry Pieret et qu'il en ignorait jusqu'alors l'origine. Le poète ne serait-il pas le voleur du tableau ? D'autant que, ami des peintres modernes, il a un jour déclaré qu'il fallait « brûler la *Joconde* »... La police le jette en prison, avant de l'innocenter une semaine plus tard. Fausse piste. Pendant deux ans, le mystère reste entier. Une forte récompense est proposée par les Amis du Louvre à qui apporterait des indices. En 1913, un antiquaire de la ville de Florence contacte enfin la police : un homme dit vouloir lui vendre la *Joconde*. L'homme est arrêté et le tableau retrouvé. Le voleur, Vicenzo Perrugia, un ouvrier italien qui a travaillé à la réfection de salles du Louvre, explique qu'il voulait que la célèbre œuvre de Léonard de Vinci retourne dans son pays d'origine, l'Italie. Raté : c'est au Louvre qu'aujourd'hui encore on peut l'admirer.

Pourquoi la *Joconde* s'appelle-t-elle ainsi ?

Le tableau serait le portrait de Lisa Gherardini, épouse du marchand de soie Francesco di Bartolomeo del Giocondo. Giocondo a donné en français Joconde. L'autre nom du tableau est *Monna Lisa*, raccourci pour Madonna Lisa, « madame Lisa ».

Que sont devenues les Sept Merveilles du monde ?

Les Sept Merveilles du monde sont sept ouvrages antiques d'architecture et de sculpture, que les Anciens considéraient comme les plus parfaits. Trois d'entre elles ont été détruites lors de tremblements de terre : le colosse de Rhodes (île de Rhodes) en 225 av. J.-C., le phare d'Alexandrie (Égypte) en 1302 ap. J.-C. et la tombe de Mausole à Halicarnasse (Turquie) au XIVᵉ siècle. Les pierres de cette dernière ont ensuite été remployées pour la construction d'une forteresse. Deux merveilles ont brûlé : la statue de Zeus à Olympie (Grèce) en 475 ap. J.-C. et le temple d'Artémis à Éphèse (Turquie) en 356 av. J.-C. Ce dernier a été incendié par un fou qui voulait devenir célèbre : apprenant sa motivation, les juges le condamnèrent à mort et interdirent à quiconque de prononcer son nom, afin de le priver de la gloire qu'il recherchait. Son nom nous est tout de même parvenu : il s'appelait Érostrate. Le temple, reconstruit par la suite, fut définitivement détruit par les invasions des Goths en 262 ap. J.-C. Enfin, une merveille a connu un sort incertain : on ignore comment ont disparu les jardins suspendus de Babylone. Trois + deux + un = six. Et la septième merveille ? Elle n'a pas été détruite, puisqu'il s'agit des célèbres pyramides de Guizeh (Égypte), les seules toujours debout.

Qu'est-ce qu'un mausolée ?

Un mausolée est un monument funéraire de grande dimension. Ce mot vient du nom du roi Mausole, dont le gigantesque tombeau était l'une des Sept Merveilles du monde.

**Les statues géantes
de l'île de Pâques sont-elles
l'œuvre d'extraterrestres ?**

Le 5 avril 1722, trois voiliers hollandais jettent l'ancre près d'une île perdue au milieu de l'océan Pacifique. Comme c'est la veille de Pâques, le capitaine Jacob Roggeveen ne se creuse pas trop la tête : il surnomme ce caillou « île de Pâques ». Peuplée par quatre mille humains, elle l'est également par d'étranges géants de pierre, des centaines de statues dont certaines ont la hauteur d'une maison de trois étages. Qui a bien pu les placer là ? Car les blocs, taillés dans une carrière au centre de l'île, ont été traînés sur plusieurs kilomètres. Pour cela, il a fallu des cordes et des rondins de bois pour les faire rouler, bref, des arbres ! Or, sur l'île, il n'y en a pas un seul… Ce mystère a longtemps excité l'imagination des scientifiques et des autres. L'écrivain Erich Von Däniken a même affirmé très sérieusement que les statues étaient l'œuvre d'extraterrestres. Aujourd'hui, le mystère est levé : des traces de pollen, retrouvées au fond d'un lac, prouvent qu'il y a encore 500 ans l'île était boisée. Les Pascuans ont coupé ces arbres pour déplacer leurs statues. À tel point qu'ils ont fini par déboiser entièrement leur île. Une catastrophe écologique avant l'heure…

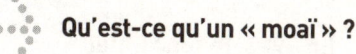 **Qu'est-ce qu'un « moaï » ?**

Moaï est le nom que les habitants de l'île de Pâques donnaient aux statues. Chaque clan avait ses moaïs, qui représentaient leurs ancêtres.

Qui a dessiné la tour Eiffel ?

Gustave Eiffel avait plus d'une tour dans son sac, mais il n'a pas dessiné celle qui porte son nom. Né à Dijon en 1832, cet inventif ingénieur a créé une entreprise de construction métallique. En 1885, il a déjà une solide réputation : son entreprise a conçu le viaduc du Garabit, la gare de Budapest, en Hongrie, ou encore la structure située dans le corps de la statue de la Liberté, à New York. Un jour, deux de ses ingénieurs viennent le trouver. Pendant leur temps libre, ils ont dessiné une tour de 300 mètres de haut. Bien plus haute que la cathédrale de Cologne, qui, avec ses 157 mètres, est alors le monument le plus haut du monde ! Gustave Eiffel se passionne immédiatement pour ce projet fou. Il rachète les droits à ses collaborateurs et se bat pour qu'elle soit construite. L'Exposition universelle de 1889 est l'occasion rêvée : de nombreuses constructions doivent être édifiées à Paris pour cette foire. Malgré l'opposition d'artistes, qui qualifient le projet de « cheminée d'usine », les travaux débutent en janvier 1887 : 270 ouvriers assemblent les 18 038 pièces de fer avec 2 millions et demi de rivets. Deux ans plus tard, la tour est achevée : elle mesure 312 mètres, drapeau compris, et pèse 9 700 tonnes, dont 50 tonnes de peinture.

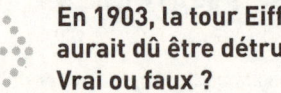

En 1903, la tour Eiffel aurait dû être détruite. Vrai ou faux ?

Vrai ! Au début du XXe siècle, les visiteurs se faisant rares, la ville de Paris a envisagé la destruction de la tour. Celle-ci a été sauvée par l'invention de la TSF, c'est-à-dire la radio. Pour envoyer les ondes, il fallait une antenne très élevée : un rôle sur mesure pour la tour Eiffel.

Combien mesure un ongle de la statue de la Liberté ?

La statue de la Liberté est l'œuvre du sculpteur alsacien Frédéric Bartholdi. Voulant célébrer l'indépendance des États-Unis, il embarque sur un navire afin de visiter ce pays et, le 21 juin 1871, arrive dans le port de New York. Là, il voit subitement à quoi ressemblera sa statue : une femme debout, le corps drapé, la tête ceinte d'une couronne, le bras levé brandissant un flambeau. En France, une souscription est lancée : il s'agit de rassembler les fonds nécessaires pour offrir la statue aux États-Unis. La grande dame commence alors à prendre forme : les plaques de cuivre qui la constituent sont martelées par les ouvriers de la société parisienne Gaget. La structure intérieure est une armature métallique conçue par Gustave Eiffel. Toutes les pièces, fabriquées en France, sont acheminées à New York par bateau puis assemblées. L'inauguration a lieu en 1886. Avec 46 mètres de haut, 71 si l'on tient compte du socle de pierre, c'est la statue de la démesure. On peut monter dans la flamme par un escalier de 346 marches. Jusqu'à 40 personnes tiennent dans la tête. La main qui porte le flambeau mesure 5,5 m, l'index de cette main 2,45 m et l'ongle 33 cm sur 26 cm, plus grand qu'une feuille de papier A4 !

D'où vient le mot gadget ?

La société Gaget, qui fabriqua la statue, a confectionné et vendu une multitude de répliques miniatures. Selon certains étymologistes, ces petits objets inutiles, ces Gaget, auraient donné, prononcé à l'américaine, le mot gadget. D'autres pensent qu'il vient plutôt de la déformation de gâchette.

Quel animal serait à l'origine de la construction du premier gratte-ciel : une girafe, une vache ou un termite ?

Chicago, le 8 octobre 1871. La légende raconte que, vers 21 heures, Catherine O'Leary trayait sa vache dans son étable, lorsque l'animal rua et renversa la lampe à pétrole, ce qui mit le feu à la paille, puis à l'étable, puis aux maisons en bois attenantes, puis à un tiers de la ville... Ce qui est sûr, c'est qu'en deux jours 18 000 maisons partirent en fumée, tuant 300 personnes et jetant 100 000 autres à la rue. Urbanistes et architectes en profitèrent pour reconstruire la ville en suivant des critères modernes. Exit le bois, place à l'acier, au béton et au verre ! Et comme le prix du terrain augmentait, ils bâtirent tout en hauteur. C'est ainsi que le Home Insurance Building sortit de terre en 1885, soutenu par une armature intérieure en acier. Considéré comme le premier gratte-ciel au monde, il avait dix étages et mesurait 42 mètres de haut. Par la suite, il a eu de nombreux grands frères, bien plus hauts que lui.

Quelle hauteur atteignent les gratte-ciel actuels ?

Voici quelques records : Empire State Building, 381 m (New York, États-Unis, 1931), World Trade Center, 417 m (New York, États-Unis, 1972, détruit le 11 septembre 2001), Sears Tower, 443 m (Chicago, États-Unis, 1974), Petronas Towers, 410 m (Kuala Lumpur, Malaisie, 1997), Taipei 101, 448 m (Taipei, Taïwan, 2004), Burj Khalifa 828 m (Dubaï, Émirats Arabes Unis, 2010). Et ce n'est pas fini...

RELIGIONS ET MYTHOLOGIES

> **De nombreux gratte-ciel américains n'ont pas de 13e étage. Pourquoi ?**

On passe directement du 12e au 14e étage par superstition : le nombre 13 est censé porter malheur ! Cette peur remonte sans doute à la sainte Cène. Lors de son dernier repas, Jésus était accompagné de ses douze disciples : ils étaient donc treize à table. Quelques heures plus tard, il était crucifié. Il n'y a bien sûr aucun lien entre ces deux événements, mais, dans l'esprit des gens, il s'en est peut-être créé un : le nombre 13 entraînerait un malheur. Du coup, sans raison valable, on l'évite : pas de rang 13 dans certains avions, pas de place n° 13 dans certains théâtres et restaurants, pas de n° 13 dans de nombreuses rues de Paris mais un 11 bis... Et si l'on sait que Jésus a été crucifié un vendredi, on comprend mieux pourquoi certaines personnes craignent les vendredis 13. D'autres, au contraire, pensent que ce jour-là porte chance. En fait, chacun fait ce qu'il veut des vieilles superstitions !

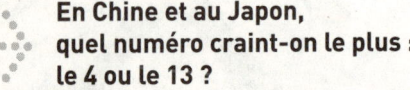

En Chine et au Japon, quel numéro craint-on le plus : le 4 ou le 13 ?

Les Chinois et les Japonais ne sont pas chrétiens : ils n'ont aucune raison d'avoir peur du 13. Le chiffre qu'ils craignent est le 4, car il se prononce quasiment de la même façon que le mot « mort ». Dans certains hôpitaux d'Extrême-Orient, il n'y a pas de 4e étage ni de chambre n° 4. Certains restaurants refusent d'avoir un 4 dans leur numéro de téléphone. À chacun ses superstitions !

En quelle année Jésus est-il né ?

Jésus est probablement né en l'an 4 ou 5... avant Jésus-Christ ! Le responsable de cette bizarrerie est connu : il s'appelle Denys le Petit. Ce moine érudit a vécu au VIe siècle. Mais, à l'époque, on ne disait pas « VIe siècle ». Le décompte des années ne se faisait pas encore par rapport à la naissance de Jésus, mais par rapport à un événement plus ancien : la fondation de Rome. Ainsi, ce que nous désignons aujourd'hui comme l'an 500 (après J.-C.) était à l'époque connu comme l'an 1252 (après Rome). En l'an 1277 (après Rome), Denys le Petit composa une chronologie de la vie de Jésus à l'attention du pape Jean Ier. Selon lui, Jésus serait né le 25 décembre de l'an 753 (après Rome). Plus tard, ses calculs furent retenus lorsqu'on commença le décompte des années à la naissance de Jésus. Le problème, c'est que Denys s'était trompé de quelques années. Le Nouveau Testament dit en effet que Jésus était déjà né lorsque le roi Hérode mourut. Or, on sait de source sûre que celui-ci est décédé en 4 avant J.-C. Jésus serait donc né en l'an 4 ou 5 avant lui-même...

Dans toutes les religions, on compte les années depuis la naissance de Jésus. Vrai ou faux ?

Faux. Dans le calendrier israélite, on compte les années à partir de la date supposée de la création du monde. Et, dans le calendrier musulman, à partir de l'hégire, jour où le prophète Mahomet quitta La Mecque pour Médine. L'an 2000 chrétien a correspondu à l'an 5759 juif et à l'an 1420 musulman.

Quelle pâtisserie mange-t-on généralement le premier dimanche de l'année ?

Et pourquoi ?

Traditionnellement, en début d'année, on mange une galette des Rois. Cette fête s'appelle l'Épiphanie, d'un mot grec qui signifie « apparition ». C'est, dit-on, le moment où le petit Jésus, qui venait juste de naître, fut présenté au monde. Cette présentation est symbolisée par l'arrivée de trois Rois mages venus de pays lointains afin de donner à Jésus l'or que l'on offre aux rois, l'encens que l'on offre aux dieux et la myrrhe que l'on offre aux mortels. La galette, elle, pourrait être plus ancienne. Elle serait liée à la fête des Saturnales qui, dans l'Antiquité romaine, marquait le moment de l'année où le Soleil revenait et les jours rallongeaient. La tradition de la fève remonterait à cette même époque. Jusque dans les années 1960, il s'agissait d'une véritable fève, c'est-à-dire d'une graine de légume. Aujourd'hui, les fèves sont en porcelaine et représentent des objets ou des personnages. Normalement, l'Épiphanie a lieu le 6 janvier, mais pour des raisons de commodité elle se fête le premier dimanche de l'année.

À la Révolution française, la galette des Rois a été supprimée. Vrai ou faux ?

Vrai. Les révolutionnaires ont supprimé les rois... ainsi que la galette des Rois. Ils l'ont remplacée par une « galette de l'égalité », mais ça n'a pas duré très longtemps...

Pâques, c'est le moment où l'on cache des œufs durs, des œufs en chocolat, des œufs en pâte d'amande, des œufs en sucre... Mais ce n'est pas que ça. Pour les chrétiens, la semaine de Pâques est surtout celle pendant laquelle Jésus est mort puis ressuscité. C'est donc une semaine très importante. Autrefois, pendant les quarante jours précédant Pâques, les chrétiens se préparaient en pratiquant le carême. D'abord, il y avait le « mardi gras » : ce jour-là, on faisait la fête et on se remplissait la panse avec des viandes grasses. D'où son nom. Il fallait en profiter car dès le lendemain, mercredi des Cendres, commençait une période de quarante jours durant laquelle on ne mangeait plus ni viande ni œuf. En se privant ainsi, les chrétiens se repentaient d'avoir péché. Mais les poules, elles, continuaient de pondre. Du coup, les œufs s'accumulaient et, à la fin du carême, on en avait d'énormes quantités. L'une des façons de s'en débarrasser était de les distribuer aux enfants. Aujourd'hui, les chrétiens ne jeûnent quasiment plus pendant le carême, mais la tradition des œufs est restée.

Comment s'appelle la période de jeûne dans la religion musulmane ?

Le ramadan. Pendant un mois, les musulmans jeûnent durant la journée : ils ne mangent et boivent qu'après le coucher du soleil. Dans la religion juive, il existe également des jeûnes, comme celui de Yom Kippour : pendant vingt-cinq heures d'affilée, les juifs s'abstiennent de manger et de boire.

Depuis quand la croix est-elle le symbole des chrétiens ?

Jésus est mort crucifié par les Romains vers l'an 30. Ses disciples se sont alors dispersés pour prêcher sa parole. Mais les chrétiens n'ont pas tout de suite utilisé la croix comme symbole de leur foi : la mort par crucifixion était bien trop humiliante pour faire de la croix une raison de fierté. Persécutés par les autorités romaines, jetés aux lions, les premiers chrétiens ont eu recours à d'autres signes de reconnaissance. Le plus connu est le poisson. D'une part, c'est un symbole évident du baptême. D'autre part, il y a un jeu de mot avec le mot poisson, qui se dit *ichthus* en grec : ce sont les initiales de *Iesous CHristos THeou Uios Soter*, « Jésus-Christ, fils de Dieu et Sauveur ». Le symbole de la croix n'a pris de l'importance qu'au IVe siècle, lorsque l'empereur romain Constantin, en se convertissant au christianisme, a fait de l'Empire romain un empire chrétien.

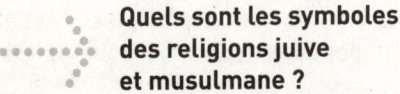

Quels sont les symboles des religions juive et musulmane ?

L'étoile de David, à six branches, est l'un des symboles du judaïsme. Formée de deux triangles l'un dans l'autre, elle représente la pureté et apparaît sur le drapeau d'Israël. Le croissant de lune et l'étoile à cinq branches, souvent associés à l'islam, viennent en fait de l'Empire ottoman. Ils apparaissent sur le drapeau de l'Algérie, du Pakistan, de la Turquie.

L'industrie de l'horlogerie suisse est née au milieu du XVIe siècle dans la ville de Genève. À l'époque vivait un certain Jean Calvin. Ce penseur français, qui avait beaucoup réfléchi à la religion, s'était converti à la Réforme de Martin Luther, c'est-à-dire au protestantisme. En 1536, Calvin s'installa à Genève, où la Réforme avait été adoptée, et tenta d'y appliquer ses principes de pensée : il imposa aux Genevois une discipline morale sévère. Résultat : il fut chassé de la ville. Mais quelques années plus tard, Genève le rappela et Calvin joua alors un important rôle politique et religieux. Le rapport avec les montres ? L'austère homme bannit le port des objets d'ornement. Fini les bijoux bling-bling ! Pour ne pas se retrouver au chômage, orfèvres et joailliers genevois se tournèrent vers l'horlogerie. Un siècle plus tard, la ville comptait tant d'horlogers qu'ils essaimèrent dans tout le Jura, jusqu'à la ville française de Besançon. Un peu moribonde dans les années 1970, l'industrie horlogère suisse a ressuscité depuis, notamment grâce à la marque Swatch (abréviation de Swiss Watch, « montre suisse » en anglais).

Qui a inventé la montre-bracelet ?

Avant d'être fixée au poignet, la montre se mettait dans la poche. Elle avait la forme d'un oignon aplati accroché à une chaînette. « Pas pratique pour lire l'heure en vol ! » se plaignit l'aviateur Santos-Dumont en 1904. Ni une ni deux, son ami le joaillier Louis Cartier inventa pour lui la montre-bracelet.

La majorité des cathédrales construites au Moyen Âge sont orientées vers l'orient, c'est-à-dire vers l'est. Le sens premier du verbe « orienter » vient d'ailleurs de là : il signifie construire un bâtiment en direction de l'orient. Pourquoi cette direction particulière ? Non pas à cause de Jérusalem, mais du soleil levant. Dans l'Antiquité déjà, Chinois, Grecs et Romains avaient l'habitude de diriger leurs temples vers l'est. Les chrétiens ont ensuite repris cette tradition : puisque Jésus-Christ est la lumière venue éclairer le monde, il réside à l'est ; le monde des ténèbres, lui, se trouve à l'ouest. Dès le Ve siècle, et surtout au Moyen Âge, les églises sont bâties avec l'entrée à l'ouest. Les tours, les gargouilles et les statues des saints forment un rempart symbolique contre les ténèbres. En franchissant la porte, le fidèle pénètre dans un autre monde puis, en marchant vers le fond de l'église, vers l'est, il se rapproche du Christ. Bien sûr, cette règle a connu plusieurs exceptions, notamment lorsque le terrain n'a pas permis l'orientation de l'édifice.

 **Quelle différence y a-t-il
entre une cathédrale
et une église ?**

Une cathédrale est une église où siège un évêque. La plus grande église d'Europe, Saint-Pierre de Rome, n'est pas une cathédrale. L'évêque de Rome, qui n'est autre que le pape, a en effet son siège dans une autre église de Rome, Saint-Jean-de-Latran.

Comment devient-on pape ?

À la mort d'un pape, les cardinaux se réunissent pour en élire un nouveau. En 1271, cette élection fut interminable : Français et Italiens, qui voulaient chacun un pape originaire de leur pays, ne parvenaient pas à se mettre d'accord. Après 2 ans et 9 mois de tractations, le pape n'était toujours pas élu ! Exaspérés, les habitants de la ville italienne de Viterbe, où se tenait l'élection, murèrent le palais épiscopal avec les cardinaux à l'intérieur. Au pain et à l'eau, jusqu'à ce que vous soyez d'accord ! Le résultat ne se fit pas attendre : le nouveau pape fut rapidement choisi. Celui-ci, Grégoire X, décida de généraliser cette méthode pour les prochaines élections : à l'avenir, les cardinaux seraient enfermés à clé dans une chambre. En latin, « à clé » se dit *cum clave*, ce qui a donné le mot conclave. Mais comment, une fois enfermés, informer le reste du monde du déroulement du vote ? Aujourd'hui, après chaque tour de scrutin, les bulletins sont brûlés dans un poêle dont la cheminée est visible depuis la place Saint-Pierre. En y ajoutant un produit qui rend la fumée soit blanche soit noire, les cardinaux indiquent si le nouveau pape est élu ou non.

Le pape peut-il démissionner ?

Le pape est élu à vie. Mais rien ne lui interdit de démissionner. Célestin V, un moine élu pape malgré lui en juillet 1294, a ainsi renoncé à ses fonctions en décembre de la même année, conscient de son inaptitude. Et en 2013, Benoît XVI, épuisé par son pontificat, a également démissionné.

Autrefois, qui était l'avocat du diable ?

« Se faire l'avocat du diable » signifie défendre une cause indéfendable. Mais avant d'être le héros d'une expression, l'avocat du diable existait réellement et participait à de vrais procès. Supposons que votre arrière-grand-tante, la pieuse Berthe, ait été une sainte femme. Pourrait-elle devenir une sainte catholique ? Pour cela, il y a un long processus à suivre : ça commence par une enquête de l'évêque du coin sur la vie de Berthe et se poursuit à Rome, à la Congrégation pour la cause des saints, où médecins, théologiens et cardinaux étudient notamment les miracles attribués à Berthe. S'ensuivent des procès en béatification puis en canonisation, après lesquels le pape décide ou non de faire du prétendant un bienheureux ou un saint. Jusqu'en 1983, un « promoteur de la foi » était chargé, au cours de ces procès, de critiquer les miracles et les vertus du postulant : qu'a fait la tante Berthe de 16 à 18 ans ? Qui est ce Roger qui venait la voir si souvent sur la fin de sa vie ? Ce promoteur de la foi, si critique envers les futurs saints, était surnommé l'avocat du diable.

 **Combien le pape Jean-Paul II a-t-il fait de saints ?**

En 1983, Jean-Paul II a facilité la béatification et la canonisation en raccourcissant de 50 ans à 5 ans la durée entre le décès du prétendant et son procès, et en supprimant l'avocat du diable. Au cours de son pontificat, il a fait 482 saints, plus que tous ses prédécesseurs réunis depuis l'apparition de la procédure de canonisation, en 1588.

> **Pourquoi saint Christophe est-il le patron des chauffeurs de taxi ?**

La légende raconte que Christophe était un colosse qui voulait se mettre au service du roi le plus puissant du monde. Il alla le trouver, mais remarqua que celui-ci avait peur de Satan. Satan était donc le plus puissant et Christophe se mit à son service. Mais là, il découvrit que Satan lui-même avait peur du Christ : il devait donc se mettre au service du Christ. « Pour cela, lui dit un ermite, tu dois faire le bien pour ton prochain. » Le géant s'installa donc au bord d'une rivière et aida les gens à traverser. Une nuit, un enfant vint le trouver. L'homme le prit sur son épaule et avança dans l'eau. Mais, à chaque pas, l'enfant devenait plus lourd, si lourd que le colosse dut s'appuyer sur son bâton pour ne pas tomber. « Tu es plus lourd que le monde entier », s'étonna-t-il en rejoignant l'autre rive. « Tu as porté celui qui a créé le monde », répondit l'enfant, qui était en fait le Christ. Depuis, c'est parce qu'il est censé mener les gens à bon port que Christophe (dont le nom vient du grec *Christophoros*, « celui qui porte le Christ ») est le patron des voyageurs, des automobilistes et des taxis.

Qui est le saint patron des alpinistes ?

Dans le monde catholique et orthodoxe, les villes, les régions ou encore les métiers se placent sous la protection d'un saint qui, par son histoire, leur est proche. Le patron des alpinistes est saint Bernard, celui des pâtissiers saint Honoré, des jardiniers saint Fiacre, celui des charpentiers saint Joseph…

Pourquoi saint Valentin est-il le patron des amoureux ?

En fait, il est assez difficile de le savoir… Tout d'abord, il existe plusieurs saints du nom de Valentin, tous fêtés le 14 février. Une jolie histoire court au sujet de l'un d'eux. En l'an 268 ap. J.-C., l'empereur romain Claude II aurait fait interdire les mariages, car, croyait-il, les hommes mariés pensaient trop à leur bien-aimée et faisaient de mauvais soldats. Le prêtre Valentin continua pourtant à marier les fiancés. Arrêté, emprisonné puis décapité, il fut enterré le long de la voie Flaminia, où on lui rendit un culte. La fête des amoureux est-elle liée à cette histoire ? Peut-être, mais ce n'est pas sûr. Car, bien avant Valentin, la mi-février était déjà consacrée aux amoureux. À Rome, on célébrait à cette époque les Lupercales, fête de la fécondité. Les fiancés en profitaient souvent pour faire leur demande en mariage… Mais peut-être l'origine de la Saint-Valentin est-elle encore plus ancienne que cela. Peut-être nous vient-elle de l'observation toute simple de la nature : la mi-février est, dit-on, le moment où les oiseaux commencent à s'accoupler.

Autrefois, pourquoi les jeunes filles observaient-elles les oiseaux le jour de la Saint-Valentin ?

Selon une vieille superstition, le premier oiseau que voyait une jeune fille le 14 février donnait des indices sur son futur mari : un rouge-gorge, et ce serait un marin. Un moineau présageait un mariage heureux avec un homme peu fortuné. Un chardonneret indiquait un mariage avec un homme riche.

> ## Pourquoi certains touristes deviennent-ils fous en visitant Jérusalem ?

Jérusalem est une ville sainte pour les trois grandes religions monothéistes : judaïsme, christianisme et islam. Chaque année, parmi les pèlerins et les touristes qui visitent Israël, une quarantaine finit à l'hôpital psychiatrique Kfar Shaul pour un syndrome de Jérusalem. Il s'agit d'une bouffée délirante irrépressible due à la proximité des lieux saints. Certains se prennent alors pour des personnages bibliques ou pour le messie, haranguant les foules ou agissant bizarrement. Ainsi, dans les années 1930, une Anglaise convaincue du retour imminent du Christ grimpa-t-elle tous les jours sur le mont Scopus pour l'accueillir avec une tasse de thé. Autre exemple avec ce touriste américain d'une quarantaine d'années, traité aux États-Unis pour schizophrénie paranoïde. Se prenant pour Samson, le personnage de la Bible réputé pour sa force, il se sentit l'irrésistible besoin de se rendre à Jérusalem : il voulait déplacer les énormes blocs de pierre du Mur des Lamentations, qui selon lui n'étaient pas à leur place. L'émoi suscité nécessita l'intervention de la police et l'hospitalisation de l'homme.

Qu'est-ce que le syndrome du voyageur ?

Certains touristes ont des palpitations et même des bouffées délirantes en découvrant qu'un lieu dont ils rêvent depuis longtemps est réel. Cela peut se produire devant des monuments très anciens, comme à Notre-Dame de Paris, ou dans des musées remplis d'œuvres d'art célèbres.

Pourquoi les chrétiens mangent-ils du porc, mais pas les juifs ni les musulmans ?

Le judaïsme, le christianisme et l'islam sont trois religions sœurs. Dans l'ordre d'apparition, il y a d'abord eu le judaïsme : les juifs croient en un Dieu unique et attendent la venue du Messie. Puis le christianisme est apparu au Iᵉʳ siècle de notre ère, issu du judaïsme : les chrétiens croient en un Dieu unique et considèrent Jésus-Christ comme le Messie annoncé par les prophètes. Enfin, l'islam a été fondé au VIIᵉ siècle par Mahomet : les musulmans croient en un Dieu unique et aux prophètes Adam, Noé, Abraham, Moïse, Jésus et Mahomet. De nombreuses coutumes et règles sont communes aux juifs et aux musulmans : interdiction de manger du porc ou de consommer du sang, obligation de circoncire les garçons, interdiction de représenter Dieu par des dessins... Tout ceci n'existe pas chez les chrétiens. Pourquoi ? Parce que, si le christianisme est né au Moyen-Orient comme le judaïsme et l'islam, il s'est développé en Occident, dans l'Empire romain. Or les Romains mangeaient du porc, ne circoncisaient pas les garçons et représentaient leurs dieux. Les Romains convertis ont conservé leurs anciennes habitudes.

Quel est le jour de repos traditionnel des juifs et des musulmans ?

Selon la Bible, Dieu a créé le monde en six jours et s'est reposé le septième. Dans la tradition juive, ce jour de repos est le samedi (sabbat), dernier jour de la semaine. Les chrétiens lui ont préféré le dimanche, jour de la résurrection du Christ. Enfin, pour les musulmans, il s'agit du vendredi, jour où Dieu créa l'homme.

Un bouc émissaire est une personne sur laquelle on fait retomber les torts des autres. L'expression, née au XVIIe siècle, trouve son origine dans une coutume biblique : dans la religion hébraïque, le jour de la fête de l'Expiation, le prêtre chargeait un bouc de tous les péchés d'Israël avant de l'envoyer dans le désert. De nombreux mots et expressions nous viennent ainsi de la Bible. Par exemple, Benjamin était le prénom du dernier enfant de Jacob ; aujourd'hui, le benjamin est le petit dernier d'une famille. De même le prophète Jérémie, célèbre pour ses lamentations, est à l'origine du mot jérémiade. On parle enfin d'un jugement de Salomon pour dire qu'il est juste et sage. La Bible raconte qu'un jour deux femmes trouvèrent le roi Salomon. Toutes deux vivaient sous le même toit et toutes deux venaient d'accoucher. Mais l'un des bébés était mort et chacune prétendait que le bébé survivant était le sien. Laquelle mentait ? Pour le découvrir, le roi annonça : « Je vais couper le bébé vivant en deux et chacune en aura une moitié. » « Non ! s'exclama l'une des femmes. Laissez-le en vie ! Je préfère encore que vous lui donniez ! » Le roi dit alors : « Donnez l'enfant à la femme qui vient de parler ! Seule la vraie mère peut dire une telle chose. »

Qui a dit : « Il faut rendre à César ce qui est à César » ?

C'est Jésus. Selon les Évangiles, il a aussi dit que nul n'était prophète en son pays et qu'on voyait plus facilement la paille dans l'œil du voisin que la poutre dans le sien.

Qui a des sourcils de vache, des jambes d'antilope et quarante dents ?

Ce n'est peut-être pas évident à première vue, mais il s'agit d'un homme. Les textes anciens ajoutent qu'il a aussi des sourcils jointifs, une touffe blanche sur le front, des yeux très noirs, des dents blanches et sans interstice, et un teint d'or. Vous ne voyez pas ? Cet homme a vécu en Inde et son enseignement est à l'origine d'une religion. Il a une protubérance sur le crâne, une mâchoire de lion, des bras et des jambes rectilignes, des mains et des pieds doux et délicats, des doigts longs et des bras de même. Il s'agit de Bouddha. Les textes bouddhiques décrivent 32 caractéristiques physiques du saint homme – caractéristiques que n'ont bien sûr pas les humains ordinaires. De tout temps et en tout lieu, les artistes ont utilisé plusieurs de ces particularités pour représenter les bouddhas. Voilà pourquoi ils se reconnaissent au premier coup d'œil, qu'ils aient la forme d'une statue en or ou d'une peinture sur soie, datant du XIIe ou du XXe siècle, originaires du Japon ou du Cambodge.

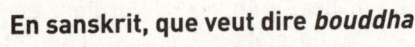 **En sanskrit, que veut dire _bouddha_ ?**

Siddharta Gautama a vécu au VIe siècle av. J.-C. Fils d'un roi du nord de l'Inde, il a quitté sa famille à l'âge de 29 ans pour devenir moine errant. Après des années de vie très dure, il a découvert la Vérité et reçu l'Illumination. En sanskrit, _bouddha_ signifié « éveillé », « illuminé ».

Quel est le lien entre une peur panique, un musée et une sirène de pompier ?

La mythologie. Les 30 000 dieux, déesses, demi-dieux, héros et autres divinités grecs et romains ont tellement imprégné ces civilisations qu'ils ont donné naissance à de nombreux noms communs, dont on oublie souvent l'origine. Ainsi Pan, dieu de la Nature, était-il très laid, avec un corps d'homme et des jambes de bouc. Bondissant de rocher en rocher, il pourchassait les nymphes de ses ardeurs. Mais comme il était vraiment très moche, elles en étaient terrifiées – la peur due à Pan a été appelée « panique ». Autres divinités : les neuf Muses. Filles de Zeus et de Mnémosyne, déesse de la Mémoire, elles étaient les déesses des Arts (histoire, musique, comédie, tragédie, danse, élégie, poésie, astronomie et éloquence). Les mots musique (l'art des Muses) et musée (le temple des Muses) viennent de là. Quant aux Sirènes, il s'agissait de divinités ensorcelant les marins de leur chant ; aujourd'hui, elles nous avertissent d'un danger. Voici enfin d'autres mots issus de la mythologie gréco-romaine : les céréales (de Cérès, déesse des Récoltes), l'hygiène (de Hygia, déesse de la Santé), la morphine (de Morphée, dieu des Songes), l'éolienne (d'Éole, dieu du Vent)...

Qui était Europe ?

Dans la mythologie grecque, Europe était une princesse asiatique. Le dieu Zeus, amoureux, se transforma en taureau puis l'emporta sur son dos jusqu'en Crète, à la nage. Les frères de la princesse quittèrent alors l'Asie et partirent vers l'ouest, à la recherche d'Europe.

Pourquoi le mot « Narcisse » désigne-t-il à la fois un héros de la mythologie grecque, une personne qui s'aime beaucoup et une fleur ?

La mythologie grecque raconte que la nymphe Liriopé eut un jour un enfant avec le fleuve Céphise. Elle l'appela Narcisse et consulta le devin Tirésias pour savoir si son fils vivrait longtemps. « Oui, s'il ne voit pas sa propre image », répondit le devin. Narcisse grandit et devint un magnifique jeune homme, si beau que tout le monde, femmes et hommes, tombait amoureux de lui. Mais lui, trop orgueilleux, les repoussait. Il rejeta ainsi la nymphe Écho, ce qui lui attira les foudres des dieux : « Puisse-t-il aimer lui aussi et ne jamais posséder l'objet de son amour ! » Un jour, assoiffé, le jeune homme se pencha sur une source pour s'y désaltérer. Il vit alors son reflet dans l'eau pure et tomba amoureux de cette image. Ne pouvant s'en détacher, il en oublia de manger et mourut. À cet endroit poussa une fleur aux pétales blancs et au cœur couleur safran. Aujourd'hui, on appelle « narcisse » à la fois cette fleur et quelqu'un qui aime trop son image.

La nymphe Écho, qui apparaît dans le mythe de Narcisse, a donné son nom à l'écho. Vrai ou faux ?

Vrai. Écho était une grande bavarde. Pour la punir, la déesse Héra la priva de la parole, ne lui permettant que de répéter les derniers mots des autres. Après sa passion sans espoir pour Narcisse, Écho s'éteignit et il ne resta d'elle que sa voix.

> ## Pourquoi les atlas géographiques s'appellent-ils des atlas ?

À l'origine, Atlas était un géant de la mythologie grecque. Il était le roi légendaire de l'extrémité ouest du monde connu à l'époque (aujourd'hui, la chaîne de montagnes située à l'ouest de l'Afrique du Nord porte son nom, et l'océan situé encore plus à l'ouest s'appelle l'océan Atlantique). Un jour, une guerre opposa le dieu Zeus aux Titans. Atlas, dont le père était lui-même un Titan, prit fait et cause pour ce dernier. Malheureusement, Zeus gagna la guerre et se vengea en transformant Atlas en montagne et en le condamnant à supporter éternellement le ciel. L'image montrant Atlas, le dos courbé et portant la voûte céleste sur ses épaules, est très célèbre. En 1585, lorsque le géographe flamand Mercator publia un recueil de cartes, il fit imprimer sur la couverture de son ouvrage cette représentation d'Atlas. Au siècle suivant, d'autres recueils parurent et furent appelés « atlas ». Le nom propre était ainsi devenu un nom commun.

Pourquoi l'océan Pacifique a-t-il été ainsi nommé ?

Le Portugais Magellan est le premier Européen à avoir traversé l'océan Pacifique, lors de son tour du monde de 1521. Pendant cette traversée, l'océan était si calme et paisible qu'il l'appela « Pacifique ». En réalité, il est souvent dangereux pour les navigateurs.

MOTS
ET
EXPRESSIONS

Où doit-on aller pour toucher à coup sûr le Pactole ?

En Lydie. Le Pactole, qui désigne aujourd'hui une source de richesse, était à l'origine le nom d'une rivière de ce royaume d'Asie Mineure. Comme ses eaux charriaient des paillettes d'or, le Pactole a fait la fortune des rois de Lydie. Le dernier d'entre eux, qui a régné au VIe siècle av. J.-C., est d'ailleurs resté célèbre : nommé Crésus, il est le héros de l'expression « riche comme Crésus ». Pour expliquer l'origine de l'or du Pactole, les Grecs ont, comme souvent, inventé une légende. La voici : il y a bien longtemps, Midas, le roi de la Phrygie voisine, rêvait d'être très riche. Après une bonne action, il obtint du dieu Dionysos l'exaucement d'un vœu. Sans y réfléchir, il demanda à ce que tout ce qu'il touche se transforme en or. Mais sa vie devint un enfer : impossible de manger ou de boire, puisque la nourriture et la boisson se métamorphosaient en or ! Midas supplia donc Dionysos de dissiper l'enchantement. Celui-ci lui ordonna d'aller se laver les mains dans les eaux du Pactole, ce que Midas fit. Depuis, il y a des paillettes d'or dans cette rivière.

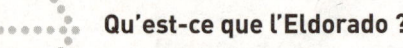

Qu'est-ce que l'Eldorado ?

L'Eldorado, « le Doré » en espagnol, est un pays fabuleux d'Amérique du Sud, censé regorger d'or. Du XVIe au XVIIIe siècle, les conquistadors espagnols l'ont recherché entre les fleuves Amazone et Orénoque – en vain.

**Quel gaz tient son nom
du dieu égyptien Amon ?**

L'ammoniac. Mais le chemin entre l'Égypte et ce gaz malo-dorant fut long et tortueux ! Amon était le dieu de la ville de Thèbes, dans le sud de l'Égypte. Durant l'Antiquité, le culte du roi des dieux s'étendit jusqu'en Libye. Là, près d'un temple d'Amon, le sol regorgeait de sels particuliers, que les Grecs appelèrent en conséquence « ammôniakon », puis les Romains « sal ammoniacum ». Longtemps, le mot « ammoniac » resta associé à ces sels puis, à la fin du XVIIIᵉ siècle, il désigna un gaz récemment découvert, composé d'azote et d'hydrogène. D'autres éléments chimiques tirent leur nom de dieux (et de planètes) : l'uranium (Uranus), le plutonium (Pluton) et le neptunium (Neptune). Parfois, les éléments chimiques honorent un scientifique : le curium (Pierre et Marie Curie), le nobélium (Alfred Nobel), l'einsteinium (Albert Einstein)… ou encore un lieu : l'europium, l'américium, le californium, le francium, le polonium…

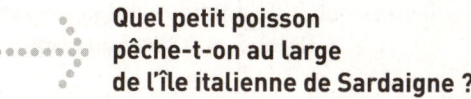

**Quel petit poisson
pêche-t-on au large
de l'île italienne de Sardaigne ?**

La sardine. Son nom dérive d'ailleurs de celui de l'île. De la même manière, la pêche est un fruit originaire de Perse, la bergamote une poire de Pergame, le faisan un oiseau du fleuve Phase, l'échalote un oignon de la ville d'Ascalon.

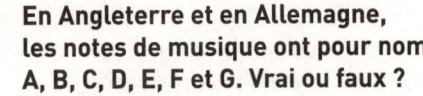

**Do, ré, mi, fa, sol, la, si, do...
Pourquoi les notes de musique
s'appellent-elles ainsi ?**

Gui d'Arezzo est un moine italien qui vivait au Moyen Âge. Passionné de musique, il enseignait le solfège et imagina, pour ses élèves, des noms de notes faciles à retenir. Il les choisit dans un hymne à Jean-Baptiste qui parlait justement de musique : « Afin que tes serviteurs puissent chanter, avec des voix libérées, le caractère admirable de tes actions, ôte, saint Jean, le péché de leur lèvre souillée. » En latin, cela donnait : « *UT queant laxis / REsonare fibris / MIra gestorum / FAmuli tuorum / SOLve polluti / LAbii reatum / Sancte Iohannes.* » Gui d'Arezzo prit les six premières syllabes pour en faire les six premières notes : ut, ré, mi, fa, sol et la. Plus tard, au XVIe siècle, on créa une note supplémentaire, le si, à partir des initiales de Sancte Iohannes. Et plus tard encore, en 1673, l'ut fut transformé en do, plus facile à prononcer.

**En Angleterre et en Allemagne,
les notes de musique ont pour nom
A, B, C, D, E, F et G. Vrai ou faux ?**

Vrai. Avant Gui d'Arezzo, on utilisait les premières lettres de l'alphabet pour nommer les notes. Dans les pays latins (France, Italie, Espagne...), le système de Gui d'Arezzo s'est répandu. Dans les pays germaniques et anglo-saxons (Allemagne, Angleterre...), on a conservé l'alphabet.

Tout est OK ? Eh bien non, concernant cette expression, rien n'est OK ! On sait juste qu'elle est apparue aux États-Unis, probablement au XIXᵉ siècle. Le reste est un mystère. Et comme il est excitant de percer les mystères, de nombreuses personnes ont cherché l'origine de ces deux lettres... et ont cru la trouver ! Pour certains, elle viendrait de *okeh*, qui signifie, dans la langue des Indiens cochtaw, « c'est ainsi ». Pour d'autres, elle serait née dans le sud des États-Unis, à La Nouvelle-Orléans, où l'on parlait français : quand un navire était bien arrivé, on disait qu'il était « au quai ». Troisième hypothèse : pendant la guerre de Sécession, chaque soir, on tenait un livre dans lequel on notait le nombre de tués dans la journée. Quand tout allait bien et qu'il n'y avait pas eu de mort, on inscrivait « 0 tué », soit en anglais *0 killed*, ou, plus simplement « 0 K ». Autre possibilité : la déformation de « tout est correct », qui se dit *all correct* », ou encore, lorsqu'il est mal orthographié, « *oll korrect* ». Bref, tout ça pour dire qu'on ignore l'origine de la mystérieuse expression.

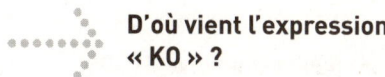

D'où vient l'expression « KO » ?

Contrairement à OK, on sait ce que signifient les lettres KO : c'est l'abréviation de *knock out*. En anglais, cela signifie « frappé dehors ». C'est un terme utilisé en boxe lorsque l'un des combattants est mis hors de combat par son adversaire.

**Lorsqu'un bateau est en détresse,
le capitaine envoie un SOS.
Pourquoi ces trois lettres-là ?**

Pour bien comprendre la réponse, débranchez vos télé-phones ! Nous voilà au milieu du XIXe siècle. À l'époque, on ne savait pas transmettre de paroles à distance. On ne connaissait que le télégraphe : à un bout d'un fil électrique, quelqu'un tapo-tait sur un interrupteur. Cela produisait deux sortes de signaux : de courts « tic » et de longs « taaac ». À l'autre bout du fil, une autre personne notait ce qu'il entendait. Pour transmettre des mots, l'Américain Samuel Morse inventa en 1840 un code à partir des tics et des taaacs. Pour faire un A, il fallait envoyer un signal court puis un long : « • — ». Pour un B: «— • • •». Pour un C: «— • — •»... Le mot « bac » s'écrit donc : « — • • •, • —, — • — • ». Au début du XXe siècle, après l'invention du télégraphe sans fil, on chercha un signal court et facile à reconnaître, que les bateaux pourraient envoyer en cas de détresse. On s'accorda alors sur « • • •, — — —, • • • », qui correspondait aux lettres SOS de l'al-phabet morse. Le SOS était né ! Plus tard, certains ont essayé d'y voir des initiales, comme celles de *Save our souls*, « Sauvez nos âmes » en anglais. Voilà, l'explication est terminée, vous pouvez rebrancher vos téléphones !

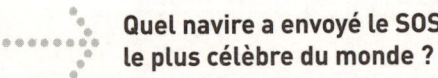

**Quel navire a envoyé le SOS
le plus célèbre du monde ?**

Le *Titanic*. Il a envoyé un SOS en morse le 14 avril 1912 après avoir heurté un iceberg. Aujourd'hui, avec le développement de la radio et du téléphone, le code morse n'est plus du tout utilisé.

> **Pourquoi, en décrochant le téléphone, dit-on « allô » plutôt que « bonjour » ?**

Si le téléphone était une invention française, peut-être dirions-nous « bonjour » en le décrochant. Mais il a été inventé aux États-Unis par Alexander Bell. Né en 1847, Bell se passionna très tôt pour les sons : sa mère était sourde et son père spécialisé dans la rééducation des enfants sourds-muets. Excellent musicien, le jeune Alexander abandonna cet art pour enseigner la phonétique à des malentendants. Il réfléchit alors à la façon de transmettre des paroles à distance grâce à l'électricité et travailla, à partir de 1874, à l'amélioration du télégraphe. Deux ans plus tard, il parvint à transmettre cette phrase à son assistant, resté dans le bureau voisin : « Watson, vous pouvez venir, j'ai besoin de vous. » Les balbutiements du premier téléphone ! La Bell Telephone Company fut alors créée. « Hello ! » s'exclamaient les Américains en décrochant l'appareil. Ce « hello » s'est transformé en « allô » lorsque l'invention de Bell a traversé l'Atlantique.

 **Dans tous les pays du monde, on dit « hello » ou « allô » lorsqu'on décroche le téléphone. Vrai ou faux ?**

Faux. On dit « *pronto* » en Italie, « *hola* » en Espagne et « *moshi moshi* » au Japon.

Avant d'être de minuscules machines, les ordinateurs étaient des monstres qui remplissaient des salles entières. Ainsi, dans les années 1940, le calculateur américain Eniac était-il constitué de 19 000 tubes à vide, 1 500 relais et de centaines de composants électroniques, le tout pesant 30 tonnes (cinq fois la masse d'un éléphant !) et couvrant une surface de 72 m² (la taille d'un appartement !). En juin 1944, un curieux événement se produisit sur ce calculateur : par une journée chaude et humide, il s'arrêta brusquement. Grace Hopper et son équipe cherchèrent longuement le problème et découvrirent, à l'intérieur d'un gros relais, un papillon de nuit grillé. En se posant là, il avait créé un faux contact. Grace Hopper prit l'insecte, le colla dans le journal de bord de la machine et écrivit : « premier cas d'insecte trouvé », « insecte » se disant *bug* en américain. Plus tard, chaque fois que des gens passaient la porte en demandant si le calculateur fonctionnait correctement, Grace répondait : « On enlève les *bug* ! »

Quel mot français est-il recommandé d'utiliser à la place de l'anglais *bug* ?

Le mot « bogue ». L'essentiel des termes informatiques étant américains, des mots ont été créés pour leur donner un équivalent français : « bogue » à la place de *bug*, « courriel » ou « mel » à la place d'« e-mail », « pourriel » à la place de « spam », « gratuiciel » pour « freeware »...

> ## Pourquoi un ordinateur
> ## s'appelle-t-il un ordinateur ?

Le mot « ordinateur » existait avant les ordinateurs, mais il désignait alors… Dieu ! Sa reconversion date de 1955. À cette époque, le fabricant américain IBM se lança dans la production en France de machines électroniques toutes nouvelles. Comme elles n'avaient pas de nom, IBM demanda à Jacques Perret, un professeur de latin à la Sorbonne, d'en proposer quelques-uns. Après avoir pris connaissance des caractéristiques de la machine, l'éminent linguiste répondit par une lettre datée du 16 avril 1955, dans laquelle il disait à peu près ceci : « Que diriez-vous de "ordinateur" ? Ce mot existe déjà, mais il est sorti de l'usage théologique. C'est un mot correctement formé qui a l'avantage de donner aisément un verbe, "ordiner" et une action, "ordination". "Combinateur" a l'inconvénient du sens négatif de "combine", "combiner". "Congesteur" et "digesteur" évoquent trop "congestion" et "digestion". "Synthétiseur" ne me semble pas un mot assez neuf pour un objet spécifique comme votre machine. » Suite à cette lettre, IBM baptisa ses machines « ordinateurs ». Le nom fut rapidement adopté par les spécialistes et les chefs d'entreprise.

 ### Comment « ordinateur »
se dit-il en anglais ?

En anglais, ordinateur se dit *computer*, ce qui se traduit par « calculateur ». L'initiale du mot se retrouve dans PC, qui signifie *personal computer,* ou encore « ordinateur personnel ».

**Avant de désigner
une machine, que signifiait
le mot tchèque « robot » ?**

À l'origine du mot « robot », il y a Karel Capek. Lui-même n'était pas un robot, mais un écrivain tchèque. Horrifié par la Première Guerre mondiale où des humains privés d'humanité en avaient massacré d'autres, il écrivit en 1920 une pièce de théâtre baptisée *R.U.R.* Elle racontait l'histoire des « robots », des machines que leur créateur, l'inventeur Rossum, avait conçues pour être vivantes et intelligentes, mais incapables d'éprouver des sentiments. Construites dans l'usine R.U.R. (Robots universels de Rossum), elles étaient destinées à remplacer les ouvriers pour les travaux les plus pénibles ; en tchèque, *robota* signifie « corvée ». Mais, au cours de la pièce, les machines remplissaient de plus en plus de tâches et les hommes de moins en moins. Jusqu'au moment où, les hommes étant devenus complètement inutiles, les robots décidèrent de les éliminer. Ils les massacrèrent sans faire de sentiment. Normal, puisqu'ils n'en avaient pas ! Depuis la création de cette pièce de théâtre, le mot « robot » a progressivement remplacé le mot « automate ».

**En science-fiction,
qu'est-ce qu'un androïde ?**

Le mot « androïde » a été créé à partir du grec *andros*, qui signifie « homme », et la terminaison *-oïde* qui signifie « en forme de... ». Un androïde est donc un robot qui a forme humaine.

Comment appelle-t-on des jumeaux qui naissent collés l'un à l'autre ?

Et pourquoi ?

L'histoire commence en 1811, avec un événement pas très heureux. Dans le pays de Siam, rebaptisé depuis Thaïlande, une femme chinoise donne naissance à des jumeaux, Chang et Eng, qui s'étaient anormalement développés dans le ventre de leur mère : les bébés naissent soudés l'un à l'autre par le bassin. Pourtant, ils survivent et grandissent bien, si ce n'est qu'ils ne peuvent se quitter d'une semelle. À 24 ans, ils se rendent en France pour se faire opérer. Tout le pays parle alors de ces jumeaux venus du Siam, ces frères siamois. L'opération de séparation est malheureusement trop risquée, et aucun chirurgien ne veut la tenter. Qu'importe ! Les frères poursuivent leur route, toujours collés l'un à l'autre, jusqu'en Amérique. Là-bas, ils se marient à deux sœurs – séparées, elles – et ont vingt-deux enfants. Ils meurent en 1874, à l'âge de 63 ans, à trois heures d'intervalle. Depuis, les jumeaux collés sont appelés siamois.

Un frère peut être soudé à sa sœur. Vrai ou faux ?

Faux. Un frère peut avoir une sœur jumelle : ce sont alors de faux jumeaux, qui se sont formés à partir de deux ovules distincts. Les siamois, eux, proviennent d'un seul et même ovule, qui s'est mal divisé en deux. Les siamois sont donc toujours de vrais jumeaux. Et, forcément, ce sont soit deux garçons, soit deux filles.

> **Quand on ignore la réponse d'une devinette, on donne sa langue au chat. Mais pourquoi au chat ?**

Vous donnez votre langue au chat ? Alors voilà un début d'explication. Selon Alain Rey, l'un des spécialistes de la langue française, l'expression est assez récente puisqu'elle apparaît au XIXe siècle. Auparavant, on disait parfois « jeter sa langue au chien ». Comment est-on passé des chiens aux chats ? Peut-être y a-t-il eu un carambolage avec une autre expression, « donner sa part au chat ». En Bourgogne, elle signifie « abandonner, renoncer ». Lorsqu'on ne connaît pas la réponse à une devinette, on reste sans voix. « Donner sa langue au chat » signifie donc renoncer à sa langue, devenue inutile puisqu'on n'a rien à dire. De nombreuses autres expressions ont le chat pour héros : « J'ai un chat dans la gorge », « Chat échaudé craint l'eau froide », « Quand le chat n'est pas là, les souris dansent », « Le chat est un lion pour la souris » (proverbe albanais), « Le chat mordu par un serpent craint même une corde » (arabe), « Il est difficile d'attraper un chat noir dans une pièce sombre, surtout lorsqu'il n'y est pas » (chinois), « C'est quand le chat est repu qu'il dit que le derrière de la souris pue » (africain).

 **Pourquoi les chats noirs sont-ils censés porter malheur ?**

Dans les récits populaires d'autrefois, les chats noirs étaient associés au démon. Ils étaient les compagnons favoris des sorcières. Aujourd'hui, la crainte des chats noirs est une superstition aussi tenace que dénuée de fondement.

> **Bachi-bouzouk ! Ectoplasme ! Sapajou ! Que signifient ces insultes du capitaine Haddock ?**

Dans les aventures de Tintin, le capitaine Haddock exprime sa colère par une série d'insultes et de jurons étranges. Dans les années 1940, lorsque le capitaine apparaît pour la première fois dans l'épisode *Le Crabe aux Pinces d'Or*, il est interdit de choquer le jeune public avec de vrais gros mots : m... ! quel c... ! ça fait ch... ! Mais un capitaine bourru sans jurons, ce serait comme une boucherie sans os. Aussi Hergé place-t-il dans sa bouche des mots qui existent réellement mais dont le sens est souvent inconnu. On en dénombre plus de 220. Les plus fréquents sont bachi-bouzouk (soldat de l'ancienne armée turque), ectoplasme (sorte de fantôme), sapajou (singe d'Amérique centrale), anthropopithèque (homme préhistorique), forban (pirate), iconoclaste (personne hostile aux traditions), mille sabords (un sabord est une ouverture dans la coque d'un navire), olibrius (personne excentrique), troglodyte (habitant d'une grotte), zouave (soldat d'infanterie), zoulou (peuple d'Afrique du Sud).

 **Pourquoi tant de vieux jurons finissent-ils par « bleu » ?**

Autrefois, de nombreux jurons contenaient « Dieu » : nom de Dieu ! vingt Dieux ! bon sang de Dieu ! Pour ne pas blasphémer, le mot Dieu était remplacé par bleu, dont la sonorité est la même. Cela a donné sacrebleu ! (sacre Dieu !), morbleu ! (par la mort de Dieu !), parbleu ! (par Dieu !), ventrebleu ! (par le ventre de Dieu !), palsambleu ! (par le sang de Dieu !).

Dans la vie de tous les jours, nous employons en moyenne 2 000 mots différents. Mais bien sûr il en existe plus : si nous connaissons tous la définition de « wagonnet », nous ne l'employons pas tous les jours. Les linguistes estiment qu'un collégien dispose d'environ 6 000 mots et un adulte de bonne culture générale 30 000. Mais bien sûr il en existe plus. Pour savoir combien, il faut ouvrir un dictionnaire : abaca, abacule, abaissable, abaissant, abaisse, abaisse-langue… Des dictionnaires classiques, comme le *Petit Larousse illustré* et le *Petit Robert*, recensent environ 60 000 noms communs. Mais connaissez-vous la mélitée, la thécla et le tircis ? Les Petit Larousse et Robert non plus ! Pourtant, ils existent bel et bien puisque ce sont des papillons. Il y a donc bien plus de mots que ceux contenus dans les dictionnaires : les grosses encyclopédies en rassemblent près de 100 000. Mais si l'on ajoute les jargons techniques propres à chaque métier, les produits chimiques et autres noms d'oiseaux, le chiffre grimpe à 600 000 ou 700 000 noms communs, et peut-être plus encore…

 **Qu'est-ce qu'un néologisme ?**

Un néologisme est un mot créé récemment ou un mot ancien auquel on donne un sens nouveau. Par exemple, le mot « baladeur » a été choisi en 1983 par une commission ministérielle pour remplacer le mot Walkman, qui est une marque. Le terme, boudé par les Français pendant vingt ans, n'a finalement été adopté qu'à l'arrivée des baladeurs MP3.

En 1897, une langue nouvelle a été créée de toutes pièces.

Laquelle ?

Pologne, années 1870. Le jeune Lejzer Ludwik Zamenhof grandit dans la ville de Bialystok. Quatre communautés y cohabitent : des Polonais, des Russes, des Allemands et des Juifs. Chacune a sa propre langue et, à cause de cela, a du mal à communiquer avec les autres. Le jeune Zamenhof rêve d'un monde meilleur sans la barrière des langues. Il imagine alors un langage nouveau, facile à apprendre et qui appartiendrait à tout le monde. En 1887, il rédige sous le pseudonyme de Doktor Esperanto (« docteur qui espère ») un livre sur cette langue. Bientôt baptisée « espéranto », elle s'écrit comme elle se prononce, possède un vocabulaire et une grammaire très simples, sans aucune exception. Par exemple, au lieu de dire « je vais, tu vas, il va, nous allons, vous allez, ils vont », on dit « mi iras, ci iras, li iras, ni iras, vi iras, ili iras ». Vingt ans après l'invention de Zamenhof, un premier congrès se tint à Boulogne-sur-Mer. Des gens du monde entier s'y retrouvèrent et, grâce à l'espéranto, purent se parler et se comprendre très facilement.

Trois pays ont choisi l'espéranto comme langue officielle. Vrai ou faux ?

Faux. L'espéranto n'est la langue officielle d'aucun pays. Mais plusieurs radios, journaux, universités et musées dans le monde l'utilisent ou l'enseignent.

Martin, Leblanc ou Dupré... Comment sont nés les noms de famille français ?

Au Moyen Âge, les noms de famille n'existaient pas : à la naissance, on ne vous donnait qu'un prénom. Et comme les prénoms sont en nombre limité, plusieurs personnes, dans un village, se retrouvaient souvent avec le même. Pour différencier ce Jean-ci de ce Jean-là, il y avait plusieurs possibilités. On pouvait d'abord accoler au prénom celui du père : Martin, Thomas, Henri, Bernard, Jeannot, Colas, Perrin... On pouvait aussi associer le Jean en question à son métier : Meunier, Boulanger, Lefèvre (qui désignait le forgeron), Berger, Maréchal, Boucher, Vigneron... Si le Jean avait une caractéristique physique ou psychologique, on pouvait l'indiquer : Leblanc, Lefort, Petit, Leroux, Lamoureux, Lebègue, Lendormy... Enfin, on pouvait indiquer l'origine du Jean ou son lieu d'habitation : Lallemand, Lebreton, Dubois, Lahaie, Dupré... En 1539, lorsque le roi François Ier signa une ordonnance rendant obligatoires les patronymes, ces surnoms devinrent des noms de famille.

Martinez, Smith, Bianchi et Beethoven... D'où viennent ces noms de famille étrangers ?

Les noms étrangers ont souvent la même origine que les français. Cela peut être le prénom du père : Ben Abdallah signifie « fils d'Abdallah » en arabe, Martinez « fils de Martin » en espagnol... Un métier : Smith signifie « forgeron » en anglais et Müller « meunier » en allemand... Une caractéristique physique : Bianchi signifie « blanc » en italien, et Klein « petit » en allemand. Enfin, un lieu : Beethoven dérive d'un mot flamand signifiant « lopin de betteraves » !

D'où viennent les noms des jours de la semaine ?

Les noms des jours de la semaine viennent du latin. La plupart rappellent le nom d'un astre : lundi c'est *Lunae dies*, jour de la Lune. Mardi, c'est *Martis dies*, jour de Mars. Saurez-vous trouver la suite ? Mercredi, c'est *Mercuri dies*, jour de Mercure. Jeudi, *Jovis dies*, jour de Jupiter. Vendredi, *Veneris dies*, jour de Vénus. Pour la fin de semaine, religion oblige, c'est un peu différent : notre samedi vient de *Sambati dies*, jour du sabbat. Mais, auparavant, c'était *Saturni dies*, jour de Saturne, forme que l'on retrouve aujourd'hui encore en anglais : samedi se dit *saturday*. Et notre dimanche vient de *dies dominicus*, le jour du Seigneur. Mais auparavant, c'était *Soli dies*, jour du Soleil, forme que l'on retrouve en anglais et en allemand avec *sunday* et *sonntag*.

 **Dans la Grèce antique, combien une semaine comptait-elle de jours : cinq, dix ou sept ?**

Si la durée du jour est définie par le Soleil, la durée d'une semaine a été le choix des seuls hommes. Elle varie donc d'une civilisation à l'autre. Chez les Grecs, elle était de dix jours. Chez les juifs, de sept jours : c'est le temps qu'aurait mis Dieu pour bâtir l'Univers puis pour se reposer. Les chrétiens puis les musulmans ont adopté la semaine juive de sept jours.

> **Dans septembre, il y a « sept ».
> Mais pourquoi « sept », alors que
> c'est le neuvième mois de l'année ?**

Les noms des mois nous viennent des Romains. Vers 700 avant J.-C., le calendrier romain n'en comptait que dix. Leur nom : premier, deuxième... jusqu'à dixième. Facile ! Aujourd'hui encore, on retrouve cette origine dans septembre (7), octobre (8), novembre (9) et décembre (10). Les Romains modifièrent ensuite le nom des premiers mois pour honorer des dieux : le premier fut rebaptisé mars (Mars), le deuxième avril (peut-être à cause d'Aperta, surnom d'Apollon), le troisième Mai (Maïus) et le quatrième Juin (Junon). Mais dix mois d'une trentaine de jours ne remplissent pas une année de 365 jours. Les Romains créèrent donc deux nouveaux mois, janvier (du dieu Janus) et février (du latin *februare*, « se purifier »), et, vers l'an 400 avant J.-C., ils les placèrent en début d'année. Puis, en 46 avant J.-C., Jules César perfectionna ce calendrier en créant les années bissextiles. Pour l'en remercier, le sénat donna son nom à un mois : juillet (Jules). Mais la réforme fut mal appliquée et l'on rajouta une année bissextile tous les trois ans, au lieu de quatre ans. En 10 avant J.-C., l'empereur Auguste corrigea l'erreur. Pour le remercier, le sénat lui accorda, à lui aussi, un mois : août (Auguste).

 **Pourquoi le mois d'août a-t-il 31 jours, comme le mois de juillet ?**

En 8 avant J.-C., le sénat romain baptisa le mois d'août en l'honneur d'Auguste. Mais il n'y avait aucune raison pour que cet empereur soit moins bien traité que Jules César, dont le mois (juillet) avait 31 jours. Alors on rajouta un jour au mois d'août...

> **Quarante, cinquante, soixante...
> Pourquoi, en France, poursuit-on la série
> avec soixante-dix et non pas septante ?**

Au Moyen Âge, on avait l'habitude de compter par paquets de vingt. On disait « vingt et dix » au lieu de trente, « deux-vingts » au lieu de dire quarante, « trois-vingts » au lieu de soixante... Ainsi, en 1260, le roi Saint Louis fit-il construire l'hospice des Quinze-Vingts pour héberger trois cents aveugles. À la fin du Moyen Âge, un système concurrent apparut avec les mots trente, quarante, cinquante, soixante, septante, octante et nonante. C'était plus simple et plus logique. En France, ce nouveau système s'imposa jusqu'à soixante, mais pas au-delà. Pourquoi ? Personne ne le sait vraiment. Peut-être, pour les grands nombres, les gens préféraient-ils continuer à penser par paquets: 70 = 60 + 10, 80 = 4 x 20, 90 = 4 x 20 + 10. Aujourd'hui, en France, les mots septante et nonante ne sont employés que dans certaines régions, comme la Lorraine ou la Franche-Comté.

 **Comment dit-on 70, 80 et 90
au Québec, en Suisse et en Belgique ?**

Aujourd'hui, au Québec, on emploie le plus souvent les mots soixante-dix, quatre-vingts et quatre-vingt dix. En Belgique, septante, quatre-vingts et nonante. En Suisse, septante, huitante ou quatre-vingts, et nonante.

SIGNES ET
MESURES

1, 2, 3, 4, 5, 6, 7, 8, 9 et 0 sont appelés les « chiffres arabes ». Qui les a inventés ?

Eh non, ce ne sont pas les Arabes, mais les Indiens ! Jusqu'au Moyen Âge, en Europe, on employait encore les chiffres romains : 1 s'écrivait I, 5 s'écrivait V, 10 s'écrivait X, 50 s'écrivait L et 100 s'écrivait C. Pour écrire 138, il fallait écrire 100 + 10 + 10 + 10 + 5 + 1 + 1 + 1, soit CXXXVIII. Avec ce système, les multiplications devenaient vite très compliquées. En Inde, à la même époque, on avait inventé un système bien meilleur : chaque chiffre était représenté par un signe, y compris le zéro. Pour écrire un nombre avec des dizaines, il suffisait d'inscrire deux chiffres l'un à côté de l'autre. Les Arabes, qui étaient de grands voyageurs et de grands mathématiciens, comprirent tout de suite l'intérêt du système indien : ils l'adoptèrent et le propagèrent jusqu'au Proche-Orient. C'est là que, vers le Xe siècle, les Européens le découvrirent et l'adoptèrent à leur tour. Comme ces chiffres étaient utilisés par les Arabes, les Européens les baptisèrent « chiffres arabes », ignorant qu'ils avaient été inventés par les Indiens.

 ### Le mot « algèbre » vient de l'arabe *al-jabr*. Vrai ou faux ?

Vrai. Si les Arabes n'ont pas inventé les chiffres, ils ont tout de même eu, du IXe au XVIe siècle, d'immenses savants : des mathématiciens, des astronomes, des chimistes, des philosophes... Ils ont notamment développé l'algèbre, qui sert à résoudre les problèmes mathématiques. En arabe, *jabr* signifie « réduction ».

> **Il y a 24 heures dans un jour, 60 minutes dans une heure et 10 dixièmes dans une seconde. Pourquoi ces valeurs étranges ?**

Pour mesurer le temps qui passe, il existe une unité de mesure évidente : le jour et la nuit. Il suffit de regarder par la fenêtre ! Pour les divisions plus petites, les hommes ont dû faire des choix. Dans l'Antiquité, chaque civilisation avait son propre système. Le nôtre nous vient des Grecs. Pour les heures, ils ont adopté le système égyptien : le jour et la nuit divisés chacun en 12 heures, soit 24 heures en tout. Pour la subdivision des heures, les Grecs sont allés du côté de Sumer, dans l'actuel Irak. Les Sumériens ne comptaient pas comme nous de 10 en 10, mais de 60 en 60. Ce sont eux qui ont divisé les heures en 60 minutes et les minutes en 60 secondes... et le cercle en 360 degrés ! Jusqu'au XIXe siècle, cette division du temps a été suffisante. Puis les chronomètres sont devenus tellement précis que la seconde a dû, à son tour, être subdivisée. Pour faire simple, on l'a divisée par 10 et non par 60. Les dixièmes, les centièmes et les millièmes de seconde sont alors apparus.

À la Révolution française, on a décidé qu'une heure ferait 100 minutes. Vrai ou faux ?

Vrai. Après la Révolution, pour simplifier les unités de mesure, les scientifiques ont créé le système métrique. Pour le temps, ils ont décidé qu'il y aurait 10 heures entre midi et minuit, et 100 minutes dans une heure. Mais le peuple n'a jamais adopté cette division, qui a finalement été abandonnée.

Un film, avec le même générique de début, les mêmes scènes et le même générique de fin, est plus court de quelques minutes si vous le regardez à la télévision plutôt qu'au cinéma. Si, si ! Et il y a une raison à cela. Lorsqu'un réalisateur tourne un film, sa caméra enregistre 24 images par seconde sur la pellicule. Ensuite, au cinéma, le film est là encore projeté à la vitesse de 24 images par seconde. Pourquoi 24 ? Car c'est le nombre d'images minimum nécessaire pour berner notre œil : en dessous, nous verrions non pas un mouvement mais une suite d'images saccadées. À la télévision, les choses sont un peu différentes. En Europe, le courant électrique des prises a une fréquence de 50 Hertz : il oscille 50 fois par seconde. Pour des raisons de commodité, les ingénieurs ont utilisé cette fréquence et conçu des téléviseurs diffusant 50 demi-images par seconde, soit 25 images par seconde. Résultat : un film, projeté à la vitesse de 24 images par seconde au cinéma, l'est à 25 images par seconde à la télévision. Il y passe donc en léger accéléré. C'est imperceptible pour le téléspectateur, mais ça le raccourcit tout de même de quelques minutes.

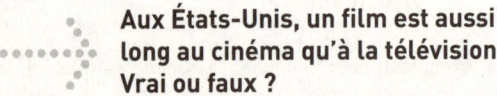

Aux États-Unis, un film est aussi long au cinéma qu'à la télévision. Vrai ou faux ?

Vrai. Aux États-Unis, le courant a une fréquence de 60 hertz. Les Américains ont donc inventé un système de télévision différent du nôtre : le NTSC. Cela ne raccourcit pas la durée des films à la télévision.

Parce qu'il ne s'agit pas de degrés Celsius, mais de degrés Fahrenheit ! Jusqu'au XVIIᵉ siècle, la mesure des températures était très limitée : on pouvait juste dire s'il faisait froid, tiède ou chaud. Puis les savants inventèrent les premiers thermomètres à alcool. En 1715, le Prussien Daniel Gabriel Fahrenheit fabriqua un thermomètre à mercure et le gradua de 0° jusqu'à 96°. Le 0 correspondait à la température d'un mélange de glace et de sel, lors d'hivers très froids. Le 96 correspondait à la température d'un homme en bonne santé. Ces thermomètres se vendirent très bien aux Pays-Bas, en Angleterre et aux États-Unis. Un peu plus tard, en 1742, le Suédois Anders Celsius créa une autre échelle, plus simple et plus rigoureuse. Elle allait de 0° à 100°, correspondant à la température de l'eau qui gèle et à celle de l'eau qui bout. Aujourd'hui, les Américains et les Anglais continuent à utiliser les degrés Fahrenheit alors qu'ailleurs on utilise les degrés Celsius. Aux États-Unis, une grosse chaleur correspond à 100 °F, soit 37,7 °C.

Comment convertit-on les degrés Fahrenheit en degrés Celsius ?

Pour convertir des degrés Fahrenheit en degrés Celsius, il faut d'abord retrancher 32, puis multiplier le résultat par 5, puis diviser le tout par 9. Ainsi 50 °F = (50 – 32) x 5 : 9 = 10 °C.

> **Un mètre mesure... un mètre de long. Mais comment cette longueur a-t-elle été choisie ?**

Jusqu'à la Révolution française, il existait en France une multitude d'unités de longueur : le pouce, le pied de 12 pouces, la toise de 6 pieds, le pas, la perche de Paris de 18 pieds, la perche ordinaire de 20 pieds, la perche des eaux et forêts de 22 pieds, la lieue marine, la lieue de poste... Et pour compliquer le tout, chaque région, voire chaque profession, avait ses propres unités ! Après le grand nettoyage de la Révolution, des savants profitèrent de l'occasion pour mettre en place des unités de mesure universelles, utilisables partout. Et qu'y a-t-il de plus universel que notre planète, la Terre ? En 1795, ils choisirent donc comme unité de longueur la circonférence de la Terre. Mais comme c'était tout de même un peu grand, ils la divisèrent par 40 millions. La longueur obtenue fut appelée « mètre ». En 1875, les pays ayant adopté le mètre se réunirent pour fabriquer un « mètre étalon » en platine iridié. Il est conservé au Bureau international des poids et mesures, à Sèvres.

> **Un kilogramme pèse... un kilogramme. Mais comment sa valeur a-t-elle été choisie ?**

Lorsque le mètre a été défini, il a fallu choisir une unité de masse. En 1795, les savants fabriquèrent un cube de 10 cm de côté. Ils le remplirent d'eau et décidèrent que le kilogramme correspondrait, par définition, à la masse d'eau contenue dans ce cube.

> **En France, les rails de chemin de fer sont écartés de 1,435 m. Pourquoi ce nombre étrange ?**

Pourquoi 1,435 m ? Parce que la France, comme la plupart des pays d'Europe, a adopté l'écartement utilisé en Grande-Bretagne : 4 pieds et 8 pouces et demi. Soit très exactement 1,435 m. Pourquoi avoir imité les Anglais ? Parce que ce sont eux qui, les premiers, ont développé les chemins de fer. Au XIXe siècle, pour sortir le charbon des mines, ils ont eu l'idée de construire des rails et d'y placer des wagonnets, parfois tirés par des chevaux. C'étaient les tout premiers trains. Mais pourquoi donc les Anglais ont-ils choisi cet écartement bizarre de 4 pieds et 8 pouces et demi ? Parce que c'était l'écartement utilisé pour les roues des diligences et des chariots. En gardant la même valeur, ils pouvaient adapter les chariots pour en faire des wagons. L'écartement des roues de notre TGV est donc le même que celui des vieilles calèches anglaises...

En France, les voitures roulent à droite mais les trains à gauche. Vrai ou faux ?

Vrai. Là aussi, les Français ont imité les Anglais. Sauf en Alsace, où l'on utilise le système allemand et où les trains roulent à droite. Par ailleurs, en Europe, l'écartement des rails n'est pas partout le même : il est de 1,524 m en Russie, de 1,676 m en Espagne et au Portugal. Cela pose quelques problèmes au passage des frontières...

> ## Pourquoi une feuille de papier A4 mesure-t-elle 210 mm sur 297 mm ?

Il existe de nombreux formats de papier aux noms bizarres : le raisin fait 500 sur 650 mm, le jésus 560 sur 720 mm, le soleil 600 sur 800 mm, l'écu 400 sur 530 mm, le colombier 630 sur 900 mm et le cavalier 460 sur 620 mm... En 1947, un comité de standardisation décida de créer un nouveau format, plus simple et plus universel. Quelle taille ferait-il ? Le comité voulait d'abord que la surface d'une feuille fasse un mètre carré. Ensuite, il fallait que si l'on coupe une feuille en deux dans le sens de la largeur, chaque moitié ait les mêmes proportions que la feuille de départ. Pour remplir ces deux conditions, la feuille devait forcément mesurer 841 mm sur 1 189 mm. Ce format fut baptisé A0. Le comité coupa cette feuille en deux et obtint un format deux fois plus petit, baptisé A1 (595 sur 841 mm). Il recommença et obtint le format A2 (420 sur 595 mm), puis A3 (297 sur 420 mm), A4 (210 sur 297 mm), A5 (148 sur 210 mm), et ainsi de suite...

 ## Dans quel pays fut inventé le papier ?

Les Chinois ont inventé le papier bien avant notre ère. D'abord fabriqué avec de la soie, il le fut ensuite avec du chanvre et de l'écorce de mûrier. Arrivé en Europe, il s'y est répandu à partir du XIIIᵉ siècle. Auparavant, on écrivait sur du papyrus (feuilles de plantes), du vélin (peau de veau) ou du parchemin (peau de mouton).

Pourquoi y a-t-il 666 questions dans ce livre ?

Pour fabriquer un livre, on n'imprime pas dans l'ordre la page 1, puis la 2, puis la 3... comme on le ferait avec une imprimante d'ordinateur. L'imprimeur réalise plusieurs pages simultanément. Pour cela, il prend une immense feuille de papier, par exemple de taille 108 cm sur 91,5 cm. Il l'imprime au recto et au verso, puis plie cette feuille en deux, puis encore en deux, puis encore en deux, et encore en deux. En découpant les bords, il obtient un cahier imprimé de 32 pages, mesurant 12,5 cm sur 17,8 cm. Les livres du format de celui que vous tenez en main sont donc imprimés 32 pages par 32 pages. Du coup, le nombre total de pages est forcément un multiple de 32 : 32, 64, 96, 128... L'éditeur choisit le nombre de cahiers en fonction de la quantité de texte, de l'allure que doit avoir le livre ou encore du prix de vente à ne pas dépasser. Pour le livre qui nous concerne, il a été décidé qu'un ouvrage de treize cahiers serait de bonne facture. Treize cahiers, soit 416 pages. En enlevant les pages de titre, la quinzaine de pages de sommaire, les vingt doubles pages de séparation des parties, et une quizaine de pages de notes, il en restait 333 pour les questions. À raison de deux questions par page, cela fait 666 questions.

Qu'est-ce qu'un in-seize ?

In-seize est le format d'un livre constitué de cahiers de 16 feuillets, soit 32 pages. Mais il existe d'autres formats : in-plano, in-folio, in-quarto ou encore in-octavo correspondent à des cahiers de 1, 2, 4 ou 8 feuillets.

Qui a décidé que les CD feraient 12 cm de diamètre ?

Le CD a été inventé en 1980, conjointement par les ingénieurs de Philips et de Sony. Auparavant, la musique était enregistrée sur des disques en vinyle. Sur chaque face d'un vinyle, on pouvait graver 25 à 30 minutes de musique. Afin de pouvoir enregistrer les deux faces de n'importe quel 33-tours sur un seul CD, les ingénieurs de Philips décidèrent que sa durée serait de 60 minutes. Cela correspondait à un diamètre de 11,5 cm. Mais Norio Ohga, le patron de Sony, demanda qu'on rallonge un peu cette durée. Musicien accompli, il était un fan de la *Neuvième Symphonie* de Beethoven. Il souhaitait pouvoir écouter la version enregistrée par le chef d'orchestre Herbert von Karajan, qui durait 66 minutes... Les ingénieurs de Philips acceptèrent. Et pour être sûr de bien faire, ils recherchèrent la version la plus longue jamais enregistrée de cette symphonie : elle datait de 1951 et durait 74 minutes et des poussières. Les ingénieurs conçurent donc un disque de cette durée, ce qui correspondait à un diamètre de 12 cm.

 **Le tout premier disque n'était pas un disque mais un cylindre. Vrai ou faux ?**

Vrai. En 1877, l'Américain Thomas Edison est devenu le premier homme à enregistrer sa propre voix. Elle était gravée à l'aide d'une aiguille sur un cylindre tournant sur lui-même et recouvert de cire.

Pour inscrire des notes de musique, on utilise une portée : ☰. On inscrit dessus des petits signes qui sont les notes ♩. En fonction de leur position sur la portée, elles représentent des sons plus ou moins aigus : 🎼. En début de portée, une clé de sol 🎼, de fa 𝄢 ou d'ut 𝄡 donne un repère pour lire ces notes. Ainsi, la même note précédée d'une clé de sol 🎼 sera un *la* ; et précédée d'une clé de fa 𝄢, ce sera un *mi*. Mais d'où vient cet étrange signe 🎼 ? Avant le XIe siècle, les portées musicales n'existaient pas. Au-dessus du texte à chanter, on inscrivait simplement des accents et des points, histoire d'indiquer à peu près les variations de hauteur. En fait, le chanteur connaissait déjà la partition par cœur et ces accents n'étaient qu'un aide-mémoire. Plus tard, pour gagner un peu de précision, on a inscrit une ligne, puis deux... Et c'est ainsi qu'est née la portée. Une note de référence était alors écrite en début de portée. Or, à l'époque, le nom des notes de musique n'était pas encore *do*, *ré*, *mi*... mais les premières lettres de l'alphabet. La note sol correspondait à la lettre G. La clé de sol est donc une déformation enjolivée de la lettre G.

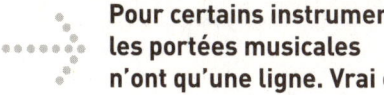

**Pour certains instruments,
les portées musicales
n'ont qu'une ligne. Vrai ou faux ?**

Vrai. Le tambour, les cymbales, le triangle ou les maracas n'ont qu'une seule hauteur de son. Inutile donc d'avoir cinq lignes : les indications de rythme sont souvent écrites sur une seule ligne.

> **L'euro s'écrit « Đ », le yen « ¥ »
> et le dollar « $ ». Mais pourquoi un « S »
> plutôt qu'un « D », comme « dollar » ?**

Le « S » du dollar américain signifie... « espagnol » ! Et l'histoire du dollar a commencé en... Allemagne. Au XVIᵉ siècle, la monnaie officielle des pays germaniques s'appelait le « thaler ». Or, à l'époque, les empereurs germaniques avaient la mainmise sur l'Espagne et sur l'Amérique du Sud. Les thalers ont donc traversé l'Atlantique et, en Amérique du Sud, leur nom s'est un peu transformé : ils devinrent les tolars puis les *spanish dollars*, les « dollars espagnols ». Sur les pièces, deux colonnes étaient dessinées. Pour écrire rapidement « 100 *spanish dollars* », on notait juste le « S » de « spanish » et les deux barres : « 100 SII ». À la fin du XVIIIᵉ siècle, lorsque les États-Unis choisirent un nom pour leur monnaie, ils optèrent pour le dollar. Le mot « spanish » disparut alors, mais le symbole « SII » resta. Petit à petit, les deux barres vinrent chevaucher le « S » et former le célèbre « $ ».

L'euro a failli s'appeler l'écu.
Vrai ou faux ?

Vrai. Au départ, l'euro devait s'appeler l'écu. L'écu est le nom d'une monnaie médiévale, et le sigle « ECU » signifie « *European currency unit* » (« unité monétaire européenne »). Mais, en 1995, au dernier moment, le chancelier allemand Helmut Kohl s'y est fermement opposé : « écu » sonnait comme *die Kuh*, « la vache » en allemand. On s'est alors rabattu sur « euro », qui ne présentait de problèmes de prononciation dans aucune langue.

Qu'est-ce qu'une esperluette & qui l'a inventée ?

L'esperluette est le nom savant du petit signe &, représentant le mot « et ». Aujourd'hui, elle est plus connue sous l'appellation de « et commercial », car on la trouve surtout dans les noms d'entreprise : « Dupond & Dupont », « Prospère & Fils »... Ce signe, né de la fusion d'un E et d'un T, est bien plus ancien qu'on ne l'imagine. Une sorte d'esperluette apparaît déjà dans la ville de Pompéi, sur un graffiti datant de l'an 79 ap. J.-C. On considère parfois, même si ce n'est pas avéré, qu'il a été inventé par le romain Tiron au [Ier] siècle av. J.-C. Ce qui est sûr, c'est que Tiron est l'auteur d'un système complet d'abréviation des mots. Esclave, il était le serviteur et le secrétaire de l'homme politique romain Cicéron, avant que celui-ci ne lui rende sa liberté. Un jour, Cicéron lui demanda d'adapter le système utilisé par les Grecs pour prendre des notes rapidement. Tiron imagina alors plusieurs centaines de signes et d'abréviations représentant des mots ou des sons. Grâce à eux, il lui devenait possible de retranscrire l'intégralité des discours de son maître, même lorsqu'il parlait très vite. Il existe bien, dans le système de symboles inventé par Tiron, un signe pour le mot « et », mais il ne ressemble pas vraiment à notre esperluette.

Qu'est-ce que la sténographie ?

C'est un procédé d'écriture formé de petits signes correspondant à des sons, qui permet de retranscrire la parole aussi rapidement qu'elle est prononcée.

Qui a inventé les guillemets ?

Au Moyen Âge, onécrivaitsouventlesmotssansaucuneséparationniaucuneponctuation. Pas facile à lire, n'est-ce pas ? Il existait pourtant, depuis le temps des Grecs, des signes de ponctuation et des espaces pour séparer les mots et les phrases. Mais comme l'imprimerie n'existait pas encore, les livres étaient écrits à la main par des moines, et chacun faisait un peu ce qu'il voulait, utilisant la ponctuation quand ça lui chantait, ou ne l'employant pas du tout. Etçadonnaitdestrucsdecegenre... Après l'invention de l'imprimerie, en 1440, les imprimeurs ont cherché à faciliter la lecture. Au fil des siècles, la mise en page s'est améliorée, avec la séparation des mots et des chapitres, et l'utilisation de plus en plus rigoureuse des signes de ponctuation : point, virgule, point d'exclamation, point d'interrogation... Et c'est ainsi que, pour mettre en valeur les citations, un imprimeur du nom de Guillaume aurait développé l'utilisation des guillemets : « Bonjour, je m'appelle Guillaume, et je suis imprimeur ! »

 **Dans quelle langue utilise-t-on les signes « ¿ » et « ¡ » ?**

En espagnol, ces signes sont utilisés au début d'une question ou d'une exclamation : « ¿ C'est compris ? » « ¡ Compris ! »

Pourquoi, jusqu'en 1530, écrivait-on « hospital » et « fenestre » à la place de « hôpital » et « fenêtre » ?

Parce que les accents circonflexes n'existaient pas encore. L'orthographe a beaucoup évolué au cours des siècles. Au Moyen Âge, on écrivait les mots comme on les entendait. Il suffisait de pouvoir se relire. Puis, en 1539, François Ier fit du français la langue officielle pour les actes juridiques, à la place du latin. Des grammairiens réfléchirent alors à la bonne manière d'écrire les mots. C'est à cette époque que Robert Estienne et Jacobus Sylvius introduisirent en France les accents. Jusque-là, « aise » et « aisé » s'écrivaient de la même manière. Pour faciliter la lecture, des accents aigus furent mis sur les « e » qu'il fallait prononcer « é ». D'autres accents servirent à différencier les mots qui avaient plusieurs sens: « a » et « à », « la » et « là », « des » et « dès », « ou » et « où », « jeune » et « jeûne », « mur » et « mûr », « tache » et « tâche »... Plus tard, l'accent circonflexe marqua la suppression des lettres dans certains mots : « isle » devint « île », « feste » devint « fête », « hostel » devint « hôtel »... Ces changements se firent sur plusieurs siècles et se poursuivent aujourd'hui encore : ainsi, depuis quelques années, le mot « événement » peut s'écrire « évènement », en accord avec la façon dont il se prononce.

Jusqu'au milieu du XVIe siècle, la lettre « j » n'était presque jamais utilisée. Vrai ou faux ?

Vrai. La lettre « i » servait à écrire aussi bien le son « i » que « j » : « jurer » s'écrivait alors « iurer ». De même, à l'écrit, on ne faisait pas de différence entre les lettres « u » et « v ».

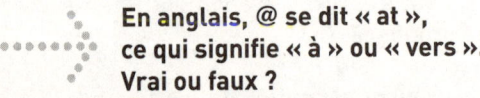

**D'où le petit signe @,
qui sert à écrire
les adresses mail, vient-il?**

L'arobase, qui symbolise aujourd'hui Internet et la modernité, a été créé au Moyen Âge, à une époque où l'imprimerie n'existait pas encore. Le « @ » serait né vers le VIᵉ siècle du mot latin *ad*, qui signifie « à » ou « vers ». Les moines qui recopiaient les livres auraient peu à peu enroulé le *d* autour du *a*. On retrouve ensuite la trace de ce signe au XIIᵉ siècle en Italie : les commerçants florentins l'employaient pour symboliser une unité de mesure, l'amphore. Pendant les siècles suivants, il est utilisé çà et là dans les écritures commerciales. Au XIXᵉ siècle, aux États-Unis, au lieu d'écrire « deux tables à 20 dollars », on note « 2 tables @ $ 20 ». Le symbole est alors tellement employé qu'il apparaît sur les premières machines à écrire. Puis, un siècle plus tard, sur les premiers claviers d'ordinateur. Pourtant, à l'époque, on ne l'utilise quasiment plus. « Un symbole qui ne sert plus à rien ? se dit Ray Tomlinson en 1971. Parfait, je vais pouvoir l'utiliser pour créer les adresses électroniques... » Ce qu'il fit, avec le succès qu'on sait !

**En anglais, @ se dit « at »,
ce qui signifie « à » ou « vers ».
Vrai ou faux ?**

Vrai. Les Russes, eux, le surnomment parfois le « petit chien », les Turcs l'« oreille », les Suédois le « bâton de cannelle », les Serbes le « a fou », les Danois la « trompe d'éléphant », les Néerlandais la « queue de singe » et les Français le « a escargot ».

> **www.marabout.com...**
> **Mais que signifient les lettres www ?**

L'ancêtre d'Internet est né dans les années 1960. À l'époque, les ordinateurs en sont à leurs balbutiements et les différents fabricants construisent des modèles incompatibles entre eux. Un projet, financé par l'Arpa (Advanced Research Project Agency), une agence de recherche du ministère américain de la Défense, est alors lancé : Arpanet. Il s'agit de faire communiquer entre eux les ordinateurs de différentes universités travaillant sous contrat militaire. En 1983, un millier de machines environ sont ainsi reliées. L'ouverture de ce réseau à un large public date quant à lui de 1990. Tim Berners-Lee, employé au Cern (Centre européen de recherche nucléaire), crée une application conviviale qui permet notamment de passer d'une page à une autre grâce à un lien hypertexte. Et puisque le réseau des ordinateurs connectés entre eux rappelle une toile d'araignée (*web*, en anglais), et que cette toile est grande comme le monde (*world wide*, en anglais), il baptise ce système *World Wide Web*, ou encore WWW.

D'où vient le mot Internet ?

Internet est formé de *inter* (entre, en latin), et de *net* (de *network*, réseau en anglais). Internet est un réseau informatique mondial utilisant le même protocole de communication. Le web, les e-mails et la messagerie instantanée sont des applications d'Internet.

Le « Y » est-il vraiment grec ?

L'écriture a été inventée vers 3500 avant J.-C. à Sumer (sur le territoire actuel de l'Irak). Des petits dessins représentaient alors des mots. L'alphabet est né deux mille ans plus tard, en Syrie. Des marchands phéniciens qui voulaient écrire rapidement les contrats inventèrent des signes dont chacun ne représentait plus un mot, mais un son. Ce système était plus simple car il nécessitait moins de signes. Plusieurs civilisations comprirent son intérêt et l'adaptèrent à leur propre langue : les Grecs en Grèce, les Étrusques dans le nord de l'Italie... Les Romains, lorsqu'ils vainquirent les Étrusques au IVe siècle avant J.-C., adoptèrent leur alphabet. Au IIIe siècle, l'alphabet latin comprenait dix-neuf lettres. Les Romains créèrent ensuite le G, un son inexistant en étrusque, à partir du C. Puis ils rajoutèrent en fin d'alphabet trois lettres grecques, X, Y, Z, destinées à écrire les mots de cette langue. Le Y est donc bien grec ! Au Ier siècle avant J.-C., l'alphabet latin était au complet, avec ses vingt-trois lettres : A, B, C, D, E, F, G, H, I, K, L, M, N, O, P, Q, R, S, T, V, X, Y, Z. Bien plus tard, le I a donné naissance au J, et le V au U et au W.

Pour écrire, les Chinois utilisent, comme nous, un alphabet. Vrai ou faux ?

Faux. L'écriture chinoise n'est pas alphabétique mais idéographique : chaque signe représente un mot. Comme il existe des milliers de mots, il faut des milliers de signes pour les écrire. Les apprendre par cœur nécessite un très long apprentissage.

> ## Qui a inventé l'alphabet braille ?

Louis Braille. Né en 1809, il était le fils d'un artisan. À l'âge de 3 ans, alors qu'il jouait avec une serpette dans l'atelier de son père, il se blessa à l'œil. L'infection atteignit rapidement l'autre œil. En moins d'un an, Louis devint complètement aveugle. Il fut alors admis dans une école pour aveugles et se révéla très doué. En 1819, l'officier Charles Barbier de la Serre présenta aux enfants un système qui permettait aux soldats de lire dans le noir. Il s'agissait de rangées formées de six points, plus ou moins en relief, qu'on lisait en passant le doigt dessus. Chaque ligne représentait un son. Louis Braille comprit tout de suite l'intérêt du système... et ses limites : ni accents, ni virgules, ni chiffres. À 20 ans, il proposa un nouveau système : les six points en reliefs n'étaient plus en ligne mais en domino et ne se traduisaient plus en sons mais en signes : ⠁ pour « A », ⠁ pour « 1 » et ⠢ pour « ? ». Plus tard, Braille devint professeur pour jeunes aveugles. Ses élèves adoptèrent immédiatement son génial alphabet, qui leur permettait enfin de lire.

 ### En dehors des livres, où trouve-t-on du braille ?

Des chiffres et des lettres en braille apparaissent de plus en plus sur certains distributeurs de billets, certains ascenseurs ou dans certaines grandes surfaces, pour les rendre accessibles aux aveugles.

Pourquoi y a-t-il un serpent sur le caducée, l'emblème des médecins et des pharmaciens ?

C'est vrai, ça : pourquoi des professions qui sauvent des vies sont-elles représentées par un animal qui peut tuer ? Pour le savoir, il faut remonter à la mythologie grecque. Un jour, Asclépios (Esculape pour les Romains) se promenait avec son bâton de pèlerin à la main. Soudain, il vit un serpent se diriger vers lui. Il tendit le bâton pour l'écarter mais le serpent s'enroula autour. Asclépios frappa le sol et assomma l'animal. Un second serpent apparut alors, tenant dans sa gueule une herbe qui ranima son congénère. C'est ainsi que, selon la légende, Asclépios comprit l'intérêt des plantes pour soigner les maladies. Aujourd'hui, le bâton d'Asclépios avec le serpent enroulé est le symbole des médecins (en latin, « bâton » se dit *caduceus*). Il est souvent surmonté d'un miroir, symbole de la prudence. Pour les pharmaciens, le bâton est remplacé par une coupe, celle avec laquelle Hygie, fille d'Asclépios et déesse de la Santé, abreuvait les serpents du temple d'Épidaure.

Avec le caducée, quel est l'autre emblème des pharmaciens ?

La croix verte est le second emblème des pharmaciens. À l'origine, la croix était rouge pour rappeler celle de la Croix-Rouge. En 1913, l'utilisation de ce symbole est devenue illégale pour éviter toute confusion. Les pharmaciens sont alors progressivement passés à la croix verte.

Pourquoi la Croix-Rouge a-t-elle pour symbole une croix rouge ?

Province de Mantoue, 24 juin 1859. Un féroce combat a lieu près du village italien de Solferino : l'armée de Napoléon III écrase celle des Autrichiens. Des milliers de soldats blessés agonisent sur le champ de bataille, faute de soins. Des appels au secours sont lancés, mais restent sans réponse. Henri Dunant, un citoyen suisse qui se trouve là par hasard, assiste au drame. Horrifié, il décide d'agir et, avec l'aide de villageois bénévoles, soigne les blessés des deux camps. Cet épisode bouleverse sa vie : quatre ans plus tard, il crée une organisation pour venir en aide aux victimes de guerre. Son emblème : une croix rouge sur fond blanc, l'inverse du drapeau suisse. En 1864, Henri Dunant organise une conférence internationale à Genève. Seize nations adoptent des règles définissant le sort des civils et des prisonniers de guerre. Aujourd'hui, la Croix-Rouge intervient également dans les pays en paix, par des actions de solidarité ou de secourisme.

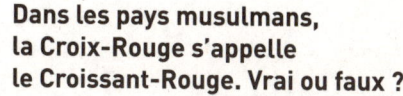

Dans les pays musulmans, la Croix-Rouge s'appelle le Croissant-Rouge. Vrai ou faux ?

Vrai. Bien que la Croix-Rouge soit non religieuse, son emblème, la croix, rappelle le christianisme. Pour que cela ne pose pas de problème dans les pays musulmans, l'organisation y est appelée Croissant-Rouge, le croissant étant le symbole de l'islam.

HISTOIRE ET GÉOGRAPHIE

Le Liberia. Jusqu'au xixᵉ siècle, des Africains furent transportés de force aux États-Unis pour y être faits esclaves. Parfois, certains esclaves méritants étaient libérés par leurs maîtres. Mais on ne leur laissait pas la chance de s'intégrer dans la société américaine. En 1822, une association philanthropique eut une idée : proposer à ceux qui le souhaitaient de retourner en Afrique. Une colonie fut créée dans l'Ouest du continent, le Liberia, et plusieurs milliers de Noirs américains s'y rendirent. En 1847, le Liberia devint un pays indépendant, dont le pouvoir revint aux descendants d'esclaves. Mais l'histoire tourna mal : les Américano-Libériens, dont les ancêtres avaient été opprimés aux États-Unis, devinrent à leur tour des oppresseurs : ils obligèrent les Africains à travailler dans d'effroyables conditions, généralement pour le compte de fabricants américains de caoutchouc. En 1936, le travail forcé fut interdit mais les Américano-Libériens s'accrochèrent au pouvoir jusqu'en 1980. Aujourd'hui, le Liberia est un pays très pauvre, ravagé par la guerre civile.

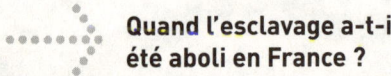

Quand l'esclavage a-t-il été aboli en France ?

Au milieu du xviiᵉ siècle, Louis XIII a autorisé la traite des Noirs et l'esclavage afin de fournir de la main-d'œuvre gratuite aux îles françaises des Antilles : la Guadeloupe, la Martinique, Haïti... L'esclavage n'a été aboli en France qu'en 1848.

> **Le drapeau des États-Unis comporte treize bandes rouges et blanches et cinquante étoiles. À quoi correspondent-elles ?**

Avant leur indépendance, les États-Unis appartenaient à la Grande-Bretagne. Ils étaient formés de treize colonies : Virginie, New Jersey, Massachusetts, Pennsylvanie... Le drapeau était alors composé de treize bandes rouges et blanches, une par colonie, avec dans le coin supérieur gauche le drapeau britannique, pour rappeler à qui appartenaient ces colonies. À partir de 1776, les Américains ont entamé une guerre pour leur indépendance. Lorsqu'ils l'ont obtenue, chaque colonie est devenue un État. L'ensemble a été appelé les « États-Unis d'Amérique ». Et, bien sûr, le drapeau a été modifié. Les treize bandes rouges et blanches sont restées mais le drapeau britannique a disparu : à la place, on a mis treize étoiles blanches, une par État. Par la suite, avec la conquête de l'Ouest, les États-Unis se sont agrandis et de nouveaux États ont été créés : Vermont et Kentucky en 1795, Tennessee, Ohio, Louisiane, Indiana, Mississippi en 1818... Chaque fois, le drapeau s'est enrichi de nouvelles étoiles. Les deux dernières ont été rajoutées en 1959 et 1960, lorsque l'Alaska puis Hawaii sont devenus des États. Aujourd'hui, le drapeau en compte cinquante, une par État.

Sur le drapeau européen, les douze étoiles représentent chacune un pays. Vrai ou faux ?

Faux. Depuis sa création, en 1955, le drapeau européen a toujours eu douze étoiles. Elles symbolisent non pas les pays mais l'harmonie entre les peuples.

L'espagnol est la langue officielle de tous les grands pays d'Amérique latine, sauf un. Lequel et pourquoi ?

Au Brésil, on ne parle pas espagnol mais portugais. C'est le résultat d'un partage du monde qui a eu lieu il y a cinq cents ans. À la fin du XVe siècle, en Europe, deux pays dominaient les océans : l'Espagne et le Portugal. Leur but était de se rendre en Inde par la mer pour y faire le commerce des tissus et des pierres précieuses. Parti vers l'est en 1487, le Portugais Bartolomeu Dias fut le premier à atteindre le Sud de l'Afrique. Parti vers l'ouest cinq ans plus tard, Christophe Colomb découvrit l'Amérique pour le compte des Espagnols. Plutôt que de se battre les uns contre les autres, Espagnols et Portugais se partagèrent le monde. En 1494, au traité de Tordesillas, ils tracèrent sur une carte un trait vertical au milieu de l'océan Atlantique : désormais, toutes les terres découvertes à gauche de ce trait seraient espagnoles ; à droite portugaises. De ce fait, l'Amérique devenait espagnole. Mais six ans plus tard, le Portugais Pedro Cabral, poussé par des courants marins, découvrit une terre inconnue au sud de l'Atlantique : le Brésil. Bien qu'elle fasse partie du continent américain, elle débordait à droite de la fameuse ligne de démarcation. Elle revint donc aux Portugais.

 **Quelle est la capitale du Brésil : Brasilia, Rio de Janeiro ou São Paolo ?**

Depuis 1960, Brasilia est la capitale du Brésil. Elle a été construite de toutes pièces entre 1955 et 1960, dans une région désertique au centre du pays. Auparavant, la capitale était Rio de Janeiro.

C'est l'histoire d'une injustice en trois parties. Première partie : en 1492, Christophe Colomb quitte l'Europe en caravelle vers l'ouest. Il traverse l'océan Atlantique et atteint les îles des Antilles. Mais il est alors convaincu d'être en Asie, près du Japon ou de l'Inde, il ne sait pas trop. De retour en Espagne, il se lie d'amitié avec un compatriote italien, Amerigo Vespucci. Deuxième partie : Amerigo Vespucci prend lui aussi part à des expéditions vers l'ouest. On ignore combien : il semble qu'il ait inventé certains de ses voyages. Toujours est-il qu'il écrit de longues lettres où il dit avoir posé le pied sur un nouveau continent. Troisième partie : en 1507, dans la ville vosgienne de Saint-Dié, un cartographe s'apprête à publier un recueil des cartes du monde. Pour qu'elles soient le plus à jour possible, il cherche des informations sur les découvertes récentes et lit les lettres de Vespucci. Il dessine alors le nouveau continent et lui cherche un nom. Comme il en a découvert l'existence grâce à Amerigo Vespucci, il pense à Amerigo, Ameriga, America, Amérique ! Le nom sonne bien et il l'inscrit sur la carte. Le nouveau monde a un nom.

Les Indiens vivent-ils en Inde ou en Amérique ?

À l'origine, les Indiens étaient les habitants de l'Inde. Mais, lorsque Christophe Colomb a découvert l'Amérique, il a cru être arrivé aux Indes. Il a donc appelé « Indiens » les personnes qui vivaient là.

Depuis quand la France s'appelle-t-elle la France ?

Du temps des Romains, la région correspondant en gros à la France s'appelait la Gaule. Au ve siècle de notre ère, l'Empire romain s'effondra. La Gaule fut envahie par plusieurs peuples germains, venus de l'est : les Burgondes, les Vandales, les Wisigoths et, plus tard, les Francs, dont le nom viendrait du vieux norrois *Frekkr*, signifiant « hardi ». Malgré ces invasions barbares, la Gaule conserva son nom encore plusieurs siècles. Ce n'est qu'en 843, au traité de Verdun, qu'il fut remplacé par Francia occidentalis, pays des Francs occidentaux. Comme la France, plusieurs autres pays tiennent leur nom de l'un des peuples qui y vécut. Le peuple belge a donné son nom à la Belgique ; les Thaïs à la Thaïlande ; les Bechuanas au Botswana, les Maures à la Mauritanie, les Malayu à la Malaisie, les Mongols à la Mongolie et les Finnois à la Finlande. D'autres noms de pays ne dérivent pas du peuple tout entier, mais d'un homme important pour ce pays. « Chine » vient de Qin (prononcer « tsine ») Shi Huangdi, le nom du premier empereur.

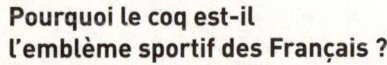

Pourquoi le coq est-il l'emblème sportif des Français ?

En latin, le mot *gallus* signifiait à la fois « gaulois » et « coq ». À la Renaissance, puis à la Révolution française, le coq gaulois est devenu petit à petit le symbole du peuple français. Pendant la Première Guerre mondiale, il représentait une France fière, courageuse et féconde, face à l'aigle prussien. Aujourd'hui, il est surtout un emblème pour la France sportive.

> **Dans quel département Napoléon Ier est-il né : Haute-Corse ou Corse-du-Sud ?**

Ni l'un ni l'autre : lorsque Napoléon est né, en 1769 à Ajaccio, les départements n'existaient pas encore. Ils ont été créés en 1790, après la Révolution française, afin de réaliser un nouveau quadrillage du pays. Plusieurs idées furent alors lancées. Un géographe proposa ainsi de diviser la France en 9 grands carrés, subdivisés chacun en 9 petits carrés, soit 81 départements en tout. On devait aussi pouvoir aller de n'importe quel point d'un département jusqu'à son chef-lieu en une journée de cheval ; d'où une taille maximale de 80 km. Finalement, un comité de découpage dessina les frontières de 83 départements, en respectant à peu près la géographie et l'histoire. Le nombre de départements varia sensiblement par la suite. Après les victoires de Napoléon à l'étranger, on en compta jusqu'à 134 : département du Simplon (en Suisse), du Tibre (en Italie), des Bouches-du-Rhin (aux Pays-Bas)... Aujourd'hui, il y a 101 départements français, dont 5 outre-mer.

Depuis leur création, certains départements ont changé de nom. Vrai ou faux ?

Vrai. Sept départements ont changé de nom : Mayenne-et-Loire (devenue Maine-et-Loire en 1791), Charente-Inférieure (Charente-Maritime en 1941), Loire-Inférieure (Loire-Atlantique en 1955), Seine-Inférieure (Seine-Maritime en 1957), Basses-Pyrénées (Pyrénées-Atlantiques en 1969), Basses-Alpes (Alpes-de-Haute-Provence en 1970) et Côtes-du-Nord (Côtes-d'Armor en 1990).

Quelle différence y a-t-il entre l'Angleterre, la Grande-Bretagne et le Royaume-Uni ?

Dans la vie de tous les jours, on ne fait pas vraiment la différence entre les trois. Il y en a pourtant une, une différence de taille ! Au départ, quatre pays se partageaient les îles Britanniques : l'Angleterre, l'Écosse, le pays de Galles et l'Irlande. Au fil des siècles, ces nations ont été rassemblées pour former des ensembles plus grands. Ainsi, au XVIe siècle, le pays de Galles a-t-il été incorporé à l'Angleterre. Puis, au XVIIe siècle, lorsque le roi d'Écosse est devenu roi d'Angleterre, il a associé ces deux pays. La Grande-Bretagne est l'ensemble formé par ces trois nations : Angleterre, Écosse et pays de Galles. Mais, en 1800, un ensemble encore plus grand fut créé de force avec l'Irlande voisine : on le baptisa Royaume-Uni de Grande-Bretagne et d'Irlande. L'ultime étape de cette histoire date de 1921, lorsque la partie sud de l'Irlande est redevenue indépendante. Aujourd'hui, deux pays cohabitent donc sur les îles Britanniques : l'Irlande du Sud, ou Eire, et le Royaume-Uni de Grande-Bretagne et d'Irlande du Nord.

Quel est le nom du drapeau du Royaume-Uni ?

L'Union Jack. Ce drapeau bleu avec les croix rouges et blanches est le résultat de la superposition des drapeaux anglais (croix rouge sur fond blanc), écossais (croix blanche penchée sur fond bleu) et irlandais (croix rouge penchée sur fond blanc).

Sur les timbres du Royaume-Uni, aucun nom de pays n'est inscrit. Privilège du pays inventeur du timbre-poste ! Avant 1840, c'était le destinataire d'une lettre qui, lorsque le facteur la lui remettait, payait le transport. Le coût élevé dépendait du poids de la lettre et de la distance parcourue. Un jour, dans une auberge, l'Écossais Rowland Hill observa une curieuse scène : le facteur apporta une lettre à une servante, celle-ci regarda attentivement l'enveloppe, puis répondit qu'elle ne pouvait pas payer. Rowland Hill proposa de le faire à sa place, mais elle refusa. En l'interrogeant, il en comprit la raison : l'auteur de la lettre, le fiancé de la servante, inscrivait des signes secrets sur l'enveloppe. La servante les regardait et savait si son fiancé allait bien, sans avoir rien à payer ! Pour empêcher cette fraude, Hill proposa en 1840 que les frais postaux soient désormais à la charge de l'expéditeur et ne dépendent plus de la distance. Un petit bout de papier à l'effigie de la reine Victoria, collé sur l'enveloppe puis tamponné, prouverait que le transport avait bien été payé. Le timbre était né.

 **Comment appelle-t-on un collectionneur de timbres ?**

Un philatéliste. Le timbre le plus rare a été émis en Guyane britannique en avril 1859. Il n'en reste qu'un seul exemplaire au monde. Un philatéliste américain l'a acheté en 1980 pour 850 000 $ (643 500 €).

En 1850, lorsqu'il était 12 heures à Strasbourg, quelle heure était-il à Brest : 11 h 10, 12 heures ou 12 h 50 ?

Il était 11 h 10. Jusqu'au XIXᵉ siècle, chaque ville de France avait sa propre heure. Elle dépendait du Soleil : midi est en effet, par définition, l'instant de la journée où le Soleil est le plus haut dans le ciel. Mais puisque le Soleil se lève à l'est et que Strasbourg se trouve plus à l'est que Brest, il était midi à Strasbourg avant qu'il ne soit midi à Brest, cinquante minutes plus tôt, pour être précis. Il y avait donc un décalage horaire entre les villes de France, mais ce n'était pas gênant : comme le téléphone, la radio et la télévision n'existaient pas encore, les Français ne se rendaient même pas compte qu'ils n'avaient pas tous la même heure. À la fin du XIXᵉ siècle, un nouveau moyen de transport bouleversa ce système : les trains. Pour qu'ils partent et arrivent à l'heure, il fallait une heure unique dans toutes les gares de France. En 1891, il fut décidé que toutes les villes se mettraient à l'heure de Paris. Puis, en 1911, la France retarda son heure légale de 9 minutes et 21 secondes pour l'accorder avec celle des pays voisins.

Aujourd'hui, sur quel méridien le temps universel s'aligne-t-il ?

Sur le méridien de Greenwich. Depuis 1887, la Terre est divisée en vingt-quatre fuseaux horaires. Il est midi en temps universel lorsque le Soleil passe au plus haut au-dessus de l'observatoire royal de Greenwich, près de Londres.

> **Dans certains pays,
> le 5 octobre 1582
> n'a jamais existé. Pourquoi ?**

En Espagne, en Italie et au Portugal, le jeudi 4 octobre 1582 fut suivi du vendredi... 15 octobre 1582 ! À cette date, il y eut un rattrapage de calendrier. Jusque-là, dans les pays occidentaux, on utilisait le calendrier créé sous Jules César (calendrier julien). On considérait que l'année comptait 365,25 jours : 365 jours pendant trois ans, 366 jours la quatrième année. Le problème, c'est qu'en réalité la Terre ne met pas 365,25 jours mais 365,242 jours pour faire le tour du Soleil. Chaque année, on prenait un retard de 11 minutes sur le Soleil. Cela peut paraître négligeable ; mais, en seize siècles, ces minutes accumulées avaient atteint une dizaine de jours. En 1582, le jour le plus long de l'année, qui tombe théoriquement le 21 juin, tombait le 11 juin. Pour y remédier, le pape Grégoire XIII décida la création d'un nouveau calendrier (le calendrier grégorien). Et, pour rattraper le retard, on passa directement du jeudi 4 au vendredi 15 octobre 1582. Dans certains pays non catholiques, on mit du temps à appliquer la réforme papale : le décalage subsista en Allemagne protestante jusqu'en 1700, en Russie jusqu'en 1918 et en Grèce jusqu'en 1923.

**Pourquoi le savant anglais
Isaac Newton est-il né à la fois
en 1642 et en 1643 ?**

Les Anglais n'ont adopté le calendrier grégorien qu'en 1752. À la naissance de Newton, ils avaient donc un décalage d'une dizaine de jours avec l'Europe. Pour les Anglais, Newton est né le 25 décembre 1642. Pour les Français, le 4 janvier 1643...

La minute de silence est née en Grande-Bretagne, à l'occasion du premier anniversaire de la fin de la Première Guerre mondiale. Reprenant l'idée du journaliste australien George Honey, le roi George V décida que le 11 novembre 1919, à 11 heures, une période de recueillement serait consacrée aux victimes de la guerre : dans les usines, les magasins et même les rues de l'Empire britannique, toutes les activités cesseraient pendant une certaine durée. Laquelle ? Au départ, ce devait être cinq minutes. Mais comme c'était un peu long, le roi trancha pour deux minutes. Depuis, chaque pays a adopté cette idée et en a adapté la durée. Les pays anglo-saxons sont restés à deux minutes. En France, la minute de silence dure généralement… une minute. Mais cela dépend également de l'événement à commémorer : après les attentats du 11 septembre 2001 à New York et le raz-de-marée du 26 décembre 2004 en Asie, trois minutes de silence ont été respectées un peu partout dans le monde.

En quoi consiste le morceau de musique intitulé 4'33" ?

Il s'agit d'un long silence de 4 minutes et 33 secondes. L'Américain John Cage l'a composé pour témoigner de l'importance qu'il accordait au silence. Il a été interprété pour la première fois le 29 août 1952 dans une salle de concert de Woodstock : le pianiste David Tudor a simplement posé les mains sur le clavier de son instrument. Le morceau a par la suite été enregistré sur des disques et, en janvier 2004, diffusé à la radio britannique BBC, « joué » par un orchestre symphonique.

> ## Qui décide qu'une chanson devient un hymne national ?

« Allons enfants de la patriiieeu !... » Les hymnes nationaux, tels qu'on les entend lors des remises de médailles aux Jeux olympiques, sont assez récents. À partir de la fin du XVIIIe siècle, lorsque les États modernes sont apparus en Europe, les pays ont dû se choisir des drapeaux, des devises et des hymnes. En 1795, le France a choisi la *Marseillaise*, hymne patriotique créé trois années plus tôt. De nombreux pays se sont contentés d'adapter des paroles récentes sur une musique plus ancienne. C'est le cas de la Suisse : jusqu'en 1961, l'hymne était un poème intitulé « Ô Monts indépendants » qui se chantait sur l'air de... *God Save the Queen*, l'hymne britannique. Comme cela posait des problèmes diplomatiques, l'hymne helvétique a depuis été changé. Dans certains pays, la musique a été composée spécialement pour l'occasion : ainsi, le 11 juin 1852, une réunion avec les États-Unis et le Royaume-Uni devait se tenir au Costa Rica. Trois jours plus tôt, le président costaricain réalisa que son pays n'avait pas d'hymne. Il demanda au directeur de l'orchestre de l'armée d'en composer un sur-le-champ. Ce qu'il fit. Cinquante ans plus tard, un concours national fut lancé pour lui trouver des paroles.

Quel hymne change de paroles en fonction de la personne à la tête du pays ?

L'hymne britannique *God Save the Queen* (Dieu sauve la Reine) devient *God Save the King* (Dieu sauve le roi) lorsque le souverain est un homme.

**Dans quelle ville
La Marseillaise
a-t-elle été créée ?**

La Marseillaise n'a pas été composée à Marseille mais à Strasbourg, le 24 avril 1792. Quatre jours plus tôt, la France avait déclaré la guerre à l'Autriche. Les soldats en garnison dans l'est de la France étaient donc en alerte. Le 24 au soir, le maire de Strasbourg reçut chez lui plusieurs officiers français. Parmi eux, Claude-Joseph Rouget de Lisle, un capitaine qui composait des mélodies pour son plaisir. Le maire lui demanda d'écrire la musique d'un hymne de guerre. Le lendemain matin à 10 heures, Rouget de Lisle se mit au clavecin et interpréta le *Chant de guerre pour l'armée du Rhin*. Cet air connut un vif succès et, en juin 1792, fut joué à Marseille. Un mois plus tard, des volontaires de cette ville vinrent à Paris et l'entonnèrent à leur entrée dans la capitale. Les Parisiens, entendant l'air chanté par des Marseillais, le baptisèrent naturellement *Marseillaise*. Le 14 juillet 1795, il fut déclaré hymne national.

 **À quoi correspondent les trois couleurs
du drapeau français ?**

Le drapeau tricolore a été créé à la Révolution française : on y inséra le blanc, couleur du roi, aux antiques couleurs de la ville de Paris, le bleu et le rouge. D'abord rouge-blanc-bleu, il a été transformé en 1794 en bleu-blanc-rouge, car, d'après le peintre David, c'était plus joli.

> **Quelle ville de France a donné son nom à un verbe signifiant « priver quelqu'un de son emploi », et pourquoi ?**

Août 1914 : l'Allemagne déclare la guerre à la France et envahit la Belgique. C'est le début de la Première Guerre mondiale. Les soldats français partent à la bataille la fleur au fusil, convaincus que le conflit sera très court. Mais les armées allemandes avancent inexorablement sur la France, obligeant les armées alliées à un repli. En septembre 1914, les Allemands ne sont qu'à 44 kilomètres de Paris. Le commandant en chef français, Joseph Joffre, change alors de tactique. Il commence par se séparer de 162 généraux ou colonels jugés incompétents : pour cela, il leur trouve un poste dans des villes loin du front, notamment à Limoges. Puis le maréchal applique une idée du général Gallieni et ordonne à 1 100 taxis parisiens d'amener 5 000 soldats depuis Paris jusqu'à la ligne de front. L'avancée allemande est stoppée. L'épisode du renvoi à Limoges de généraux est à l'origine du verbe « limoger » : priver un officier ou un fonctionnaire de son emploi par un déplacement ou une mise à la retraite.

L'expression « être en grève » vient du nom d'une place de Paris. Vrai ou faux ?

Vrai. La place de Grève se trouvait autrefois devant l'hôtel de ville de Paris, près de la Seine. Au Moyen Âge, les ouvriers sans emploi s'y retrouvaient, dans l'espoir de trouver un travail temporaire au déchargement des bateaux. « Être en grève » signifiait alors être sans travail.

Autrefois, quelle ville avait pour spécialité la fabrication de cire de bougie ?

La ville de… Bougie. C'est d'ailleurs grâce à elle si les bougies s'appellent ainsi. Cette ville d'Algérie était tellement réputée pour sa cire qu'au lieu de dire « cire de chandelle », on disait « cire de Bougie ». Petit à petit, « bougie » est devenu un synonyme de « chandelle ». De la même manière, d'autres noms d'objets dérivent de celui de la ville dont ils sont originaires. En 1670, un carrosse à capote mobile a été conçu dans la ville allemande de Berlin. Aujourd'hui, une « berline » est une automobile à quatre portes. Au XVI\ :sup:`e` siècle, du cuir de chèvre souple et solide était importé de la ville espagnole de Cordoue. En France, ceux qui travaillaient le cuir de Cordoue étaient appelés « cordonniers ». Autrefois, la ville irakienne de Mossoul fabriquait des tissus légers en coton. Achetés par les marchands de Venise, ils étaient rapportés en Europe et vendus sous le nom de « mousseline ». Au Moyen Âge, la ville italienne de Faenza était connue pour ses poteries émaillées. Leur nom ? Des « faïences » ! Et, depuis le XIX\ :sup:`e` siècle, on fabrique dans la ville anglaise de Bristol du carton d'excellente qualité, le « bristol ».

Le mont Palatin est l'une des sept collines de Rome. Qu'est-ce que les aristocrates s'y faisaient construire ?

Dans l'Antiquité, l'empereur Auguste et les riches Romains se sont fait construire de somptueuses demeures sur le mont Palatin. Les demeures du Palatin ont été appelées des « palais ».

Les gondoles de Venise ont-elles toujours été noires ?

Ah ! Venise, ses canaux, ses petits ponts, ses palais richement décorés, ses églises, son carnaval et ses gondoles remplies d'amoureux ! Mais avant de charrier des hordes de touristes, ces longues barques aux extrémités relevées transportaient les Vénitiens, amoureux ou pas. C'était en quelque sorte leur voiture. Et, de même qu'aujourd'hui certains s'achètent une grosse auto pour montrer qu'ils sont très riches, les nobles de la Renaissance décoraient luxueusement leurs gondoles avec de l'or, de l'argent ou des soieries. Ils étaient même prêts à se ruiner pour cela. En 1562, comme ça devenait un peu n'importe quoi, un décret du sénat imposa une norme : désormais, toutes les gondoles seraient noires, mesureraient 10,75 m de long et 1,38 m de large. À l'avant, la proue décorée d'une sorte de peigne avec six dents représente les six quartiers de la ville. Mais le plus étonnant est la forme des gondoles : elles ne sont pas symétriques. Vues d'en haut, elles sont légèrement courbées comme une banane. Cela permet au gondolier d'aller tout droit avec un seul aviron.

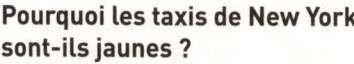

Pourquoi les taxis de New York sont-ils jaunes ?

Au début du XXe siècle, l'Américain John Hertz fonda une société de taxis. Comme il avait lu dans une étude de l'université de Chicago que la couleur jaune était la plus facilement repérable de loin, il les peignit de cette couleur et baptisa son entreprise la Yellow Cab Company, la compagnie des taxis jaunes.

Autrefois, la ville d'Alexandrie, fondée en Égypte par Alexandre le Grand, avait un gros problème : son approche était difficile pour les navigateurs. En l'an 300 avant J.-C., il fut donc décidé de bâtir sur la presqu'île voisine de Pharos une immense tour afin de guider les bateaux. Sa construction dura plusieurs dizaines d'années mais le résultat fut à la hauteur des attentes. S'élevant à plus de 120 m, elle était l'une des plus hautes constructions humaines de l'époque. À son sommet, un feu brûlait en permanence, visible la nuit à 50 km de distance. À l'intérieur de la tour, une rampe inclinée permettait à des ânes de grimper jusqu'au sommet pour monter le combustible. Ce monument était tellement impressionnant qu'il fut classé parmi les sept merveilles du monde. Il resta debout pendant 1 600 ans mais ne résista pas aux multiples tremblements de terre qui frappèrent Alexandrie au Moyen Âge : il s'écroula en l'an 1303. Aujourd'hui, il n'en reste rien, si ce n'est quelques fragments retrouvés dans la mer et, bien sûr, un nom : le mot « phare » est un hommage à la tour de la presqu'île de Pharos.

Dans l'Antiquité, quelle était l'autre grande merveille d'Alexandrie ?

Sa Bibliothèque. Fondée au IIIe siècle av. J.-C., elle a compté jusqu'à 700 000 volumes. Tous les navires qui faisaient escale dans le port devaient remettre tous les livres en leur possession, qui étaient immédiatement recopiés puis rendus. Des incendies l'ont détruite en 47 av. J.-C. puis en 642.

Qui a découvert la grotte préhistorique de Lascaux ?

Un chien. Le 12 septembre 1940, quatre adolescents de la commune de Montignac, en Dordogne, se baladent dans la campagne avec leur chien. Soudain, l'animal disparaît. Les jeunes gens le cherchent, le sifflent, puis découvrent un trou étroit au pied d'un arbre fraîchement déraciné lors d'un orage. Le chien s'y est engouffré. Marcel Ravidat, Jacques Marsal, Georges Agnel et Simon Coencas découvrent une grotte. Ils préviennent aussitôt leur ancien instituteur, Léon Laval. Quelques jours plus tard, l'abbé Breuil est le premier spécialiste à visiter la grotte : il confirme l'authenticité de la merveilleuse découverte. Composée de deux grandes salles et de galeries plus ou moins larges, elle est ornée de 1 500 gravures et 600 dessins en jaune, rouge et noir : des taureaux, des chevaux, des cerfs, des bouquetins, des félins, un renne, un ours et même un rhinocéros… Sur le sol, des outils en silex et en os, des charbons et des colorants ayant servi à peindre. Les dessins ont été réalisés par des hommes de Cro-Magnon il y a 17 000 ans. C'est une découverte absolument fabuleuse. Alors qu'est-ce qu'on dit pour cette trouvaille ? Merci mon chien !

La grotte de Lascaux se visite. Vrai ou faux ?

Vrai et faux ! En 1963, l'afflux de touristes a mis les fresques en péril : l'humidité de la respiration et le gaz carbonique les ont détériorées. Pour les protéger, la grotte a été fermée au public. Une copie conforme, grandeur nature, a été ouverte à côté, pour les visites.

PERSONNAGES CÉLÈBRES

Cro-Magnon est le nom d'un lieu situé près des Eyzies-de-Tayac, en Dordogne. En 1868, lors de la construction de la ligne de chemin de fer Périgueux-Agen, des terrassiers y mirent au jour un abri bouché par un éboulement. À l'intérieur, ils découvrirent cinq squelettes humains soigneusement enterrés avec des coquillages percés. L'un des cinq correspondait à un homme de 1,80 m et d'une cinquantaine d'années, qui fut baptisé le « vieillard de Cro-Magnon ». Les hommes de Cro-Magnon vivaient là il y a environ 30 000 ans. À l'époque, une autre forme d'homme préhistorique vivait en Europe : les néandertaliens, dont un crâne a été retrouvé en 1856 dans la vallée de Neandertal, en Allemagne. Plus petit que Cro-Magnon, Neandertal avait une tête aplatie avec une puissante mâchoire sans menton. Il y a environ 30 000 ans, l'homme de Neandertal a complètement disparu, sans qu'on sache pourquoi. Seul Cro-Magnon a survécu en Europe et a eu une descendance : nous !

 **Pour se nourrir, l'homme de Cro-Magnon chassait de petits dinosaures. Vrai ou faux ?**

Faux, bien sûr ! Les dinosaures ont disparu 60 millions d'années avant que l'homme n'apparaisse sur Terre. Hommes et dinosaures n'ont donc jamais coexisté.

> **Jules César est-il né
> par césarienne ?**

Contrairement à ce qu'on croit souvent, Jules César n'est pas né par césarienne. Cette opération chirurgicale, qui consiste à ouvrir le ventre d'une maman pour en extraire un bébé, existait déjà du temps du célèbre général romain. Mais, à l'époque, la chirurgie n'était pas très développée. Aucune mère n'aurait survécu à cette opération. Les médecins ne l'effectuaient que sur des femmes déjà décédées afin de sauver le bébé qu'elles attendaient. Or, les historiens savent avec certitude que la maman de Jules César est restée en vie bien des années après la naissance de son fils. Le petit Jules n'a donc pas pu naître par césarienne. Le mot « césarienne » ne vient pas de son nom, mais du latin *caesare*, qui signifie « couper ». Aujourd'hui, les césariennes se font sur des femmes en vie, lorsque l'enfant est trop gros ou mal positionné, s'il souffre, ou si l'accouchement se déroule anormalement et qu'il y a danger pour la vie de la mère ou du bébé. Près d'un bébé sur cinq naît par césarienne.

 **Que désignent le mot russe « Tsar »
et l'allemand « Kaiser » ?**

« Tsar », en russe, et « Kaiser », en allemand, veulent dire « empereur ». Ces deux mots dérivent de César. C'est d'ailleurs assez étonnant car, si Jules César a été un général, un homme d'État et de lettres, jamais il n'a été sacré empereur.

Lorsqu'en mars 1759 le sieur Étienne de Silhouette devint contrôleur général des Finances, l'équivalent de notre ministre des Finances, il ne se doutait pas de l'étonnant destin qu'allait connaître son nom de famille. À l'époque, le Royaume de France était dans une situation économique désastreuse : l'État dépensait trop. Pour faire des économies, Étienne de Silhouette prit des mesures drastiques : il taxa les terres des nobles, s'attaqua aux privilèges et demanda à la Cour de diminuer ses dépenses. Le résultat fut immédiat : il devint si impopulaire que neuf mois seulement après sa nomination, il fut remplacé. Mais l'histoire ne s'arrêta pas là : ses ennemis continuèrent à s'acharner sur lui. « À la Silhouette » devint synonyme de « pas cher », « à la va-vite » ou encore « inefficace »... On parla ainsi d'« économies à la Silhouette » pour des économies de bouts de chandelle, d'« habits à la Silhouette » pour des habits mal découpés, de « portraits à la Silhouette » pour des dessins réduits à quelques traits. Peu à peu, « silhouette » désigna un portrait de profil découpé dans du carton noir, puis l'allure générale d'une personne.

Quel était le métier de Bertrand-François Barrême, inventeur des barèmes ?

Au XVIIe siècle, le mathématicien Bertrand-François Barrême a mis au point des tableaux de chiffres qui permettaient de convertir facilement une somme d'argent d'une monnaie vers une autre. Ces tableaux ont été appelés « barrêmes », puis « barèmes ».

> **Qui est la première personne au monde à avoir été boycottée ?**

C'est M. Boycott ! L'histoire s'est déroulée en Irlande à l'automne 1880. Un capitaine anglais à la retraite, Charles Boycott, s'était installé sur les terres du comté d'Erne. De nombreux paysans cultivaient ces terres moyennant un loyer. Le travail de l'Anglais consistait notamment à prélever ces loyers. Mais, à l'époque, l'Irlande était un pays très pauvre, souvent frappé par les famines. Un syndicat paysan demanda donc aux propriétaires de baisser un peu leurs loyers pour assurer un meilleur niveau de vie aux agriculteurs. Charles Boycott refusa. Comme son attitude risquait d'inciter d'autres à faire pareil, le syndicat paysan décida de faire pression sur lui. Elle fit passer le mot de ne plus louer ses terres ni acheter ses produits. Complètement isolé, mis en quarantaine, Boycott n'eut d'autre choix que de quitter la région. Son histoire fit rapidement le tour de l'Europe et le mot boycott prit le sens de « cesser toute relation avec une personne ou un groupe, afin d'exercer une pression, ou par vengeance ».

 **En 1980, qu'ont boycotté les États-Unis : le vin français, les Jeux olympiques ou les élections présidentielles mexicaines ?**

Lors de l'invasion de l'Afghanistan par les troupes soviétiques, les Américains ont boycotté les Jeux olympiques qui se déroulaient à Moscou en 1980. Aucun athlète américain n'y a participé.

Le bon roi Dagobert a-t-il vraiment mis sa culotte à l'envers ?

Dagobert et son conseiller saint Éloi ont réellement existé : ils ont vécu au VIIe siècle. Mais ce roi de France n'a sans doute jamais mis sa culotte à l'envers... Les paroles de la chanson ont été écrites bien plus tard, vers 1790, juste après la Révolution française : le but était de ridiculiser les rois et la royauté. Et cela a bien fonctionné, puisque Dagobert passe aujourd'hui encore pour un parfait imbécile ! Un peu plus tôt, une autre comptine très connue avait déjà été écrite pour dénigrer l'ennemi : *Malbrough s'en va en guerre*. Elle raconte l'enterrement dudit Malbrough sur le champ de bataille. Pourtant, mironton mironton mirontaine !, l'histoire ne s'est pas passée ainsi. Si le général britannique John Churchill de Marlborough a bien participé à la bataille de Malplaquet le 11 septembre 1709, s'il a perdu cette bataille contre les Français malgré une armée plus imposante, s'il a été blessé ce jour-là, il n'est pas mort sur le champ de bataille. L'auteur français de la chanson l'a imaginé pour se moquer de l'adversaire. En réalité, Marlborough est mort chez lui d'une attaque cérébrale treize ans plus tard, à l'âge de soixante-douze ans...

 **« Au clair de la lune, mon ami Pierrot, prête-moi ta... » Ta quoi ?**

Ta plume ? C'est en effet ce qu'on apprend aux enfants. Mais il semblerait que, dans la version originale, il s'agissait de la « lume », autrement dit la lumière. Sous cet éclairage, la chanson prendrait alors tout son sens.

Dracula est le nom d'un roman de l'écrivain irlandais Bram Stoker. Publié en 1897, il raconte l'histoire de Jonathan Harker, un clerc de notaire anglais envoyé en Transylvanie, une région de Roumanie, pour y finaliser l'achat d'une maison avec le comte Dracula. Là, le jeune homme découvre des choses étranges : le comte est en réalité un vampire, c'est-à-dire un mort qui sort de son tombeau pour sucer le sang des vivants... Pour forger le nom « Dracula », l'écrivain Bram Stoker s'est plongé dans l'histoire vraie de la Roumanie. Au XVe siècle, un prince a marqué les esprits par sa réputation d'homme sanguinaire et cruel. Il s'appelait Vlad Draculea – Draculea signifie « fils de Dracul », « fils du Dragon », car son père était chevalier de cet ordre. Plus tard, il s'est aussi vu affublé du surnom de Vlad Tepes, « Vlad l'Empaleur » : pour effrayer les ennemis, il avait en effet la fâcheuse manie de planter des pieux dans le corps des morts. Cette réputation dut plaire à Bram Stoker, qui garda le nom Dracula et lui accola une histoire inventée, celle du vampire.

   **Certaines chauves-souris
boivent du sang. Vrai ou faux ?**

Vrai. En général, les chauves-souris se nourrissent d'insectes ou de fruits. Mais certaines espèces d'Amérique du Sud boivent uniquement du sang. De très petite taille, elles se posent sur leur proie, cherchent un endroit peu poilu, incisent un coin de peau avec leurs dents et lapent le sang. Leur nom ? Des vampires, bien sûr !

Tarzan, d'Artagnan et le roi Arthur ont-ils existé ?

Certains héros de roman sont tellement humains, leurs aventures tellement connues, qu'on a l'impression qu'ils ont existé dans la vraie vie. Qu'en est-il ? Il est parfois possible de donner une réponse définitive à cette question existentielle. Non, Tarzan n'a jamais volé de liane en liane en criant « Ooooioioooo !... » : créé en 1912, il est sorti de l'imagination de l'Américain Edgar Burroughs. Non, Sherlock Holmes n'a jamais résolu aucune énigme policière ; sauf dans les romans de l'Anglais Conan Doyle, publiés à partir de 1887. À l'inverse, oui, d'Artagnan a vécu au XVIIe siècle et il était membre du régiment des mousquetaires ; mais on sait très peu de choses de lui et Alexandre Dumas a beaucoup romancé pour écrire *Les Trois Mousquetaires*. Oui, Cyrano de Bergerac est un homme de lettres du XVIIe siècle ; même si l'image qu'on en garde est celle laissée par une comédie d'Edmond Rostand. Enfin, pour les histoires les plus anciennes, il est parfois difficile de trancher. Cependant, les héros du Moyen Âge comme le roi Arthur, Robin des Bois ou Guillaume Tell semblent bien plus légendaires qu'historiques.

Jésus a-t-il existé ?

Pour une majorité d'historiens, il a bien existé en Palestine au début de notre ère un prêcheur appelé Jésus, qui est mort crucifié. Quant à savoir s'il a été le Messie et s'il est ressuscité, cela ne relève pas du domaine des historiens mais de celui de la foi.

La petite fille de l'histoire, non ; celle à l'origine de l'histoire, oui. Alice Liddell naît le 4 mai 1852 en Angleterre. Un jour d'été, alors qu'elle a 10 ans, elle fait une balade en bateau avec ses sœurs Edith et Lorina ainsi que les révérends Robinson Duckworth et Charles Dodgson. « Racontez-moi une histoire ! », demande-t-elle à Dodgson. Celui-ci, qui est professeur de mathématiques, a beaucoup d'imagination. Il invente l'histoire d'une petite fille, une petite Alice, justement, qui s'ennuie dans le jardin de ses parents. Un lapin blanc vêtu d'une redingote passe par là en marmonnant : « Je suis en retard ! je suis en retard ! » Sans se poser de questions, Alice le suit dans son terrier et vit plein d'aventures absurdes en compagnie de personnages loufoques comme la Reine de Cœur ou le Lièvre de Mars. Une fois la balade en barque finie, Alice Liddell demande à Charles Dodgson de mettre son histoire par écrit. Deux ans plus tard, il lui offre pour Noël un cahier avec les *Aventures d'Alice sous Terre*. Le texte plaît tant que Dodgson le retravaille en vue d'une publication. Pour cela, il change son nom d'auteur en Lewis Carroll et le titre de l'histoire en *Alice au pays des merveilles*.

 **Lewis Carroll a écrit une suite à Alice au pays des merveilles. Vrai ou faux ?**

Vrai. Ça s'appelle *De l'autre côté du miroir*. Après s'être endormie, Alice passe de l'autre côté d'un miroir et vit de nouvelles aventures. *Alice au pays des merveilles*, le dessin animé de Disney de 1951, mêle les deux histoires.

Avant d'être un agent secret, qui était James Bond ?

James Bond, le héros de nombreux livres et films d'espionnage, a été créé par l'écrivain anglais Ian Fleming. Né en 1908, ce dernier commence sa carrière comme journaliste. Pendant la Seconde Guerre mondiale, il effectue plusieurs missions pour le renseignement britannique et suit même des cours dans une école d'instruction pour agents secrets au Canada. Il y apprend de nombreux trucs dont il se servira plus tard dans ses romans. Mais ses missions consistent plus à remplir de la paperasserie qu'à zigouiller des méchants et à embrasser de jolies nanas. Fleming dit avoir créé James Bond pour se remettre de son mariage : en janvier 1952, alors qu'il passe ses vacances à la Jamaïque, dans sa villa de Goldeneye – tiens ! le titre d'un futur livre – il invente l'espion qu'il aurait aimé être, intrépide et séducteur. Il lui cherche alors un nom. Il regarde autour de lui et trouve un livre sur les oiseaux des Antilles écrit par un certain James Bond. Le nom sonne bien et est facile à retenir : adopté ! Il va sans dire que par la suite, avec le succès des livres et des films, la vie du vrai James Bond en a été changée. Jusqu'à sa mort en 1989, l'ornithologue a souvent suscité la surprise en se présentant : « Je m'appelle Bond, James Bond. » C'est cela, oui, et moi je suis le pape ? !

 **Pourquoi James Bond a-t-il pour matricule 007 et pas tout simplement 7 ?**

Le « 00 » ajouté au matricule de James Bond par le gouvernement britannique signifie qu'il a le droit de tuer au cours de ses missions.

Les trois, mais pas avec la même réussite. Né dans l'île de la Réunion en 1888, Roland Garros attrape une pneumonie dès l'enfance. Suivant les conseils des médecins, il fait beaucoup de sport : football, course à pied, cyclisme – il est champion de France en 1906. Il s'initie également au tennis, mais n'y excelle pas. Dès 1908, il se passionne pour l'aviation, gagne plusieurs courses et, en 1913, devient célèbre en réalisant la première traversée de la Méditerranée en avion. Pendant la Première Guerre mondiale, il devient pilote de chasse et abat plusieurs appareils allemands. Il invente même un système permettant à une mitrailleuse de tirer entre les pales d'une hélice. Mais son avion est abattu et Roland Garros fait prisonnier. Il s'échappe et s'engage à nouveau dans l'aviation française. Deux mois avant l'armistice, la veille de ses trente ans, il décède dans un ultime combat aérien. Dix ans plus tard, ses amis se souviendront de lui en proposant son nom pour le futur stade devant accueillir la finale de la coupe Davis. C'est ainsi qu'est né le stade Roland-Garros.

**Qui était René Lacoste :
un tennisman, un inventeur
ou un aviateur ?**

Un tennisman et un inventeur. Surnommé le Crocodile, il remporte dans les années 1920 plusieurs tournois du grand chelem. Dans les années 1930, il crée les chemises Lacoste, avec un crocodile pour logo, et la première raquette de tennis avec un cadre en métal.

> **Pourquoi les frères Montgolfier, inventeurs de la montgolfière, n'ont-ils pas été les premiers hommes à s'envoler dans les airs ?**

A priori, rien ne prédisposait Joseph et Étienne Montgolfier à devenir, au XVIIIe siècle, des pionniers de l'aéronautique. Si, une petite chose : leur père possédait une fabrique de papier. La légende raconte qu'un jour Joseph fit sécher sa chemise au-dessus d'un feu en la tenant par le col. Gonflée par l'air chaud, elle se souleva. « Que se passerait-il, se demanda Joseph, si l'on enfermait de l'air chaud dans une grande poche de papier ? » Aussitôt dit, aussitôt fait ! Après quelques essais, les frères parvinrent à faire voler un ballon de 3 m de diamètre. Sollicités par le roi Louis XVI, ils se rendirent à Versailles pour faire une démonstration. Le 19 septembre 1783, un ballon s'éleva avec, accrochée dessous, une cage contenant un canard, un coq et un mouton. Les animaux ayant survécu, le premier vol humain devenait possible. Malheureusement, les frères Montgolfier ne purent prendre place dans la nacelle : leur père, peu confiant, le leur avait interdit. Ce fut donc le marquis d'Arlandes et François Pilâtre de Rozier qui, le 21 novembre 1783, devinrent les premiers hommes à voler dans le ciel, à 1 000 m au-dessus de Paris.

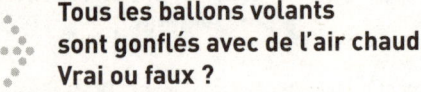

Tous les ballons volants sont gonflés avec de l'air chaud. Vrai ou faux ?

Faux. Certains ballons sont gonflés avec un gaz plus léger que l'air, comme l'hélium. Mais le nom de « montgolfière » ne s'applique qu'aux ballons à air chaud.

> **Quel homme, aujourd'hui célèbre pour les prix décernés chaque année en son nom, a inventé la dynamite ?**

Alfred Nobel naît à Stockholm, en Suède, en 1833. Fils d'un ingénieur, il suit son père en Russie et se passionne pour la physique et la littérature. Il étudie ensuite la chimie à Paris avec l'inventeur de la nitroglycérine, un produit tellement instable qu'il explose au moindre choc. De retour en Suède, à l'âge de 30 ans, Alfred Nobel entreprend des recherches pour rendre la nitroglycérine plus facile à manipuler. En la mélangeant à de la silice, il obtient une pâte qu'il baptise « dynamite ». Cette invention fait sa fortune. Humaniste, il s'attache alors au développement des sciences, de la littérature et de la paix. Dans son testament, il demande que son immense fortune récompense chaque année « des personnes qui, au cours de l'année précédente, auront apporté les bienfaits les plus considérables à l'humanité ». Les premiers prix Nobel sont attribués en 1901 dans cinq catégories : physique, chimie, médecine, littérature et paix. En 1969, un sixième prix est créé : le prix Nobel d'économie.

Quel âge avait le plus jeune lauréat du prix Nobel ?

En 1915, William Bragg, âgé de 25 ans, a partagé le prix Nobel de physique avec son père. Une autre famille célèbre a reçu plusieurs prix : les Curie. Prix Nobel de physique en 1903 pour les époux Pierre et Marie, prix de chimie en 1911 pour Marie seule, prix de chimie en 1935 pour leur fille Irène et son époux, Frédéric Joliot-Curie.

INVENTIONS ET DÉCOUVERTES

C'est John McAdam. Comme son nom l'indique, l'homme était écossais. Né en 1756, il partit faire fortune aux États-Unis puis revint dans son pays natal. Nommé lieutenant du comté d'Ayrshire, il fut chargé de l'administration des routes. Un gros travail : les roues des calèches à chevaux, des chariots à bœufs et autres véhicules défonçaient les chemins de terre. Pour peu qu'il pleuve – et il pleut beaucoup en Écosse ! –, d'énormes ornières se formaient. McAdam chercha à rendre les routes plus résistantes grâce à un nouveau revêtement. Il eut l'idée de concasser des pierres et de mélanger les petits cailloux avec du sable. Il répandit le mélange uniformément sur la route puis le tassa très fort avec un rouleau compresseur. Ce revêtement à la McAdam, très solide, fit son bonhomme de chemin : à la mort de son inventeur, en 1836, le verbe « macadamiser » était déjà arrivé en France. Soixante-dix ans plus tard, l'Anglais Edgar Hooley eut l'idée de verser du goudron sur les pierres concassées. Aujourd'hui, on appelle « macadam » l'ensemble des petits cailloux et du goudron.

Comment s'appelle la partie d'un aéroport réservée à la circulation des avions ?

Le « tarmac ». Ce mot est l'abréviation de « tarmacadam ». En anglais, *tar* signifie « goudron », et *macadam* signifie... « macadam ».

> **Pourquoi y a-t-il un tréma sur le *u* de la station de métro parisien « Montparnasse - Bienvenüe » ?**

Le « Bienvenüe » n'est pas destiné à souhaiter un bon accueil aux voyageurs qui arrivent à Paris par la gare Montparnasse. Il s'agit du nom du concepteur du métro parisien : Fulgence Bienvenüe. L'invention du métro date de la seconde moitié du XIXe siècle. À cette époque, à Londres, la circulation était devenue insupportable. La municipalité décida donc de construire un chemin de fer souterrain. Une large et profonde tranchée fut ouverte dans certaines rues, puis recouverte d'un toit pour former un tunnel. Inauguré en 1863, les rames de ce premier métro au monde était tractées par des locomotives à vapeur... d'où d'importants problèmes de ventilation. Mais ce fut un succès et les motrices furent rapidement électrifiées. Budapest, en Hongrie, inaugura son métro en 1896 et Paris en 1900, à l'occasion de l'Exposition universelle. Aujourd'hui, le métro parisien compte 16 lignes totalisant plus de 200 km de voies et desservant plus de 300 stations.

Il y a des grillons dans le métro parisien. Vrai ou faux ?

Vrai. On ne sait pas comment ils sont arrivés, mais comme il y fait chaud et que les déchets des voyageurs leur servent de nourriture, ils sont restés. Pour les entendre striduler, les lignes 9 et 3 sont les meilleures.

Qui a inventé les poubelles : M. Ordure, M. Poubelle ou M. Propre ?

Pendant longtemps, les Français ont jeté leurs déchets directement devant le caniveau. Il y avait là pêle-mêle les pelures de carotte, les vieux chiffons ou les os de poulet. Les chiffonniers récupéraient les chiffons pour en faire du papier, le reste pourrissait pour le plus grand bonheur des rats. Bonjour les odeurs ! À la fin du XIXᵉ siècle, cela devint insupportable. C'était sale et dangereux : grâce au savant Louis Pasteur, on venait d'apprendre que les microbes étaient responsables de maladies. Or les tas de détritus étaient des HLM à microbes ! En 1883, le préfet de la Seine, Eugène Poubelle, prit une importante décision : désormais, les Parisiens devraient posséder des récipients en fer, avec des anses et un couvercle, pour y déposer leurs déchets. Une collecte d'ordures serait organisée chaque matin pour les vider. Comme ces récipients n'avaient pas de nom, les Parisiens les appelèrent d'abord les récipients du préfet Poubelle, puis, plus simplement, les poubelles.

Le tri sélectif des ordures est-il une invention du XIXᵉ, du XXᵉ ou du XXIᵉ siècle ?

Au XIXᵉ siècle, le préfet Poubelle avait déjà imaginé le tri sélectif. Devant chaque maison, il devait y avoir trois récipients : un pour ce qui pourrissait, un pour les chiffons et le papier, et un pour la faïence et les coquilles d'huître. Mais ce règlement ne fut jamais appliqué et il fallut attendre un siècle pour que le tri sélectif soit réinventé.

En quelle année la douche a-t-elle été inventée ?

Les premières vraies douches datent de... 1872 ! L'idée de s'asperger de l'eau sur la tête pour se laver est si bête qu'on la croit vieille comme le monde. Certes, dans l'Antiquité grecque et romaine, il existait des thermes avec, parfois, un filet d'eau qui coulait d'une tête sculptée d'animal. Mais le but était moins de se laver que de se détendre. Au cours des siècles suivants, la propreté n'étant pas une préoccupation, les baignoires ont été très rares. L'hygiène ne s'est vraiment développée qu'au XIXe siècle, avec la création de bains publics pour permettre à chacun de s'y laver. C'est à cette période que Merry Delabost, médecin-chef à la prison Bonne-Nouvelle, à Rouen, eut l'idée du « bain en pluie ». Les prisonniers, employés à polir de la corne pour faire des boutons, étaient toujours sales. Mais un vrai bain était coûteux en eau et en temps. Delabost imagina donc un système de douches collectives où l'eau tomberait en pluie. Le but avoué n'était alors pas de procurer du bien-être aux détenus, mais de leur permettre de travailler encore mieux. Des douches furent ensuite installées dans les casernes, les mines, les écoles, les hôpitaux, avant d'entrer dans les maisons.

À la Renaissance, on fuyait l'eau. Vrai ou faux ?

Vrai. L'eau était accusée de ramollir et d'ouvrir les pores de la peau, la rendant ainsi perméable aux maladies et aux infections. On évitait donc de se laver et, pour ne pas sentir le bouc, on s'aspergeait de parfum.

**Au XVIIIᵉ siècle,
dans quelle ville d'Allemagne
fabriquait-on l'eau de Cologne ?**

Comme son nom l'indique, l'eau de Cologne venait de Cologne. À l'origine, il y avait un autre parfum, l'eau de la reine de Hongrie, qui avait permis au XIVᵉ siècle à une reine de 70 ans de séduire un jeune roi de Pologne. Selon la légende, ce produit était si miraculeux qu'il ranimait les hommes et les animaux, soignait le foie, la rate, les coliques, les bourdonnements d'oreilles, la goutte, les douleurs dentaires, la jaunisse, les migraines, les vapeurs, les accouchements difficiles... À la fin du XVIIᵉ siècle, sa renommée parvint aux oreilles de l'Italien Giovanni Paolo Feminis, qui en découvrit la formule. Après de légères modifications, il obtint un nouveau parfum qu'il baptisa « eau admirable ». Il se composait d'alcool, d'essence de romarin, de mélisse, de bergamote, de cédrat, de citron et de fleur d'oranger. L'Italien s'installa en 1695 en Allemagne, à Cologne, où son parfum connut un grand succès sous le nom d'« eau de Cologne ». De là, il conquit l'Europe entière : Napoléon l'appréciait tant qu'il en buvait des rasades et faisait des canards en trempant un sucre dedans...

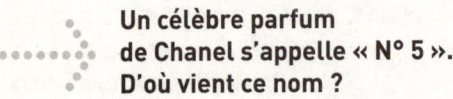

**Un célèbre parfum
de Chanel s'appelle « N° 5 ».
D'où vient ce nom ?**

En 1921, la couturière Coco Chanel voulait lancer un parfum. Elle demanda au créateur Ernest Beaux de lui proposer dix fragrances différentes, dans dix flacons numérotés. Elle les sentit tous et sélectionna le flacon numéro cinq. Le nom du parfum était tout trouvé...

Chez les Égyptiens, que fabriquait-on avec de la cendre de sabot de bœuf et de la résine ?

Du dentifrice. Il y a 5 000 ans, les Égyptiens faisaient déjà attention à leur hygiène dentaire. Une des recettes nécessitait de la cendre de sabot, des coquilles d'œuf brûlées, de la myrrhe, de la pierre ponce et de l'eau. Une autre, des cendres d'acacia, de l'argile et de la pulpe de datte. Ces pâtes étaient appliquées sur les dents à l'aide du doigt ou d'un bâtonnet. La recette a ensuite évolué dans le temps et dans l'espace : vers l'an 1000, les Perses utilisaient du plâtre et des coquilles d'escargots et d'huîtres. Au XVIIIe siècle, en Angleterre, on confectionnait une poudre de nettoyage avec du sel d'acide borique, ce qui avait l'inconvénient d'abîmer les dents. À la fin du XIXe siècle, l'Américain Samuel Colgate industrialisa la fabrication du dentifrice, lui donna son goût de menthe et inventa le tube en tissu enroulable. En 1924, le dentiste Peabody ajouta du savon. Enfin, depuis les années 1950, le dentifrice ne sert plus seulement à nettoyer les dents : il les renforce aussi contre les caries grâce à l'apport de fluor.

Chez les Chinois, que fabriquait-on avec des poils de cheval, de sanglier, de tigre ou d'ours ?

Des brosses à dents. Avant l'invention de cet ustensile, on utilisait des cure-dents en bois, en os ou en plume. On mâchouillait également des branches aromatiques. Inventée par les Chinois, la brosse à dents a été rapportée en Europe par des commerçants vers le XVIIe siècle.

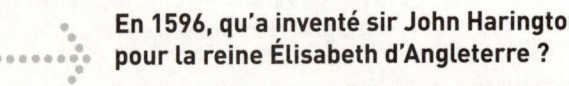

Avant l'invention du papier-toilette, comment faisait-on ?

L'invention du papier-toilette n'est pas très ancienne : elle date de 1857, et son génial inventeur, l'Américain Joseph Cayetty, mériterait d'avoir une statue dans chaque W.-C. Auparavant, on faisait avec ce qu'on avait sous la main, et cela variait selon l'époque, le lieu où l'on se trouvait et la fortune dont on disposait. Les Romains s'essuyaient généralement avec une éponge. Mais il était possible d'utiliser aussi un chiffon, des copeaux de bois (attention aux échardes !), de l'herbe, du foin, une pierre, du sable, de la mousse, de l'eau, de la neige, des coquillages ou du papier journal, très apprécié à partir du XVIIIe siècle. Le papier-toilette, au départ symbole de luxe, a mis un peu de temps à s'imposer. La fin du XIXe siècle a vu l'apparition des rouleaux avec feuilles prédécoupées, et 1942 l'apparition du papier à double épaisseur. Aujourd'hui, en France, le papier le plus vendu est de couleur rose. Les Allemands préfèrent le papier à fleurs, et les Japonais celui avec des cours d'anglais imprimés, histoire de ne pas perdre son temps.

En 1596, qu'a inventé sir John Harington pour la reine Élisabeth d'Angleterre ?

Les toilettes avec chasse d'eau. Sir John Harington est le premier à avoir imaginé la réserve d'eau que l'on actionne pour chasser les excréments. Cette invention a ensuite mis trois siècles pour arriver dans nos appartements.

Quel a été le premier livre imprimé ?

Avant l'invention de l'imprimerie, des moines recopiaient les livres un par un à la main : lettre après lettre, mot après mot, phrase après phrase... Il existait certes une technique pour aller plus vite : en gravant le texte à l'envers sur une planche de bois, on pouvait utiliser cette planche comme un tampon. Le problème, c'est que pour imprimer un livre, il fallait autant de planches qu'il y avait de pages. Cela faisait tellement de gravures sur bois que c'en était irréalisable. Heureusement est arrivé Gutenberg ! Orfèvre de profession, il eut l'idée, vers 1440, de fabriquer des petites lettres en plomb : des A, des B, des C... Ensuite, pour écrire le mot VOILA, il suffisait de prendre un V, un O, un I, un L et un A, de les coller les unes contre les autres, de les encrer, les presser contre une feuille de papier et... VOILA, c'était imprimé ! Les lettres étaient ensuite rangées dans des cases et réutilisées plus tard. Le premier livre réalisé par cette méthode est une Bible de 1 282 pages, tirée à 200 exemplaires en 1455. Avant l'an 1500, vingt millions de livres ont été imprimés en Europe, ce qui a permis une véritable explosion culturelle.

 **Gutenberg a fait fortune grâce à l'imprimerie. Vrai ou faux ?**

Faux. Johann Fust, un riche bourgeois qui avait aidé financièrement Gutenberg, lui « vola » son invention et gagna beaucoup d'argent avec l'imprimerie. Heureusement, l'Histoire s'est vengée en ne retenant que le nom de Gutenberg comme inventeur de l'imprimerie.

Pourquoi, sur un clavier d'ordinateur, les lettres ne sont-elles pas mises dans l'ordre alphabétique ?

L'ordre des lettres a été choisi pour qu'on tape... le moins vite possible. En 1868, l'Américain Sholes fabriqua une machine à écrire qu'il voulait commercialiser. En appuyant sur la touche A du clavier, une tige se levait au bout de laquelle se trouvait un A en relief. La lettre tapait sur une bande imbibée d'encre, placée devant la feuille de papier. La lettre A s'imprimait, puis la tige revenait en arrière. Il y avait une tige par lettre de l'alphabet, et ces lettres étaient alors placées dans l'ordre alphabétique. Le problème, c'est que les secrétaires tapaient trop vite : une tige n'avait pas le temps de revenir en arrière que la suivante était déjà là, et les deux se bloquaient. Pour y remédier, Sholes mélangea les lettres dans le but de ralentir la frappe. Il plaça par exemple les lettres très utilisées (A, E, R, S et T) sous la main gauche, a priori la moins habile. Il prit également soin de séparer les lettres qui sont souvent ensemble, comme le Q et le U. Il obtint un clavier appelé QWERTY, à cause des lettres situées en haut à gauche. L'adaptation française est le clavier AZERTY.

En 1936, un nouveau clavier a été conçu pour permettre la frappe la plus rapide possible. Vrai ou faux ?

Vrai. Conçu par l'Américain Dvorak, il regroupe sur la ligne centrale l'ensemble des voyelles et les consonnes les plus utilisées. Mais ce clavier ne s'est jamais imposé et on utilise toujours la vieille disposition.

Quel instrument de musique le Belge Adolphe Sax a-t-il inventé ?

Adolphe Sax avait de qui tenir : son père fabriquait des instruments de musique à Bruxelles. Au début du XIXᵉ siècle, le jeune Adolphe apprend à percer des tubes de clarinette ou de flûte. Et à en jouer : les instruments finis, il faut les tester. Ingénieux, il commence par perfectionner la clarinette en ajoutant des éléments de cuivre. Il se rend alors compte qu'il existe un vide entre les instruments à cordes (violon, alto...), les cuivres (trompette, trombone...) et les bois (clarinette, flûte...). Pour le combler, il faudrait créer un nouvel instrument avec la flexibilité des cordes, la variété des tons des bois et la puissance des cuivres. Adolphe Sax se met à l'ouvrage et adapte une anche en bois de clarinette sur un tube en cuivre. Installé à Paris, il améliore son instrument et en fabrique plusieurs modèles. Rapidement, les fanfares militaires les adoptent. En 1842, le compositeur Hector Berlioz se dit impressionné par la beauté de leur timbre et leur maniabilité. Adolphe Sax dépose alors un brevet pour son nouvel instrument. Son nom ? Le saxophone, bien sûr !

Quel genre musical a rendu le saxophone célèbre ?

C'est le jazz, genre musical créé par les Noirs américains au début du XXᵉ siècle. De nombreux jazzmen célèbres ont joué du saxophone : Charlie Parker, Stan Getz, Lester Young, John Coltrane...

Qui est le tout premier humain à avoir été photographié ?

Il s'agit d'un inconnu, qui n'a lui-même jamais su qu'il avait été photographié. Le cliché, pris par Louis Daguerre, date de 1839. À l'époque, la photo n'en est qu'à ses débuts. Le Français Nicéphore Niepce en a imaginé le procédé quelques années plus tôt : en plaçant au fond d'une chambre noire une plaque couverte de bitume de Judée, un produit sensible à la lumière, il a obtenu dans les années 1820 les premières photos jamais réalisées. Il s'agit de natures mortes ou de paysages. Daguerre a poursuivi les recherches de Niepce et inventé en 1837 le daguerréotype, réduisant le temps de pose de quelques heures à quelques minutes. Grâce à son appareil, il photographie en 1839 le boulevard du Temple, à Paris. On y voit des maisons blanches et une rue bordée d'arbres. Mais il n'y a ni humains, ni chevaux, ni calèches... Le boulevard était-il désert ce jour-là ? Non, mais les passants n'ont fait que passer : ils ne sont pas restés assez longtemps pour impressionner la plaque photographique, compte tenu du temps de pose. Pourtant, en regardant bien, on aperçoit, en bas à gauche de l'image, une silhouette humaine : un homme en train de se faire cirer les chaussures. Lui est resté immobile quelques minutes, assez pour apparaître noir sur blanc. Bien involontairement, il est le premier humain photographié.

Où peut-on voir la première photographie d'un humain ?

Allez sur Internet et, dans un moteur de recherche, tapez Daguerre et « Boulevard du Temple ». Sur la photo, vous n'aurez pas trop de mal à trouver Charlie...

Qui a inventé le code-barres ?

En 1949, l'Américain Joe Woodland voulait faciliter le travail des caissières dans les supermarchés. Pour cela, il imagina qu'à chaque marchandise correspondrait une série de chiffres. Et comme il avait appris le morse chez les scouts, il traduisit chaque chiffre en barres plus ou moins épaisses. L'idée du code-barres était née, mais elle resta longtemps sans application réelle : pour les lire, il aurait fallu des caméras et de puissants ordinateurs, or ceux de 1949 étaient peu efficaces... Le véritable essor des codes-barres n'eut lieu que trente ans plus tard. Ceux utilisés actuellement en Europe datent de 1977 et se composent de treize chiffres. Le premier correspond au pays de fabrication : 3 pour la France, 4 pour l'Allemagne, 5 pour le Grande-Bretagne, 8 pour l'Italie... Les cinq suivants sont le numéro du fabricant, attribué en France par le Gencod (Groupe d'étude, de normalisation et de codification). Les six suivants définissent l'article. Le dernier est une clef de contrôle.

Quels sont les trois premiers chiffres du code-barres de tous les livres ?

Le code des livres est différent de celui des autres produits. Tous les livres de tous les pays ont un code qui commence par 978.

Né aux États-Unis en 1907, Earl Tupper a toute sa vie été un inventeur fou. Dans sa jeunesse, il imagine un bateau propulsé par des poissons accrochés sous sa coque, un cornet de glace avec gouttière pour récupérer la crème glacée fondue, un peigne avec miroir incorporé... En 1946, il parvient même à inventer un objet utile ! Après avoir travaillé dans une usine de plastiques, il crée un récipient en polyéthylène qui se ferme hermétiquement grâce à un couvercle. Pratique pour conserver de la nourriture ! Il baptise son invention Ustensile Tupper, ce qui se dit en anglais Tupperware et se prononce « teupeurouère ». Malheureusement pour lui, sa trouvaille est tellement moderne – à l'époque, les réfrigérateurs entrent à peine dans les foyers – qu'elle se vend très mal. Tupper veut comprendre pourquoi et découvre que les quincailliers ne savent pas vanter les mérites de son produit. Du coup, il s'associe avec une démonstratrice à domicile, Brownie Wise, et développe les « réunions Tupperware » : des ménagères invitent leurs amies chez elles, font une démonstration, prennent les commandes et, en échange, reçoivent des cadeaux de la marque. Ces ventes à domicile connaissent un tel succès que, dès 1951, Tupper retire ses produits des magasins traditionnels.

 Les réunions Tupperware existent toujours. Vrai ou faux ?

Vrai. Elles existent dans plus de cent pays. Toutes les deux secondes, une réunion de ce genre débute quelque part dans le monde...

Quel point commun y a-t-il entre un lave-vaisselle, une tondeuse à gazon et des lentilles de contact ?

Tous trois ont été lauréats du concours Lépine. Chaque année, ce concours rassemble des inventeurs de génie et de doux illuminés. Il a été créé en 1901 par le préfet de Paris, Louis Lépine. À l'époque, les petits fabricants de jouets et de quincaillerie s'étaient plaints de la concurrence étrangère. Le préfet imagina un concours-exposition pour les aider et mettre en valeur leur travail. Aujourd'hui, le concours Lépine international se déroule dans le cadre de la Foire de Paris. Mais il existe en plus des concours régionaux et un concours européen à Strasbourg. Parmi les inventions primées depuis sa création, certaines ont connu la célébrité, comme le fer à repasser à vapeur (1921), la moulinette presse-purée (1931) ou encore le jeu des 1 000 bornes (1956). D'autres ont eu moins de succès comme l'appareil à provoquer le sommeil (1964) ou encore le dispositif pour enlever les bas et chaussettes sans se baisser (1960).

 **Qui peut participer au concours Lépine ?**

Organisé par l'Association des inventeurs et fabricants français (AIFF), le concours Lépine est ouvert à tous : il suffit d'avoir inventé quelque chose, de l'avoir protégé par un brevet et d'en avoir fabriqué un prototype.

LES
SCIENCES

Que récompensent les prix Ig-Nobel ?

Depuis 1901, la fondation créée par Alfred Nobel décerne chaque année des prix dans les domaines suivants : physique, chimie, médecine, littérature, paix et sciences économiques. Depuis 1991, la revue *Annals of improbable research* remet ses propres prix, les Ig-Nobel, mélange d'ignoble et de Nobel. Le but est de faire rire et réfléchir. Remis dans les locaux de la très sérieuse université de Harvard, aux États-Unis, les dix prix récompensent souvent d'authentiques chercheurs pour leurs véritables recherches. Voici quelques-uns des lauréats : prix 2006 d'ornithologie à Ivan Schwab et Philip May de l'université de Californie pour leurs travaux expliquant pourquoi les piverts ne sont pas sujets aux maux de tête. Prix 2006 de physique à Basile Audoly et Sébastien Neukirch de l'université Pierre-et-Marie-Curie (Paris), pour avoir compris pourquoi les spaghettis secs se cassaient généralement en plus de deux morceaux. Prix 2001 de médecine à Peter Barss de l'université McGill, pour son étude sur les blessures dues aux chutes de noix de coco. Prix 2004 de biologie à l'équipe internationale du canadien Ben Wilson, pour avoir démontré que les harengs communiquaient grâce à leurs pets...

Que récompense le prix Darwin ?

Ce prix d'humour noir, qui porte le nom de l'auteur de la théorie de l'évolution, est remis depuis 1993 à des personnes mortes de manière particulièrement stupide et sans laisser de descendance. Par exemple, à celui qui s'amusait à jongler avec des grenades.

Grâce à quel animal la pile électrique a-t-elle été inventée ?

À la fin du XVIIIe siècle, en Italie, un curieux phénomène intrigua le savant italien Luigi Galvani. Alors qu'il avait accroché une cuisse de grenouille morte à une rambarde en fer avec un fil de cuivre, un orage survint. Et la cuisse se mit à gigoter toute seule ! Pourquoi ? L'électricité des éclairs en serait-elle la cause ? Non : l'orage passé, la cuisse continua à s'agiter. Le savant en déduisit que la cuisse contenait sa propre électricité qui, en se déchargeant à cause du fil métallique, créait le mouvement. « Bêtises ! » répliqua un autre savant italien, Alessandro Volta. Selon ce dernier, ce n'était pas la grenouille mais l'association de deux métaux différents qui créait de l'électricité. Une longue polémique s'ensuivit. Finalement, Volta eut le dernier mot : en empilant alternativement une soixantaine de rondelles de zinc, d'argent et de carton imbibé d'eau salée, puis en reliant les rondelles du haut et du bas avec un fil électrique, il obtint une étincelle. L'électricité venait bien des métaux. Sa pile de rondelles métalliques fut appelée « pile électrique ».

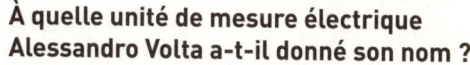

À quelle unité de mesure électrique Alessandro Volta a-t-il donné son nom ?

Volta a donné son nom au volt, unité de tension électrique. D'autres savants ont vu leur nom devenir des unités de mesure : Ampère (intensité de courant), Newton (force), Watt (puissance), Joule (chaleur), Hertz (fréquence)...

En quoi un poste de radio, un four à micro-ondes et un œil humain sont-ils cousins ?

Tous trois fonctionnent grâce aux ondes électromagnétiques. Électro-quoi ? Magnétiques ! Ces ondes forment une grande famille dont on connaît les membres, mais sous d'autres noms. Ce qui les différencie, c'est leur fréquence : elles peuvent osciller comme ceci ⌒⌒⌒, ou à une fréquence plus faible ⌒⌒, ou à une fréquence plus élevée ⌒⌒⌒⌒. Les ondes électromagnétiques dont la fréquence est la plus faible sont appelées, dans le langage courant, « ondes radio » : ce sont celles que captent nos radios, nos télévisions et nos téléphones portables. Viennent ensuite, avec une fréquence un peu plus élevée, les micro-ondes utilisées dans les fours du même nom pour chauffer les aliments. Avec une fréquence encore plus élevée, suivent les infrarouges, émis par les corps chauds. Puis vient le membre le plus connu de la famille : la lumière visible, avec dans l'ordre le rouge, l'orange, le jaune, le vert, le bleu et le violet. Au-delà, on retombe dans l'invisible avec les ultraviolets, responsables des coups de soleil. Encore plus énergétiques, suivent les rayons X, capables de traverser notre chair, et enfin les dangereux rayons gamma. Ondes radio, micro-ondes, infrarouges, lumière visible, ultraviolets, rayons X et rayons gamma sont donc tous des cousins.

Les ondes électromagnétiques voyagent dans le vide. Vrai ou faux ?

Vrai, et heureusement ! Sinon, la lumière produite par le Soleil serait incapable de venir nous éclairer sur Terre.

> ## Une cantatrice peut-elle briser un verre à la seule force de sa voix ?

Dans les albums de Tintin, la Castafiore casse des verres grâce à sa seule voix. Mais dans la vraie vie, les chanteuses et chanteurs d'opéra le peuvent-ils ? Pour le découvrir, emparez-vous de plusieurs verres et placez-les sur une table. À l'aide d'une petite cuillère, tapez doucement sur l'un d'eux. Il se met à vibrer et cela produit un son. Tiiing ! En fonction de sa forme et de sa rigidité, ce son est différent. Un petit verre, par exemple, émet une note plus aiguë. La fréquence avec laquelle il vibre lorsqu'on tape dessus est appelée « fréquence de résonance ». Réalisons maintenant l'expérience inverse : plaçons le verre devant un haut-parleur et demandons à un ordinateur de produire sa fréquence de résonance. Le verre se met à vibrer tout seul et, si l'on augmente assez le volume, peut finir par se briser. Une cantatrice en est-elle capable ? Pour cela, il faudrait qu'elle émette un son d'une extrême pureté et d'une incroyable puissance. Ce dont aucun être humain n'est capable...

« Ah, je ris de me voir si belle... », chanté par la Castafiore, est un vrai air d'opéra. Vrai ou faux ?

Vrai. C'est un air de l'opéra *Faust*, composé en 1859 par Charles Gounod. Le célèbre « Air des bijoux » est chanté dans l'acte III par Marguerite : « Ah ! je ris de me voir si belle en ce miroir !... Est-ce toi, Marguerite, est-ce toi ? Réponds-moi... réponds-moi vite ! Non ! non ! ce n'est plus toi !... non... non. »

Pourquoi, pour se laver les mains, l'eau ne suffit-elle pas ?

Votre vélo a déraillé et vous avez de l'huile plein les mains. En les lavant avec seulement de l'eau, il ne se passe rien. Pourquoi ? Pour le savoir, faisons-nous aussi petit que les molécules, les grappes microscopiques qui constituent la matière. L'huile est formée de molécules d'huile : ce sont elles qui salissent vos mains. L'eau est formée de molécules d'eau. Malheureusement, molécules d'huile et molécules d'eau se détestent. Du coup, l'eau glisse sur l'huile sans s'accrocher et vos mains sont toujours aussi sales. Heureusement, il y a le savon. Lui aussi est constitué de molécules. Celles-ci ressemblent à des épingles avec, d'un côté, une tête qui adore l'eau et, de l'autre, une queue qui adore l'huile. En vous lavant les mains huileuses avec du savon, la queue des molécules de savon s'accroche sur les molécules d'huile. Puis des molécules d'eau s'accrochent à l'autre bout des molécules de savon. Cela forme des chaînes de molécules (huile-savon-eau) qui partent dans l'évier. Et savez-vous comment s'appelle le fait d'associer des molécules entre elles ou au contraire de les casser ? De la chimie ! Eh oui, c'est aussi simple que ça...

 **Quand fait-on de la chimie dans une cuisine ?**

Lorsqu'une mayonnaise prend, qu'un gâteau gonfle, qu'un blanc d'œuf durcit, ce sont toujours des molécules qui s'associent, se cassent ou les deux. C'est donc de la chimie.

Au sommet de l'Everest, à quelle température l'eau bout-elle ?

Tout le monde le sait : l'eau bout à 100 °C. Ce qu'on oublie souvent de préciser, c'est que ce n'est vrai qu'au niveau de la mer. Dès qu'on prend de l'altitude, la température d'ébullition s'abaisse. Ainsi est-elle de 85 °C au sommet du mont Blanc (à 4 807 m) et de seulement 72 °C au sommet de l'Everest (à 8 846 m). Pourquoi ? Zoom avant : l'eau est formée de microscopiques grappes de matière, les molécules. Dans l'eau liquide, elles bougent les unes par rapport aux autres, comme des grains de sucre en poudre. En chauffant suffisamment les molécules, elles s'excitent tant qu'elles finissent par s'envoler : c'est la vapeur d'eau. Mais un élément atténue cela, l'atmosphère terrestre. L'air qui nous entoure agit comme un couvercle qui empêche les molécules de s'envoler. Plus la pression de l'air est forte, et plus il faut d'énergie pour faire bouillir de l'eau. Voilà pourquoi au sommet de l'Everest, où la pression atmosphérique est trois fois plus faible qu'au niveau de la mer, l'eau bout dès 72 °C. Et dans l'espace, où il n'y a pas d'air du tout, elle se met à bouillir dès 20 °C.

 ### À l'intérieur d'une cocotte-minute, à quelle température l'eau bout-elle ?

Dans un autocuiseur, la pression est 1,7 fois plus élevée qu'à l'air libre. L'eau ne commence à bouillir qu'à 120 °C. Les légumes sont donc chauffés à une température bien plus élevée que dans une casserole normale. C'est pourquoi ils cuisent plus vite.

> **L'eau gèle à 0 °C.
> Mais peut-on conserver
> de l'eau liquide à -10 °C ?**

L'écrivain italien Malaparte raconte l'histoire suivante : pendant l'hiver 1942, des bombardements provoquèrent des feux de forêt dans la région du lac Ladoga, dans le nord-ouest de la Russie. Des chevaux s'enfuirent et se précipitèrent dans le lac, dont l'eau était encore liquide malgré la vague de froid récente. Mais, alors qu'ils nageaient vers l'autre rive, un grand bruit se fit entendre et l'eau gela brusquement, emprisonnant les chevaux. Le lendemain, seules dépassaient les têtes avec les crinières rigides... Cette histoire, peut-être imaginaire, se base sur un phénomène scientifique réel : la surfusion. Dans l'eau liquide, les molécules, qui sont des grappes de matière, bougent les unes par rapport aux autres. À 0 °C, normalement, elles s'accrochent solidement entre elles et forment de la glace. Mais parfois, lorsque le refroidissement est très brutal et l'eau très pure, elle reste liquide malgré une température de -5 ou -10 °C. C'est comme si les molécules savaient qu'elles devaient s'attacher entre elles, mais qu'aucune ne faisait le premier pas. Toutefois, à la moindre poussière introduite dans cette eau, l'accrochage se déclenche et le liquide gèle instantanément.

Le verre est-il un solide ou un liquide ?

Ni l'un ni l'autre. Pour obtenir du verre, on fait fondre du sable. Ensuite, on le refroidit vite pour que les grains n'aient pas le temps de cristalliser. Le verre est donc un liquide en surfusion, que l'on refroidit pour qu'il fige et devienne solide.

> ## Pourquoi cela ne sert-il à rien d'avoir un thermomètre gradué jusqu'à -274 °C ?

La température de -274 °C ne sera jamais atteinte : c'est physiquement impossible. Pour les températures élevées, il n'existe pas vraiment de limite infranchissable. À l'intérieur du Soleil, il fait environ 15 millions de degrés Celsius. Et on estime que juste après le big bang, la température de l'Univers naissant a pu atteindre 100 000 milliards de milliards de milliards de degrés. Pour les températures froides, en revanche, il existe une limite en dessous de laquelle on ne descendra jamais : -273,15 °C. Pourquoi celle-ci précisément ? Pour le découvrir, il faut comprendre ce qu'est la chaleur d'un objet : c'est l'agitation de ses atomes, c'est-à-dire des grains microscopiques qui le composent. Plus ils sont agités, plus l'objet est chaud. Plus ils sont calmes, plus il est froid. La température de – 273,15 °C correspond à un état où les atomes sont absolument immobiles. Impossible de les calmer plus, donc impossible d'obtenir une température plus froide ! Mais cette température théorique, appelée « zéro absolu », est impossible à atteindre : les atomes conservent toujours une infime agitation. En laboratoire, les scientifiques ont atteint -273,14999999 °C (et des poussières gelées).

Quelle est la température de l'azote liquide avec lequel les dermatologues brûlent les verrues ?

Un flacon d'azote liquide ressemble à une Thermos dont s'échappe une buée glacée. Sa température est de -196 °C.

Dans les années 1960, quel procédé la Nasa a-t-elle développé pour nourrir ses astronautes ?

Dans une capsule spatiale, l'espace est compté. Dès les premiers vols spatiaux, pour réduire au maximum le volume de nourriture embarquée, la Nasa a développé une technique inventée en 1906 par les physiciens français Arsonval et Bordas : la lyophilisation. Il s'agit de retirer l'eau d'un aliment en le congelant. Eh oui : on le sèche par le froid ! Pour lyophiliser de la soupe, par exemple, on la met dans un congélateur à -40 °C et on attend qu'elle se transforme en glaçon. Ensuite, on retire tout l'air contenu dans le congélateur à l'aide d'une pompe à vide. L'eau du glaçon de soupe passe alors directement de l'état de solide à l'état de vapeur, sans passer par l'état liquide. On dit qu'il y a sublimation. Lorsque toute l'eau a disparu, il ne reste plus qu'un bloc de légumes secs semblable à une éponge, qu'on broie et met dans un sachet. La lyophilisation a l'avantage de préserver les nutriments, les vitamines et le goût des aliments. Et en route pour l'espace ! Là-haut, il suffit de rajouter de l'eau chaude pour obtenir une bonne soupe. Actuellement, sur Terre, la lyophilisation sert notamment à fabriquer le café soluble.

Comment fabrique-t-on la purée en flocons ?

La lyophilisation coûte cher. Pour faire de la purée en flocons, on utilise une technologie plus économique : la déshydratation. L'eau est alors enlevée de manière classique, en chauffant la purée à haute température.

Sous quel nom C$_{12}$H$_{22}$O$_{11}$ est-il plus connu ?

Un indice : il s'agit de matière. Toute la matière qui nous entoure est formée d'atomes : les maisons, les livres, les plantes vertes, les chiens, les chats et même nous. Les atomes sont de microscopiques grains, si petits qu'on ne peut pas les voir, même avec les meilleurs microscopes optiques. Il existe, en tout et pour tout, moins de 120 sortes d'atomes. Certains sont très connus comme les atomes d'hydrogène (noté H), d'oxygène (O), de carbone (C), de cuivre (Cu) ou d'argent (Ag). D'autres moins connus, comme le gadolinium (Gd) ou le protactinium (Pa). Les atomes ressemblent un peu à des briques de Lego qui s'assemblent pour former des grappes. Ces grappes sont appelées molécules. Par exemple, lorsque deux atomes d'hydrogène (H et H) se fixent sur un atome d'oxygène (O), cela donne une molécule (H$_2$O) qui n'est rien d'autre que... de l'eau. Certaines molécules géantes, comme celle d'ADN, sont formées de milliers d'atomes. Celle de la question est bien plus petite puisqu'elle est constituée de 12 atomes de carbone, 22 d'hydrogène et 11 d'oxygène. Son nom ? Le saccharose, autrement dit le sucre.

Dans une goutte d'eau, combien y a-t-il de molécules d'eau ?

Dans une goutte de 4 mm de diamètre, il y a environ mille milliards de milliards de molécules d'eau. Si chacune avait la taille d'un grain de sable, on pourrait en recouvrir la France entière sur une hauteur d'un mètre.

**Combien cela coûte-t-il
de transformer
du plomb en or ?**

Transformer un métal quelconque en or est un très vieux rêve. Au Moyen Âge, les alchimistes ont essayé d'y parvenir par la magie et la philosophie. En vain. Ce sont les physiciens qui, au XXᵉ siècle, y sont parvenus. Voici comment : le plomb est constitué de grains microscopiques, les atomes de plomb. Ces atomes sont eux-mêmes formés de briques plus petites : les neutrons, les protons et les électrons. La différence entre un atome de plomb et un atome d'or tient au nombre des briques : un atome de plomb est formé de 126 neutrons, 82 protons et 82 électrons ; un atome d'or de 118 neutrons, 79 protons et 79 électrons. Pour transformer un atome de plomb en atome d'or, il « suffit » donc de le casser pour lui enlever 8 neutrons, 3 protons et 3 électrons. Les physiciens en sont actuellement capables grâce à une machine appelée accélérateur de particules. Le problème, c'est que pour obtenir un gramme d'or à partir de plomb, il faudrait faire fonctionner la machine pendant des années. Et qu'une seule heure de fonctionnement coûte bien plus cher qu'un gramme d'or... Mieux vaut aller chercher des paillettes dans le lit d'une rivière !

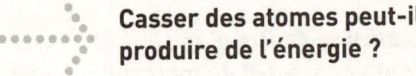

Casser des atomes peut-il produire de l'énergie ?

Oui. C'est d'ailleurs ce que l'on fait dans les centrales nucléaires. En cassant un gramme d'uranium 235, on produit autant d'énergie qu'en brûlant une tonne de pétrole.

Peut-on se réincarner en diamant ?

Oui, et c'est ce que fait d'ailleurs une entreprise américaine. Lorsqu'une personne décède et qu'elle est incinérée, cette société propose à la famille de récupérer 200 g de cendres. Le carbone en est extrait pour fabriquer un diamant artificiel. Ceux-ci sont en effet constitués d'atomes de carbone, les mêmes que ceux du charbon et du graphite des crayons de papier. Seule change la disposition des atomes les uns par rapport aux autres : dans un diamant, elle est extrêmement régulière. Cette régularité est le résultat des conditions dans lesquelles ils se forment : dans la nature, ils se créent entre 150 et 300 km sous terre, là où la température est de plus de 1 000 °C et la pression des dizaines de milliers de fois plus forte qu'à la surface. Dans ces conditions, les atomes de carbone n'ont pas d'autre choix que de s'accrocher les uns aux autres de manière très régulière. Pour obtenir un diamant artificiel à partir du carbone d'un défunt, l'entreprise américaine reproduit ces conditions dans un four. Et le tour est joué. « Oh, tu as de belles boucles d'oreilles ! » « Oui, c'est grand-mère à droite et grand-père à gauche... »

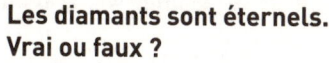 **Les diamants sont éternels. Vrai ou faux ?**

Faux. Les diamants sont la matière naturelle la plus dure qui soit, mais ils ne sont pas éternels : ils peuvent se briser et brûlent dès 500 °C.

Pour dater une momie, on mesure son « carbone 14 ». Mais pourquoi 14 et pas 15 ?

Normalement, le noyau d'un atome de carbone est formé de 6 neutrons et de 6 protons : c'est le carbone 12 (6 + 6). Mais parfois, sous l'effet des rayons cosmiques, des atomes de carbone apparaissent dans l'atmosphère terrestre avec 6 protons et 8 neutrons : c'est le carbone 14 (6 + 8). Il y a de ces atomes-ci – très rares – dans l'air, dans les plantes qui respirent de l'air, dans les animaux qui respirent et mangent des plantes, dans les êtres humains qui respirent et mangent des plantes et des animaux... Durant notre vie, la proportion de carbone 14 par rapport au carbone 12 reste la même dans notre corps : celle de l'atmosphère. Mais dès que nous mourons, nous cessons de respirer et de manger : les atomes de carbone 14, instables, se désintègrent alors peu à peu. Après 5 730 ans, ils sont deux fois moins nombreux. Pour savoir quand un arbre, un animal ou un homme est mort, il suffit donc de mesurer la quantité de carbone 14 restant par rapport à celle de carbone 12. Cela marche aussi pour du tissu, du cuir et tout ce qui est confectionné à partir d'êtres vivants.

 **On peut dater un os de dinosaure avec le carbone 14. Vrai ou faux ?**

Faux. Dans les objets de plus de 40 000 ans, il n'y a plus assez de carbone 14 pour les dater. La méthode ne s'applique donc pas aux os de dinosaures, morts il y a plus de 65 millions d'années.

> ## Quel point commun y a-t-il entre le Parthénon et un cœur de tournesol ?

Ça ne saute pas aux yeux, mais leur point commun serait le nombre d'or. Ainsi nommé par le diplomate roumain Matila Ghyka en 1932, il était connu depuis des siècles sous le nom de Divine Proportion, de Section dorée ou encore de Règle d'or. Le mathématicien grec Euclide l'a défini comme la juste conservation des proportions. Il vaut $(1 + \sqrt{5}) / 2$, soit environ 1,618. Pour les artistes de la Renaissance, il représentait un idéal de beauté : le rectangle d'or, dont la longueur égale 1,618 fois sa largeur, constituait une forme de perfection. Ce nombre se retrouverait dans les proportions du Parthénon d'Athènes et du théâtre d'Épidaure, en Grèce, ou encore dans le tableau *La Naissance de Vénus* du peintre italien Botticelli. On le retrouverait par ailleurs dans la manière dont Dame Nature a agencé les graines dans une fleur de tournesol ou dans la distribution des cloisons situées à l'intérieur de certains coquillages en spirale, comme le nautile cloisonné.

Le nombre d'or est-il en toc ?

Selon le diplomate Matila Ghyka, le nombre d'or est partout, dans la pyramide de Khéops comme dans des vases grecs. Cependant, aucun texte ne prouve que les architectes ou les artisans de l'époque l'avaient en tête au moment de créer leurs œuvres. Pour certains historiens, le nombre d'or se trouve surtout dans la tête de Ghyka : à force de chercher patiemment quelque chose, on finit toujours par le trouver.

Quel est le plus grand nombre premier connu ?

Un nombre premier est un nombre qui peut être divisé uniquement par 1 et par lui-même : 2, 3, 5, 7, 11, 13, 17, 19, 23... En revanche, 12 n'en est pas un puisqu'il est divisible par 2, par 3, par 4 et par 6. Depuis l'Antiquité, ces nombres fascinent les mathématiciens. Au IIIe siècle avant J.-C., le Grec Euclide a démontré qu'il en existait une infinité, mais personne n'a depuis trouvé de formule permettant de tous les obtenir. Pour découvrir des nombres premiers de plus en plus grands, il faut tâtonner. Un travail fastidieux facilité par l'invention de l'ordinateur. Et plutôt que d'utiliser une seule machine, autant en associer plusieurs : c'est ainsi qu'est né le projet Gimps (Great Internet Mersenne Prime Search). Tout autour du monde, des volontaires branchés sur Internet autorisent le Gimps à utiliser leur ordinateur personnel, lorsqu'ils ne l'emploient pas eux-mêmes. Grâce à ce réseau de plusieurs centaines de milliers de PC, le Gimps a découvert en janvier 2013 un nombre premier formé de plus de 17 millions de chiffres. Le record du moment ! Pour le trouver, il a fallu des mois de calcul au réseau d'ordinateurs (avec un seul ordinateur, plus de mille ans auraient été nécessaires). Et pour l'écrire en entier, il faudrait 28 livres comme celui que vous tenez entre les mains !

Les nombres premiers ne servent à rien. Vrai ou faux ?

Faux ! Lorsque vous payez sur Internet, le codage du numéro de votre carte bancaire se fait grâce à des nombres premiers géants.

3,14... et ensuite ?

Combien de chiffres après la virgule pouvez-vous donner de Pi ?

3,1415... 3,1415926... Pas mal, mais peut mieux faire ! Petit rappel : Pi est la valeur obtenue en divisant le périmètre d'un cercle par son diamètre. Le problème, c'est qu'il a une infinité de chiffres après la virgule. On ne peut donc en donner qu'une approximation. Il y a 4 000 ans, pour les Égyptiens, Pi valait 3,16. Au IIIe siècle avant notre ère, Archimède a imaginé une méthode d'approximation en encadrant un cercle avec des polygones, pour lesquels on sait calculer le périmètre de manière exacte. Au Ve siècle de notre ère, en appliquant cette méthode, les Chinois ont trouvé 3,141592. Puis, au XVIe siècle, les Arabes ont obtenu 3,14159265358979. Au XVIIe siècle, l'Allemand Van Ceulen est allé jusqu'à 34 décimales... Aujourd'hui, grâce aux ordinateurs, on en connaît un million de millions. Voici un petit poème pour retenir les premières. Il suffit de compter le nombre de lettres de chaque mot : « Que(3) j(1)'aime(4) à(1) faire(5) apprendre(9) un nombre utile aux sages / Glorieux Archimède, artiste ingénieux ! / Toi, de qui Syracuse aime encore la gloire, / Soit ton nom conservé par de savants grimoires. » Le 2 juillet 2005, le Japonais Akira Haraguchi a récité 83 431 décimales apprises par cœur. Ça l'a occupé pendant 13 heures...

Pourquoi Pi est-il appelé Pi ?

Pi s'appelle Pi depuis le XVIIe siècle. Cette notation a été choisie car Pi, ou π, est la lettre grecque correspondant à notre p, initiale de « périmètre ».

Aurez-vous assez de mémoire pour retenir la liste de chiffres suivante : 1, 3, 8, 4, 6, 9, 2, 0 ?

Oui ? Alors répétez-la sans vous tromper ! Normalement, vous devriez y parvenir grâce à votre mémoire à court terme. Il existe en effet plusieurs sortes de mémoire. Celle à court terme sert à retenir une quantité limitée d'informations pendant un temps limité : un numéro de téléphone à composer immédiatement, les prénoms de trois personnes que vous ne connaissez pas, une liste de chiffres pour un petit test… Mais après une minute, elle s'efface. Si le numéro de téléphone est important, vous devez l'inscrire dans votre mémoire à long terme. Pour cela, deux solutions : le répéter jusqu'à le retenir par cœur ou bien faire des associations d'idées. Par exemple, s'il contient les nombre 39 et 45, pensez à la Seconde Guerre mondiale. La mémoire à long terme contient tout le savoir appris (les tables de multiplication), les souvenirs (les dernières vacances) ou encore des séries de gestes (faire du vélo). Cela représente une immense quantité d'informations qui se conserve pendant des années. Au fait, vous souvenez-vous toujours de la liste de chiffres du début ?

Combien notre cerveau a-t-il de neurones ?

Notre cerveau est constitué d'environ 100 milliards de cellules, les neurones, dont chacune est connectée à plusieurs dizaines de milliers d'autres. À partir de l'âge de 20 ans, 50 000 neurones meurent chaque jour sans être remplacés. Mais vu le nombre restant, ce n'est pas bien grave.

> ## Réfléchir fait-il maigrir ?

Un être humain, c'est comme une voiture : ça a besoin de carburant pour fonctionner. Nous puisons notre énergie dans la nourriture. Une pomme nous apporte 60 calories ; un verre de lait, 100 calories ; un hamburger, 600 calories. Pour vivre normalement, un homme qui n'exerce pas un travail trop physique a besoin d'environ 2 500 calories par jour. S'il en emmagasine régulièrement plus, il grossit. Comment notre corps dépense-t-il cette énergie ? D'abord, il faut faire fonctionner nos muscles : sur 100 calories absorbées, 20 sont utilisées pour notre activité physique. Ensuite, il y a le fonctionnement des organes : sur les 100 calories, notre foie en consomme 19, notre cerveau 17, le système digestif 10, le cœur 8, les reins 7. Donc oui, réfléchir consomme de l'énergie : d'ailleurs, en cas de manque important, par exemple lorsqu'on est en hypoglycémie, le cerveau peut s'arrêter et on tombe dans les pommes. Cependant, mieux vaut ne pas compter sur les exercices cérébraux pour maigrir : un sudoku force 5 ne fait guère brûler plus de calories qu'un mauvais feuilleton à la télé.

 **Dans les pays occidentaux, un adolescent sur cinq est menacé d'obésité. Vrai ou faux ?**

Vrai. Depuis quelques années, la proportion d'adolescents obèses augmente très fortement. En cause, une alimentation trop grasse, avec abus de soda, de desserts, et pas assez d'exercice physique.

Comment les savants ont-ils su ce qui se passait dans notre estomac ?

On avale une délicieuse tarte aux fraises et il en ressort un étron marron et malodorant. Que s'est-il passé entre-temps ? Au XVIIIe siècle, les savants savaient déjà, pour avoir ouvert le ventre de morts, que la nourriture passe par une poche (l'estomac), puis par un tuyau long de 8 m et large de 3 cm (l'intestin grêle), puis par un second tuyau de 1,6 m sur 7 cm (le gros intestin). Mais ils pensaient qu'à l'intérieur, la nourriture se contentait de pourrir. En 1752, le Français Réaumur, après avoir noté que les rapaces recrachaient une boulette faite des poils et des os de leurs proies, fit avaler à l'un d'eux un tube de fer percé de petits trous et contenant de la viande. Lorsque l'oiseau le recracha, le savant découvrit que la viande avait en partie disparu sans avoir pourri. Il recommença l'expérience avec une éponge et récupéra le liquide responsable de cela : le suc gastrique. Ses travaux furent poursuivis par l'abbé italien Spallanzani, qui expérimenta la technique sur lui-même, puis par le médecin Claude Bernard. On sait aujourd'hui que les aliments sont dégradés par les enzymes, libérant ainsi les nutriments, des éléments microscopiques qui passent à travers la paroi de l'intestin et nourrissent notre corps.

Entre son entrée et sa sortie, combien de temps un aliment reste-t-il dans notre corps ?

Il reste 2 à 7 heures dans l'estomac, 6 à 9 heures dans l'intestin grêle, 15 à 18 heures dans le gros intestin.

> **Combien de litres d'eau buvons-nous par jour et combien en éliminons-nous ?**

Chaque jour, entre le bol de café du matin, les verres d'eau aux repas et le sirop du goûter, nous buvons environ 1,5 litre. Et chaque jour, nous éliminons environ 1,3 litre d'urine, 0,5 de sueur, 0,5 de vapeur par la respiration et 0,2 d'eau dans les selles. Total : 1,5 litre qui entre, 2,5 litres qui sortent. Serions-nous des usines à eau ? Non, car le litre d'eau manquant n'est pas bu mais... mangé. Dans 100 g de haricots verts, il y a en effet 92 g d'eau ; dans 100 g de yaourt, 90 g ; dans 100 g de pommes, 85 g ; dans 100 g de steak, 60 g d'eau. Plus étonnant encore : dans 100 g de pain, il y a 31 g d'eau. Si vous n'êtes pas convaincus, faites l'expérience suivante : prenez une tranche de pain, pesez-la, laissez-la plusieurs jours à l'air libre et lorsqu'elle est bien sèche, bien dure, pesez-la à nouveau. Parmi les aliments contenant le moins d'eau, il y a le beurre (17 g pour 100 g), le chocolat (1 g pour 100 g) et l'huile (0 g !). Avec une alimentation équilibrée, nous « mangeons » chaque jour notre kilogramme d'eau, ce qui correspond au litre qui manquait tout à l'heure.

Combien le corps d'un adulte de 60 kg contient-il de litres d'eau ?

Environ 36 litres ! L'eau est inégalement répartie : il y en a beaucoup dans les liquides corporels (dans 100 g de sang, de salive ou de suc digestif, il y en a 96 à 99 g), un peu moins dans les muscles (75 g pour 100 g), et encore moins dans les os et la graisse (30 g pour 100 g).

**Qu'est-ce qui,
dans le corps humain,
mesure 100 000 km de long ?**

Chez un adulte, la longueur des vaisseaux sanguins, mis bout à bout, est de près de 100 000 km. Deux fois et demie le tour de la Terre ! Les plus gros vaisseaux, comme l'aorte, qui part directement du cœur, ont un diamètre de 3 cm. Les plus fins, comme les capillaires qui apportent le sang aux tissus, font quelques millièmes de millimètres de diamètre. Cinq litres de sang circulent à l'intérieur de ce vaste réseau d'artères, de veines et de veinules. Sur ces 5 litres, il y a environ 2,3 litres de globules rouges (ou hématies) : ce sont les cellules qui transportent l'oxygène des poumons jusqu'aux muscles et donnent au sang sa couleur rouge. On trouve aussi deux cuillerées à soupe de globules blancs (ou leucocytes), chargés de combattre les microbes qui tentent de nous attaquer, et deux cuillerées à café de plaquettes (ou thrombocytes), qui servent à faire coaguler le sang quand on se coupe. Toutes ces cellules baignent dans environ 2,7 litres de plasma, un liquide jaunâtre constitué essentiellement d'eau, de sels minéraux, de nutriments, de protéines, d'hormones...

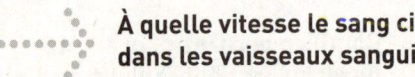 **À quelle vitesse le sang circule-t-il
dans les vaisseaux sanguins ?**

Ça a dépend de la largeur du vaisseau : 10 à 20 cm par seconde dans une grosse veine, quelques millimètres par seconde dans un capillaire.

Combien de poils un homme a-t-il sur le corps ?

Et une femme ?

Et un enfant ?

Les plus patients pourront les compter. Pour les autres, voici la réponse : 100 000 à 150 000 cheveux, plus 700 sourcils, plus 320 cils, plus 6 000 poils sous chaque aisselle, plus la barbe, plus les bras, plus, plus, plus... Au total, un homme a environ 5 millions de poils sur tout le corps. Une femme a, quant à elle, environ... 5 millions de poils. Et un enfant... 5 millions ! La différence, c'est leur taille. Dès la naissance, notre corps est recouvert d'un très fin duvet : il y a en moyenne 50 minuscules poils par centimètre carré de peau. À l'adolescence, tout change. Avec les hormones, le duvet de certaines parties de notre corps se transforme en gros poils piquants : sur les avant-bras, les jambes, les aisselles et le pubis. Mais les plus gros changements ont lieu chez les hommes : sous l'effet des hormones mâles, du poil dru pousse sur les joues, sur le torse et même sur le dos de certains. Le nombre de poils diminue avec l'âge. C'est sur la tête des hommes que c'est alors le plus visible : ils perdent leurs cheveux.

**Les poils ne servent à rien.
Vrai ou faux ?**

Faux. À la base du poil se trouve une glande qui produit une graisse qui lubrifie et assouplit la peau. Ils servent également de protection contre le froid ou la chaleur.

Qui a le plus d'os : un enfant ou un adulte ?

Dans ce match, c'est l'enfant qui gagne. Un bébé naît avec environ 300 os mous. Ensuite, à mesure qu'il grandit, ses os durcissent et certains se soudent. Ainsi, en bas de la colonne vertébrale, les quatre dernières vertèbres se collent entre elles pour ne plus former qu'un seul os : le coccyx. Lorsque toutes les soudures sont finies, à l'âge de 20 ou 25 ans, il reste en général 206 os distincts à un adulte. Ceux des mains et des pieds représentent plus de la moitié de l'effectif : 26 pour un pied, 27 pour une main. Viennent ensuite les vertèbres (24), les côtes (24), la tête (22)... Mais, comme personne n'est parfait, tous les adultes n'ont pas 206 os. Certains en ont un de moins au petit orteil alors que d'autres ont une vertèbre en plus. Et des bébés naissent parfois avec un doigt en trop à une main ou à un pied : cela s'appelle la polydactilie. C'est un peu gênant pour apprendre à compter sur les doigts, mais ce n'est pas grave et ça s'opère.

Quel est l'os le plus long et l'os le plus court du corps humain ?

L'os le plus long est le fémur, qui se trouve dans la cuisse : celui d'un homme de 1, 80 m mesure 50 cm. L'os le plus court est l'étrier, l'un des trois os de l'oreille interne : il mesure en moyenne 3 mm.

Quand êtes-vous le plus grand : le matin ou le soir ?

Faites l'expérience, c'est vraiment surprenant ! Mesurez-vous un matin et un soir : le matin, vous serez un à trois centimètres plus grand. L'explication est toute simple : des disques élastiques en cartilage sont intercalés entre nos vertèbres. En journée, comme nous sommes debout ou assis, ces disques se compriment et s'amincissent. Du coup, nous rapetissons. La nuit, comme nous sommes couchés, ils reprennent leur taille maximale. Chaque nuit, nous grandissons. Depuis un siècle, les Français aussi n'ont cessé de grandir, mais pour d'autres raisons. En 1870, la taille moyenne des Français était de 1,65 m – on ne connaît que celle des hommes, la mesure s'effectuant au début du service militaire. En 1970, elle est passée à 1,70 m pour les hommes et 1,60 m pour les femmes. Elle est aujourd'hui de 1,76 m pour les hommes et 1,65 m pour les femmes. L'augmentation de taille est liée à l'amélioration des conditions de vie, d'hygiène et d'alimentation et à la prévention des maladies. Mais seule la taille moyenne des Français augmente : les hommes très grands, eux, ne sont pas devenus très, très grands. La France ne sera donc pas peuplée de géants...

 **Combien mesurait l'homme le plus grand du monde ?**

Le plus grand homme de tous les temps est l'Américain Robert Wadlow qui, en raison d'un dérèglement de la thyroïde, grandit toute sa vie. À sa mort en 1940, à l'âge de 22 ans, il mesurait 2,72 m.

En moyenne, nous dormons environ 8 heures par jour. Un homme de 80 ans a donc passé un tiers de sa vie dans son lit, soit environ 26 années. Notre principale activité, c'est donc l'inactivité ! Le travail vient loin derrière, avec plus de 8 années complètes. Le temps passé à user ses culottes à l'école, au collège et au lycée est encore plus court (même si, sur le coup, cela paraît long) : 1 an et demi. Parmi les loisirs, celui auquel l'on consacre le plus de temps est la télévision. Au rythme actuel, un homme de 80 ans aura passé 10 années entières devant son poste. Si l'on ajoute 5 années attablé à manger et 3 mois et demi aux toilettes (un peu plus pour les constipés), cela fait beaucoup de temps assis... Dans certains domaines, femmes et hommes ne sont pas à égalité : une femme de 80 ans a passé près de 2 années et demie de sa vie à se laver, s'apprêter et s'habiller. Un homme, moins de 10 mois. Elle a aussi passé plus de 5 années à faire les courses, la cuisine et à s'occuper de la maison. Les hommes, beaucoup moins, même si les choses changent. Qu'est-ce que notre octogénaire a fait d'autre dans sa vie ? Il a passé 1 année à lire, 1 autre à faire la fête, 3 années dans les transports en commun, 6 mois au téléphone...

Au cours de sa vie, combien de temps un bébé de 6 mois a-t-il passé à dormir ?

Un nourrisson dort en moyenne 18 heures par jour. Un bébé de 6 mois a donc dormi 4 mois et demi.

> **Combien y a-t-il de centenaires en France ?**

Il y en a... de plus en plus. En 1950, on comptait seulement 200 Français âgés de plus de 100 ans. Ce nombre est passé à 1 100 en 1970, puis 3 800 en 1990, puis 19 500 en 2013. Et les estimations prévoient 60 000 centenaires en 2050, dont une part importante de personnes de plus de 110 ans... Vous êtes candidat ? Voici le profil type : selon une étude réalisée en 1991 sur plus de 1 000 centenaires français, ce sont le plus souvent des femmes (sept fois plus nombreuses que les hommes), 51 % d'entre eux ont les yeux bleus (alors qu'ils ne sont que 31 % dans le reste de la population) et ils ont un optimisme à toute épreuve et un caractère bien trempé. Quant à savoir si l'être humain a une limite d'âge, les scientifiques sont partagés sur la question. Pour certains, Jeanne Calment, décédée en 1997 à 122 ans, restera une exception. Pour d'autres, les progrès de la médecine, de l'hygiène et de l'alimentation interdisent de fixer toute limite biologique au-delà de laquelle la vie humaine n'est plus possible. Vivra-t-on un jour jusqu'à 150 ans ou 200 ans ?

 **Quelle est l'espérance de vie en France ?**

Un bébé né en France en 2006 vivra en moyenne jusqu'à l'âge de 84,5 ans si c'est une fille, 77,8 ans si c'est un garçon. En 1780, cette espérance de vie était d'environ 28 ans. Et actuellement, pour les enfants nés dans le pays africain du Sierra Leone, elle est de seulement 39 ans, notamment à cause du sida et des guerres.

Peut-on apprendre en dormant ?

Autrement dit : un étudiant doit-il apprendre ses leçons la veille de l'interrogation écrite ou le matin même ? Pour le découvrir, les chercheurs ont utilisé une machine dite de « tomographie à émission de positrons » : pendant que des cobayes humains effectuaient divers exercices, elle scannait leur cerveau et détectait les zones les plus actives. Lorsqu'on parle, qu'on regarde, qu'on marche, qu'on lit ou qu'on fait un calcul mental, ce ne sont pas les mêmes régions du cerveau qui se mettent en branle. La nuit suivante, la machine a continué à observer le cerveau des cobayes et, surprise !, les zones activées lors de l'apprentissage se sont réactivées. Les chercheurs en ont déduit que, pendant le sommeil, l'apprentissage de la veille se consolidait. D'ailleurs, le lendemain, les performances aux mêmes exercices étaient améliorées. Pour l'interrogation écrite, cela ne fait donc aucun doute : mieux vaut réviser la veille que le matin même. Et ensuite, au lit !

 **Lorsqu'on dort, on rêve du début de la nuit jusqu'à la fin. Vrai ou faux ?**

Faux. Il existe deux phases principales de sommeil. Pendant le sommeil lent, les muscles gardent leur tonus et le cerveau a une activité ralentie. Pendant le sommeil paradoxal, les muscles sont totalement relâchés, les yeux ont des mouvements rapides et le cerveau une activité semblable à celle de l'éveil. Au cours de la nuit, ces phases se succèdent. Les rêves ont lieu essentiellement pendant le sommeil paradoxal.

Combien notre langue peut-elle détecter de goûts différents ?

Le goût de la cerise, du chocolat, de la soupe aux choux... Une infinité de goûts ? Non, les saveurs que notre langue peut distinguer se comptent sur les doigts de la main – d'une seule main. Notre langue est recouverte de 3 000 à 4 000 papilles, qui sont des petits reliefs. On a l'habitude de dire que celles situées à l'avant seraient plutôt sensibles au salé et au sucré, celles sur les côtés, aux saveurs acides. Et celles à l'arrière, à l'amertume. Voilà pourquoi on a tendance à tirer la langue en mangeant une endive cuite ! Salé, sucré, acide et amer, cela fait quatre saveurs. Et le goût de la cerise, alors ? En réalité, ce n'est pas un goût. Votre langue peut juste dire si elle sucrée ou salée. Le reste, c'est votre nez qui le fait : en mangeant, vous respirez et votre odorat reconnaît s'il s'agit d'une cerise, d'une pomme ou d'une fraise. Pour vous en convaincre, faites l'expérience suivante : bouchez-vous le nez et sucez un bonbon au hasard. Vous serez incapable d'en dire le parfum. Débouchez-vous le nez : tiens, cerise !

 **Il existerait un cinquième goût.
Vrai ou faux ?**

Vrai. En 1908, en mangeant un bouillon d'algues, le professeur japonais Kikunae Ikeda identifia une nouvelle saveur qu'il appela *umami*, « savoureux », qui correspondrait au glutamate de sodium. Lorsqu'ils y ont goûté, hommes et animaux ont tendance à en redemander. Pas étonnant que les fabricants d'aliments aiment mettre cet additif dans leurs plats...

Existe-t-il des odeurs sans odeur ?

Soudain, vous relevez la tête : à l'autre bout de la maison, une tarte aux pommes cuit dans le four. Comment l'avez-vous su ? Question de flair ! La tarte aux pommes est faite de molécules, qui sont des grappes microscopiques de matière. Dans le four, ces molécules s'échauffent et certaines, plus légères, s'envolent dans les airs. Invisibles, elles remplissent la cuisine puis l'appartement, jusque dans votre nez. Là, des capteurs les détectent et envoient un signal électrique à votre cerveau : odeur de tarte aux pommes ! Chez les animaux, l'odorat est encore plus développé que chez l'homme : pour beaucoup d'entre eux, c'est même le premier des sens. Le nez d'un chien détecte des odeurs mille fois plus diluées que le nôtre. Mieux, les animaux communiquent souvent entre eux grâce à des odeurs très diluées et inodores : les phéromones. Ce sont des hormones détectables à plusieurs kilomètres. Un papillon en émet pour indiquer qu'il cherche un partenaire sexuel. Un puceron attaqué en émet d'autres pour prévenir ses copains. Un chien qui urine en dépose pour dire aux cabots du coin : « vous êtes chez moi ! »

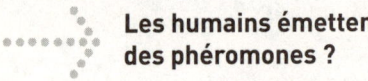

Les humains émettent-ils des phéromones ?

Les scientifiques pensent que oui, mais l'homme a un odorat tellement atrophié qu'on ne sait pas s'il est encore capable de les détecter. Le geste du nouveau-né qui se tourne naturellement vers le sein de sa mère pourrait être dû à des phéromones.

Existe-t-il un sixième sens ?

Oui, et même un septième, et un huitième… Les sens sont les organes qui nous donnent des informations sur le monde extérieur. Les cinq sens les plus connus sont bien sûr la vue, l'ouïe, l'odorat, le goût et le toucher. Mais il y en a d'autres. Nous autres, êtres humains, sommes par exemple dotés du sens de la « proprioception ». Ce mot barbare signifie que notre corps sait, à partir des informations fournies par les muscles et les articulations, quelle est sa position par rapport au milieu extérieur, et ceci même les yeux fermés. Ce sens est très développé chez les gymnastes qui, après une série de pirouettes sens dessus dessous, savent parfaitement où se trouve le sol et comment retomber dessus. Certains animaux possèdent d'autres sens que nous n'avons pas : ainsi les pigeons et les baleines ont-ils dans le cerveau des micro-aimants qui leur indiqueraient la direction du nord. Quant au poisson-éléphant d'Afrique, il vit dans des eaux boueuses et sans visibilité. Pour savoir ce qui l'entoure, il émet des petites décharges électriques qu'il capte ensuite avec son museau en forme de trompe. Si un ver passe à proximité, cela modifie le champ électrique. Le poisson-éléphant sait alors que son dîner est servi.

 **Comment le serpent à sonnette détecte-t-il ses proies ?**

Le serpent à sonnette possède deux détecteurs à infrarouge, un de chaque côté de la tête. Ils lui permettent de percevoir la chaleur d'une souris ou d'un écureuil, même dans l'obscurité complète.

L'homme bionique est-il parmi nous ?

Bionique, n. f. (contraction de biologie et de électronique) : élaboration de systèmes et de mécanismes imitant le monde vivant. Depuis 1958, il y a effectivement des hommes bioniques parmi nous. Cette année-là, en Suède, un petit métronome électronique a été implanté sur le cœur d'un patient dont le cœur battait irrégulièrement. Avec 500 000 implants chaque année dans le monde, le pacemaker est aujourd'hui une vraie réussite. D'autres machines ont été conçues pour soigner ou réparer. Certains sourds bénéficient d'implants cochléaires : un haut-parleur et une puce traduisent les sons en signaux électriques, transmis directement au nerf auditif et au cerveau. Il existe également des cœurs artificiels en plastique et en titane assez petits pour être greffés dans une poitrine. Principale difficulté encore à résoudre : l'alimentation en électricité... Enfin, des chercheurs conçoivent des bras mécaniques munis de moteurs et d'électrodes permettant aux personnes amputées de se saisir d'objets. À quand un être mi-homme mi-robot ?

Peut-on greffer un cœur de porc sur un homme ?

Lorsqu'un malade a le cœur ou les reins détruits, le mieux est de les remplacer par ceux d'une personne qui vient de mourir. Mais comme les donneurs manquent, les chercheurs explorent d'autres pistes : les organes artificiels ou la greffe d'organes animaux, notamment ceux du porc, de même taille que ceux des humains. Pour l'instant, les essais se sont soldés par des échecs car nos mécanismes de défense rejettent violemment cet intrus.

L'homme de Cro-Magnon savait-il parler ?

Pas facile de savoir quand les hommes se sont mis à parler ! Les anthropologues possèdent des informations sur nos lointains cousins bipèdes, les australopithèques, grâce à la découverte d'ossements vieux de plus de 5 millions d'années. Ils savent également plein de choses sur les premiers outils, grâce aux pierres taillées datées de 2 millions d'années. Pareil pour la maîtrise du feu, il y a environ 400 000 ans, grâce aux foyers retrouvés. Mais les hommes préhistoriques prononçaient-ils des mots articulés ? Comme les paroles s'envolent, les chercheurs se sont intéressés au larynx des hommes : l'aptitude à parler dépend de sa position dans le cou. Chez les singes, il est très haut placé : ils ne peuvent émettre que des grognements : « Hou ! hou ! hou ! » Chez les bébés humains aussi il est haut, puis il descend vers l'âge d'un an, permettant l'articulation des premiers « areuh ». Et chez les hommes préhistoriques ? En étudiant la base du crâne de l'homme de Cro-Magnon, les anthropologues ont déduit qu'il avait le larynx bas et était donc capable d'articuler. Il y a 30 000 ans, notre ancêtre avait sans doute un vrai langage. De là à savoir ce qu'il racontait...

Combien existe-t-il de langues sur Terre ?

Il y a environ 6 000 langues dans le monde. Malheureusement, comme beaucoup sont parlées par des populations très restreintes, une moitié devrait disparaître d'ici la fin du XXIe siècle. Soit presque une tous les quinze jours...

Pourquoi naît-on droitier ou gaucher ?

Au début du XXᵉ siècle, 3 % des Français étaient gauchers. Mais on obligeait alors les écoliers à écrire de la main droite. Aujourd'hui, où chacun utilise la main qu'il veut, ils sont environ 13 %. Mais les gauchers ne seront sans doute jamais aussi nombreux que les droitiers. Depuis toujours, une majorité d'hommes semble privilégier la main droite : dans les grottes préhistoriques, déjà, l'*homo sapiens* utilisait sa main droite, plus habile, pour peindre le contour de sa main gauche sur le mur. Le choix d'une main de préférence semble lié aux gènes : deux parents gauchers ont 2,5 fois plus de chances d'avoir un enfant gaucher que deux parents droitiers. Mais l'environnement joue aussi. Être gaucher ou droitier influe-t-il sur nos capacités ? Peut-être. La moitié gauche de notre corps est gérée par la moitié droite du cerveau. Or, en général, cet hémisphère est plutôt spécialisé dans la perception des formes et de l'espace. Et la moitié droite de notre corps est gérée par l'hémisphère gauche du cerveau, spécialisé dans le langage et le calcul. Ce n'est donc peut-être pas un hasard s'il y a plus de gauchers que la moyenne parmi les tennismen et les architectes, et moins parmi les scientifiques.

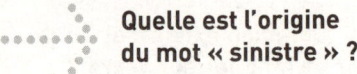

Quelle est l'origine du mot « sinistre » ?

Sinistre vient du latin *sinister* qui veut dire « gauche ». Les expressions liées à la gauche sont souvent négatives (« être gauche », « se lever du pied gauche ») contrairement à celles liées à la droite (« la dextérité », « être adroit »).

Pour faire un enfant, combien de « petites graines » papa met-il dans le ventre de maman ?

Bon, nous sommes tous grands, nous savons que les bébés ne naissent ni dans les choux ni dans les roses : pour faire un enfant, papa met une petite graine appelée spermatozoïde dans le ventre de maman. En réalité, il n'en met pas une, mais environ 200 millions. Cependant, comme elles sont microscopiques, toutes tiennent dans une cuillère à café. Elles ressemblent un peu à des épingles dont la tête mesurerait 0,005 mm et la queue 0,045 mm. Si les spermatozoïdes sont aussi nombreux, c'est qu'une épuisante course contre la montre s'engage pour eux et que leur durée de vie n'est que de quelques jours. Tic, tac, tic, tac ! Ils doivent remonter l'utérus et la trompe, trouver l'ovule à féconder et y pénétrer. Un parcours de 13 à 15 cm, pas évident pour d'aussi petits êtres ! Pour y parvenir, ils remuent leur queue et avancent comme des poissons dans l'eau à la fabuleuse vitesse de 3 mm par minute. Seuls les plus vifs, quelques centaines en tout, parviennent au terme du voyage. Et parmi eux, un seul pénètre dans l'ovule. Le développement de l'embryon commence alors. Nous avons donc tous, un jour, été les vainqueurs d'une difficile course !

Ce sont les spermatozoïdes qui décident du sexe du futur bébé. Vrai ou faux ?

Vrai. Il existe des spermatozoïdes X et des spermatozoïdes Y. Si c'est un Y qui entre dans l'ovule, un garçon naîtra neuf mois plus tard ; si c'est un X, ce sera une fille.

Pourquoi les humains n'ont-ils pas d'ailes dans le dos ?

Qu'il soit cocotier des Philippines, moustique de Guinée ou champignon de Paris, chaque être vivant a sa propre carte d'identité, contenue à l'intérieur de chacune de ses cellules. Il s'agit d'un long chapelet de molécules appelé acide désoxyribonucléique, plus connu sous ses initiales : ADN. Celui d'un humain mesure environ 2 m de long, mais il est tellement entortillé sur lui-même qu'il tient à l'intérieur d'une cellule de 0,02 mm de diamètre. L'ADN est divisé en petits segments, les gènes. Ce sont eux qui disent à un être vivant comment il doit grandir. Ils font que les humains ont deux jambes, deux bras, un tronc et une tête ; les pigeons, deux ailes et un bec ; le maïs, des épis et des grains jaunes. D'un humain à l'autre, l'ADN diffère très légèrement, ce qui explique pourquoi il y a des hommes et des femmes, des grands et des petits, des yeux bleus et des yeux bruns... Plus deux espèces sont éloignées, plus leur ADN diffère. Les humains ont ainsi 99 % de leur patrimoine génétique en commun avec les chimpanzés, mais bien peu avec les champignons de Paris !

Qu'est-ce que le clonage ?

Chaque être vivant a son propre ADN. Cloner, c'est prendre l'ADN d'un animal, le placer dans une cellule embryonnaire vide et la faire se développer. Quand ça marche, on obtient la copie parfaite de l'être de départ, puisqu'il a le même ADN.

> **Pourquoi, dans le ventre de sa mère, l'embryon humain a-t-il une queue ?**

Lorsqu'un ovule fécondé par un spermatozoïde commence son développement dans l'utérus maternel, il sait exactement, grâce à son patrimoine génétique (ADN), qu'il deviendra un bébé humain. Pourtant, au cours des premières semaines, l'embryon passe rapidement par des étapes communes avec ses ancêtres. Il commence par une cellule unique, comme les premières formes de vie sur Terre, il y a 3,5 milliards d'années. À la quatrième semaine après la conception, alors que l'embryon est gros comme un grain de riz, des ébauches de branchies apparaissent de chaque côté de la tête, comme chez les poissons. Elles se transforment rapidement pour former la base du cou, les mâchoires ou encore l'oreille externe. Une petite queue, comme chez les reptiles, apparaît à la fin de la troisième semaine et se résorbe à la huitième. Pendant la quatrième semaine, chez tous les mammifères, deux crêtes apparaissent sur le ventre, des aisselles aux aines. Des bourgeons s'y forment qui donneront les seins, puis, normalement, la crête disparaît à la sixième semaine. À la huitième semaine, l'embryon a enfin forme humaine, avec un visage, des membres, des doigts et tous les organes ébauchés. Il mesure 3 cm et pèse moins de 5 g !

 **Quelle différence y a-t-il entre un embryon et un fœtus ?**

L'embryon correspond au développement d'un être depuis l'œuf fécondé jusqu'à la fin de la mise en place de toutes les ébauches d'organes et de l'acquisition des formes de l'espèce. Chez l'humain, l'embryon devient fœtus à la fin de la huitième semaine.

LES PETITES BÊTES

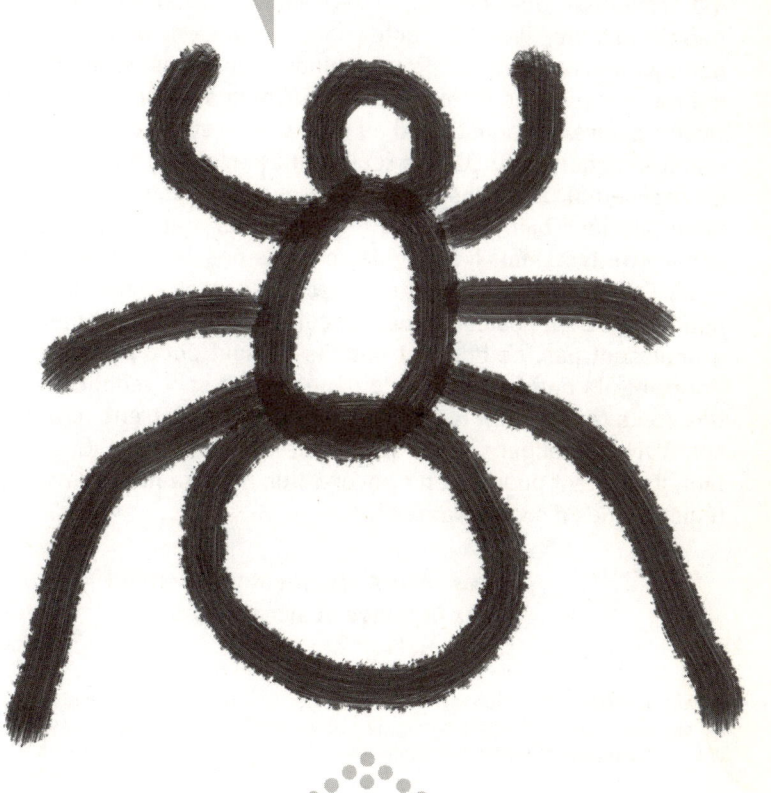

Il y a les vivants et les non-vivants. Moi, je suis juste entre les deux. Qui suis-je ?

Regardons autour de nous. Il y a les non-vivants : une table, un ordinateur, une voiture... Et les vivants : la chatte Zoé endormie sur la table, Claude le cactus dans son pot, une mouche sans nom qui tourne en rond... Pour distinguer ce qui est vivant de ce qui ne l'est pas, les biologistes ont défini des critères : un être vivant respire, est constitué d'au moins une cellule contenant le matériel génétique (ADN), se reproduit à partir d'un ou plusieurs de ses semblables, absorbe de la nourriture pour croître. La table fait donc bien partie des « non-vivants » et Zoé la chatte des « vivants ». Mais il existe des organismes inclassables : les virus. Ces microbes, si petits qu'ils sont invisibles au microscope optique, ne sont pas constitués de cellules, ne respirent pas, ne grandissent pas, ne bougent pas. Ils ne sont donc pas vivants. Pourtant, ils ont un patrimoine génétique et sont redoutables : dès qu'ils rencontrent la bonne cellule, ils la pénètrent, piratent son ADN et l'obligent à fabriquer... des copies du virus. Et s'il le faut, ils mutent pour devenir encore plus redoutables. Des stratégies dignes d'êtres vivants !

Les virus s'attaquent uniquement aux hommes et aux animaux. Vrai ou faux ?

Faux. Il existe une grande variété de virus. Certains parasitent les cellules des oiseaux, d'autres celles des hommes, des insectes, des plantes, des algues, des champignons, et même des bactéries.

Qui a inventé le vaccin ?

Eh non ! ce n'est pas Pasteur, mais un médecin anglais du nom d'Edward Jenner. Il a fait sa découverte en 1796 grâce à des vaches. À l'époque, des pustules se formaient parfois sur le pis des ruminants. Elles étaient dues à une maladie appelée « variole de la vache », ou encore « vaccine » (le latin *vaccina* signifie « vache »). Les valets de ferme qui trayaient une vache malade pouvaient eux-mêmes tomber malades. C'était assez courant et pas dangereux du tout. Mais, le plus étonnant, c'est que ces personnes devenaient ensuite insensibles à une maladie autrement plus dangereuse, et même mortelle : la variole humaine. La vaccine protégerait-elle contre la variole ? En mai 1796, Edward Jenner voulut en avoir le cœur net. Dans un premier temps, il inocula volontairement la vaccine à un enfant de huit ans. Dans un second temps, trois mois plus tard, il lui inocula la variole. À son grand soulagement, l'enfant ne développa pas la maladie : il était bel et bien protégé. Dès lors, la vaccination contre la variole se généralisa et l'épidémie diminua.

 **Quel vaccin Louis Pasteur a-t-il inventé ?**

Quatre-vingts ans après Edward Jenner, Louis Pasteur comprit les fondements théoriques de la vaccination et en améliora la pratique. Il découvrit le vaccin contre la rage en 1885.

**Quel célèbre savant
a découvert la pasteurisation
et en quoi consiste-t-elle ?**

La pasteurisation a été découverte par Louis Pasteur. Ce savant français, né dans le Jura en 1822, se passionna d'abord pour la chimie. Devenu professeur à l'université de Strasbourg puis de Lille, il s'intéressa ensuite aux microbes, ces organismes vivants microscopiques qui sont notamment à l'origine des maladies. Il démontra que, contrairement à l'idée reçue, les microbes n'apparaissaient pas spontanément dans le vide : ils naissaient d'autres microbes. En 1863, à la demande de l'empereur Napoléon III, Pasteur étudia les raisons pour lesquelles le vin s'altérait lors de la fermentation du jus de raisin. Il comprit que le problème était dû à des microbes parasites, chercha à y remédier, et découvrit que l'action de chauffer un produit tuait les microbes indésirables. Cette technique de stérilisation est aujourd'hui appelée « pasteurisation ». Elle consiste à chauffer du lait, un jus de fruit ou des charcuteries pendant quelques minutes à une température de 60 à 90 °C. Cela tue beaucoup de microbes, mais pas tous : il faut donc conserver le produit au réfrigérateur et le consommer dans les jours qui suivent.

**Que signifient
les lettres UHT inscrites
sur certaines briques de lait ?**

UHT sont les initiales d'« ultra-haute température ». Afin de tuer un maximum de microbes, ce lait a été chauffé à 140 °C lors du conditionnement. Il se conserve plus longtemps que le lait pasteurisé.

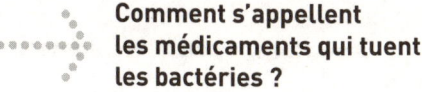

Nous vivons par 110 °C ou dans des bains d'acide. Qui sommes-nous ?

Les archéobactéries. Les bactéries sont des êtres vivants microscopiques, très simples, formés d'une seule cellule sans noyau. On en trouve partout : dans l'air, dans l'eau, dans le sol, dans notre corps... Certaines sont très utiles : celles de notre intestin, par exemple, nous aident à digérer. D'autres provoquent des maladies comme la méningite, la lèpre ou la tuberculose. Les archéobactéries sont des cousines des bactéries que l'on trouve surtout dans les milieux extrêmes : on les appelle « extrêmophiles ». Ainsi *Pyrolobus fumarii* vit-elle au fond des océans, près de sources d'eau souterraines où la température est de 110 °C. *Sulfolobus acidocaldarius*, en plus de la chaleur, aime les eaux très acides des lacs volcaniques. *Deinococcus radiodurans* se rit des rayons gamma et supporte des doses 3 000 fois supérieures à celles qui tueraient un homme. Quant à *Halobacterium salinarum*, elle habite dans des marais salants tellement salés que rien d'autre ne peut y vivre. Les archéobactéries intéressent beaucoup les astronomes car, si elles survivent sur Terre dans des conditions extrêmes, pourquoi n'en feraient-elles pas autant sur d'autres planètes, où les conditions sont tout aussi dures ?

Comment s'appellent les médicaments qui tuent les bactéries ?

Les antibiotiques. Ils sont efficaces contre les bactéries responsables de la méningite ou de certaines angines, mais impuissants contre les virus, comme ceux responsables de la grippe.

Le soir, quand vous vous endormez, combien êtes-vous en réalité dans votre lit ?

Des millions ! Il y a vous et vos invités, les acariens. Ce sont des bestioles microscopiques, invisibles à l'œil nu, de la même famille que les araignées. Ceux qui squattent nos lits sont dits « dermatophagoïdes ». Comprenez : ils mangent de la peau. Laquelle ? La nôtre, bien sûr. Chaque jour, un adulte perd en moyenne 1,5 g de peaux mortes, largement de quoi nourrir le troupeau qui vit à nos côtés. En eux-mêmes, les acariens ne sont pas dangereux. Mais certaines personnes peuvent développer des allergies : au réveil, elles ont le nez qui coule, les yeux larmoyants ou encore des démangeaisons. Elles ne sont pas allergiques directement aux acariens, mais à leur crottes. Eh oui, un lit n'est pas seulement la salle à manger des acariens... Pour lutter contre la prolifération des envahisseurs, quelques trucs simples : comme ils aiment vivre au chaud (26 à 32 °C dans le matelas), ne surchauffez pas la chambre (18 ou 19 °C maximum). Comme ils aiment vivre dans l'humidité, aérez chaque jour la chambre et le lit. Changez les draps souvent et passez l'aspirateur sur le matelas. Et, éventuellement, utilisez une housse anti-acariens.

 **D'où vient la poussière domestique ?**

Qu'on vive fenêtres ouvertes ou fermées, la poussière revient toujours. La majeure partie d'entre elle (80 %) provient de nos propres petites peaux mortes, plus ou moins mangées par les acariens.

> **Quel fil naturel est cinq fois plus résistant que l'acier ?**

Le fil des toiles d'araignées. C'est une matière vraiment extraordinaire : produite sous forme liquide par des glandes de l'araignée, elle passe par des filières situées à l'arrière de l'abdomen. Il en ressort un fil de quelques centièmes de millimètre de diamètre, qui se solidifie ensuite. En fonction de l'usage qu'elle veut en faire (une toile, son nid...), l'araignée produit jusqu'à sept sortes de fil, plus ou moins élastiques, plus ou moins collants. Dans le passé, ces fils fins et résistants ont été utilisés pour la fabrication de tapis précieux et de viseurs d'instruments d'optique. Aujourd'hui, ils pourraient servir à confectionner des gilets pare-balles et du fil de suture. Mais comment en produire en grande quantité ? Les tentatives d'élevage d'araignées ont échoué : les ogresses se dévoraient entre elles. Dans les années 1990, après avoir observé une similitude entre les glandes des araignées et celles des chèvres, la société canadienne Nexia est parvenue à modifier génétiquement des biquettes pour qu'elles produisent, dans leur lait, la protéine servant à fabriquer le fil. Mais la qualité et la quantité du fil ainsi produit sont encore loin des espérances.

Certaines araignées tissent leur toile sous l'eau. Vrai ou faux ?

Vrai. L'argyronète tisse entre les plantes aquatiques un dôme qu'elle remplit ensuite d'air. Cachée là, elle capture les larves aquatiques qui passent à proximité.

Si les puces avaient la taille d'un homme, à quelle hauteur sauteraient-elles ?

Spider-Man, prends garde à toi ! Une puce à taille humaine pourrait sauter d'un bond du trottoir jusqu'au sommet d'un gratte-ciel de 100 étages, à 300 m de hauteur. À titre de comparaison, lorsqu'il saute, un homme franchit à peine plus que sa propre hauteur, un kangourou 2,5 fois sa hauteur, une grenouille 6 fois, une sauterelle 35 fois. Comment la puce fait-elle pour dépasser 150 fois sa hauteur ? Question de technologie : elle ne bondit pas grâce à ses muscles, mais à des coussinets qui se trouvent à la jonction de ses pattes et de son thorax. Ces coussinets sont faits d'une protéine très élastique, la résiline. La puce compresse ses coussinets comme des ressorts et, au moment voulu, les relâche brusquement. Ses pattes se détendent et catapultent l'insecte dans les airs. La puce n'est pas la seule à posséder de la résiline : c'est aussi cette matière qui permet aux sauterelles de bondir et aux abeilles de battre des ailes 200 fois par seconde. Et bientôt, des humains en auront peut-être aussi : produite artificiellement, elle constitue un caoutchouc très résistant qui pourrait être utilisé pour la fabrication de prothèses chirurgicales. Spider-Man, prends vraiment garde à toi !

 **Quel mammifère saute le plus haut ?**

Le dauphin. Certes, il triche un peu en prenant de l'élan sous l'eau, mais il monte ensuite jusqu'à 7 m de hauteur.

Pourquoi les abeilles dansent-elles ?

Un jour du printemps 1919, le zoologiste Karl von Frisch plaça une coupelle d'eau sucrée sur une table et, alors qu'une abeille s'y posait, traça un point de peinture sur son dos. L'abeille retourna dans sa ruche, y régurgita un peu d'eau sucrée, puis se mit à exécuter une curieuse danse. Elle avança en frétillant, décrivit un demi-cercle à gauche pour revenir à son point de départ, frétilla à nouveau, puis fit un demi-cercle à droite. Aussitôt, ses congénères devinrent très excitées et, après quelques minutes, s'envolèrent droit vers la coupelle. Von Frisch recommença en changeant la position de l'eau sucrée et nota les nouveaux pas de danse. Il découvrit ainsi que l'orientation et la fréquence des frétillements indiquaient la direction du butin par rapport au soleil et sa distance par rapport à la ruche. Avec quelques subtilités : lorsque la distance était inférieure à 25 m, l'éclaireuse ne dessinait pas un huit mais un cercle. En 1988, des chercheurs allemands et danois mirent au point un minirobot capable de reproduire la danse des abeilles. Grâce à des chorégraphies appropriées, ils parvinrent à envoyer les abeilles là où ils le voulaient !

Comment les baleines communiquent-elles ?

Si les abeilles dansent, les baleines chantent. Leurs cris, constitués de sons et d'ultrasons, se propagent dans l'eau à plus de 1 000 km de distance.

Pourquoi seules les femelles moustiques piquent-elles ?

Les moustiques piquent par nécessité : le sang des vertébrés contient des éléments nécessaires à la fabrication de leurs œufs. C'est pourquoi seules les femelles piquent, les mâles se contentant du nectar des fleurs. Voici donc dame Moustique à la recherche d'un repas. Et comme elle se trouve dans votre chambre, le repas, c'est vous ! Pour vous repérer dans la pièce obscure, elle détecte le gaz carbonique émis par la respiration de votre peau : un pied qui dépasse d'une couette suffit. Atterrissage ! La bête sort son suçoir et le plante dans votre chair. Et pour que votre sang ne coagule pas dans sa trompe, l'astucieux insecte vous injecte au préalable un peu de sa salive anticoagulante. À la fin du repas, dame Moustique repart fière et vrombissante, ne vous laissant qu'un petit souvenir : un bouton qui gratte, réaction allergique de votre peau à sa salive. Un peu plus tard, la future maman dépose ses œufs à la surface d'une eau stagnante. Des larves aquatiques en éclosent, se développent puis se métamorphosent en moustiques, qui viendront un soir dans votre chambre...

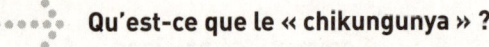

Qu'est-ce que le « chikungunya » ?

Certains moustiques transmettent par la salive des maladies comme le paludisme, la dengue ou le chikungunya. Cette dernière, apparue en 2005 dans l'océan Indien, se traduit par de la fièvre et des rhumatismes.

Pourquoi n'existe-t-il pas de fourmi de 18 m ?

Même sans chapeau sur la tête, une fourmi de 18 m, ça n'existe pas, ça n'existe pas. Pas plus qu'un moustique ou un scarabée de 1 m. En dehors des films de science-fiction et d'horreur, les insectes n'atteindront jamais la taille d'un chien ou d'un éléphant. À cela deux raisons : la première tient à leur squelette. Comme nous, les insectes sont constitués de parties solides et de parties molles. Mais, contrairement à nous, ils n'ont pas un fin squelette interne entouré de chairs externes : chez eux, les chairs sont situées à l'intérieur d'une carapace formée d'une matière très solide, la chitine. Or, si la taille d'un insecte augmentait, la masse de sa carapace deviendrait telle qu'il serait écrasé. La seconde raison à la limitation de taille est liée à la respiration des insectes. Contrairement à nous, l'oxygène n'arrive pas jusqu'aux tissus grâce aux poumons et au sang : l'air entre dans l'insecte par des petits trous situés sur les côtés et circule à l'intérieur par de fins tubes. Pour une bestiole de petite taille, cela fonctionne très bien. Mais pour un insecte géant, la vitesse d'approvisionnement en oxygène deviendrait trop faible et il mourrait asphyxié.

 **Combien mesure le plus grand insecte existant ?**

Le record est détenu par le phasme géant d'Indonésie, long de près de 50 cm. Le plus grand insecte préhistorique retrouvé est une libellule fossilisée dont l'envergure des ailes atteint 70 cm.

Combien un mille-pattes a-t-il de pattes ?

À vue de nez, les mille-pattes ont plus de six pattes : ce ne sont donc pas des insectes. Et ils en ont aussi plus de huit : ils ne font donc pas partie des arachnides, la famille des araignées. En fait, les mille-pattes sont des cousins des uns et des autres, et le nombre de leurs pattes est variable. Cela dépend de l'espèce et de l'âge. Il existe environ dix mille espèces de mille-pattes dans le monde. Certains sont carnivores, comme la scolopendre ou le géophile. Dans nos jardins, ils sont faciles à reconnaître : ils courent très vite. D'autres se nourrissent d'humus et de végétaux, comme l'iule. Très lents, ils ne prennent pas leurs pattes à leur cou lorsqu'on les dérange, mais s'enroulent sur eux-mêmes et attendent que le danger passe. Le nombre de pattes dépend de l'espèce : moins de 30 paires pour les scolopendres, jusqu'à 180 paires pour les géophiles, et même 375 paires – record mondial ! – pour le *Illacme plenipes* d'Amérique. Mais, chez un même individu, le nombre varie également avec l'âge. Bébé iule naît avec trois paires de pattes puis, à chaque mue, son corps se rallonge d'un nouvel anneau muni de deux paires de pattes. Papy iule peut avoir une centaine de paires de pattes...

Qu'est-ce qu'un myriapode ?

Myriapode est le nom scientifique du mille-pattes. Le mot est formé de *myria* (« dizaine de milliers » en grec) et de *pode* (« pied » en grec).

> **Quelle espèce animale représente à elle seule 80 % de la masse totale des animaux terrestres ?**

La réponse ne se trouve ni dans les airs (ce n'est pas un oiseau), ni sur terre (ce ne sont ni les éléphants, ni les fourmis, ni même les humains). La réponse est à chercher sous terre : ces animaux, si nombreux qu'ils représentent à eux seuls 80 % de la masse totale des espèces animales terrestres, hommes compris, sont les lombrics, autrement dit les banals vers de terre. Ils sont présents dans le sol de toutes les régions tempérées et tropicales. Si on en compte plusieurs dizaines par mètre cube de sol, ça finit par faire du poids ! Rien qu'en France, la masse des vers de terre, estimée à plus de 150 millions de tonnes, pèse cinquante fois plus que celle des Français. Il existe près de 4 000 espèces connues de vers de terre. Les plus longs vivent en Australie et, étirés, peuvent mesurer 3 m... Mal aimés, les lombrics sont pourtant très utiles : en avalant la terre pour en digérer les matières organiques, ils creusent des galeries qui aèrent le sol, l'ameublissent et le fertilisent.

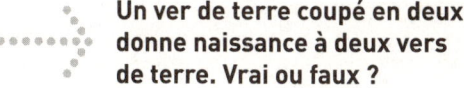

Un ver de terre coupé en deux donne naissance à deux vers de terre. Vrai ou faux ?

Faux. Les deux bouts bougent en effet quelques minutes, mais seul le plus long repousse pour reformer un ver entier. Le plus court meurt rapidement.

LES GROSSES BÊTES

Dans le règne animal, existe-t-il des papas poules ?

Il y a différentes façons de faire des petits. La plupart des animaux pondent des œufs, comme les insectes, les reptiles, les poissons, ou les oiseaux : ils sont ovipares. Une minorité donne naissance à des petits tout faits, comme les mammifères : ils sont vivipares. Enfin, certains gardent les œufs dans leur ventre jusqu'à l'éclosion et donnent naissance à des petits, comme le requin pèlerin et le boa : ils sont ovovivipares. De nombreux animaux abandonnent leurs œufs, obligeant les petits à se débrouiller tout seuls. Mais lorsqu'ils s'en occupent, c'est généralement la femelle qui en a la charge, le mâle se contentant, au mieux, de subvenir aux besoins de sa dame. Il y a cependant quelques exceptions. Ainsi, lorsque la femelle hippocampe pond ses œufs, son cheval de mer de mari les place dans sa poche ventrale jusqu'à l'éclosion. Après quelques semaines, il expulse des dizaines de petits hippocampes. Le crapaud accoucheur mâle, lui, colle les œufs de sa femme sur son dos et les transporte en veillant à ce qu'ils gardent la bonne température. Juste avant l'éclosion, il les dépose dans une mare. Chez les oiseaux, certains mâles couvent les œufs et s'occupent des oisillons, comme les jacanas.

**Tous les animaux ont besoin
d'un mâle pour se reproduire.
Vrai ou faux ?**

Faux. Chez les lézards *Cnemidophorus*, les femelles pondent des œufs qui, même s'ils ne sont pas fécondés par un mâle, donnent des petits. Cette reproduction sans fécondation s'appelle la parthénogenèse.

> ## Pourquoi Nemo
> ## le poisson-clown
> ## n'a-t-il pas de petite sœur ?

Dans la vraie vie, l'existence des poissons-clowns est encore plus extraordinaire que dans les dessins animés. Ces petits poissons orange et blanc naissent tous, absolument tous, garçons. Aucune fille parmi eux ! Voici ce qui se passe : chaque famille vit dans son anémone de mer. Une famille est composée d'une femelle, d'un mâle et de leurs enfants, des « sous-mâles » dont le développement est arrêté. Si la mère de famille meurt, le mâle se transforme, en l'espace d'un ou deux mois, en femelle ! Et le plus agressif des « sous-mâles » reprend son évolution, devient un mâle – un vrai – et forme un couple avec la nouvelle femelle. Ce changement de sexe au cours de la vie s'appelle l'hermaphrodisme successif. Environ 10 % des familles de poissons marins le connaissent, parfois dans l'autre sens : ainsi les mérous naissent-ils femelles et deviennent-ils mâles vers l'âge de 12 ans. Les huîtres font encore plus fort : toutes naissent femelles puis, chaque année, changent de sexe.

 **Certains animaux sont
à la fois mâle et femelle.
Vrai ou faux ?**

Vrai. Les escargots et les vers de terre sont des hermaphrodites simultanés : ils sont à la fois mâle et femelle. Il arrive même qu'ils se fécondent eux-mêmes, mais c'est très rare. Le plus souvent, ils se mettent à deux pour se féconder mutuellement.

Comment s'appelle le petit de la mule et du mulet ?

Il ne s'appelle pas, car il n'existe pas : les mulets sont stériles. Le mulet est le fruit de l'accouplement d'un âne et d'une jument. Pour la mule, c'est la même chose, mais en femelle. De tels croisements entre espèces s'appellent des hybrides et les hybrides ne peuvent généralement pas avoir de petits, pour des raisons génétiques. Ce sont un peu des erreurs de la nature mais, comme la nature est bien faite, ses erreurs ne se reproduisent pas. La mule n'est cependant pas nulle, bien au contraire ! Elle associe les qualités de chacun de ses parents : plus courageuse, plus intelligente, plus robuste qu'un cheval ; plus grande, plus rapide et moins paresseuse qu'un âne. Il n'est donc pas étonnant que les hommes aient toujours favorisé les amours entre un âne et une jument. Et attention de ne pas se tromper : le croisement entre un cheval et une ânesse, appelé bardot, est bien différent de la mule. En simplifiant, on peut dire qu'il cumule les défauts de ses deux parents... Dans le règne animal, d'autres hybrides existent, obtenus le plus souvent en captivité et artificiellement : tigron (tigre+lionne), crocotte (loup+chienne), ovicapre (bouc+brebis), zopiok (zébu+yack)...

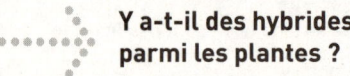

Y a-t-il des hybrides parmi les plantes ?

Oui, et comme pour les animaux ils sont généralement stériles : clémentine (mandarine+bigaradier), pomelo (orange+pamplemousse)...

Combien une hippopotame a-t-elle de mamelles ?

La nature est décidément bien faite : comme tous les mammifères n'ont pas le même nombre de petits par portée, ils ont, pour les nourrir, un nombre de tétines adapté. Prenons le mammifère que nous connaissons le mieux : l'être humain. Une femme met au monde, en général, un enfant, parfois deux, très rarement trois ou plus. Pour les allaiter, deux seins suffisent donc. Les mamans hippopotame, baleine ou jument sont dans le même cas. La lionne, dont la portée comporte en moyenne deux à quatre lionceaux, dispose de quatre tétines. Les chattes en ont huit, pour quatre à six chatons. D'une lapine à l'autre, le nombre de tétines varie et peut même être impair : de huit à onze, pour quatre à douze petits par mise bas. Quant à la truie, ses quatorze tétines permettent de nourrir entre dix et quatorze petits. Pourquoi certains animaux mettent-ils au monde un seul petit à la fois et d'autres une dizaine ? En général, plus l'animal est grand, plus la période de gestation est longue, et moins il a de petits par portée.

Certains humains naissent avec trois ou quatre seins. Vrai ou faux ?

Vrai. À la quatrième semaine de son développement, l'embryon humain a deux rangées de tétines, semblables à celles des chiens. Normalement, ces tétines se résorbent et il n'en reste que deux. Mais parfois, une ou deux autres subsistent à la naissance. Elles ressemblent alors à des gros grains de beauté.

Les animaux ont-ils des dents de lait ?

Lorsqu'ils sont petits, la plupart des mammifères ont des dents de lait. Mieux adaptées à leurs petites mâchoires, elles sont ensuite remplacées par les dents définitives. Chez le chat, elles poussent à 1 mois et tombent vers 4 mois. Il y a cependant des exceptions parmi les mammifères : les rongeurs, comme la chauve-souris ou la musaraigne, naissent directement avec leurs dents permanentes. Ils ont perdu leurs dents de lait alors qu'ils étaient dans le ventre de leur maman ! La dentition des mammifères adultes dépend de ce qu'ils mangent. Il existe trois sortes de dents : les incisives, les canines et les molaires. Les chiens et les lions, carnivores, ont de belles canines pour bloquer et déchiqueter leurs proies. Les chevaux et les vaches, herbivores, ont de grandes incisives pour arracher l'herbe et des molaires pour la broyer, mais aucune canine. Quant aux rongeurs, leurs incisives poussent toute leur vie. Normalement, un humain a 24 dents de lait puis 32 dents définitives. Mais, au cours de l'évolution, notre régime alimentaire s'est modifié et notre mâchoire a rétréci. Aujourd'hui, nombreux sont ceux chez qui les dents de sagesse ne poussent pas.

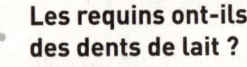

Les requins ont-ils des dents de lait ?

Les poissons et les reptiles n'ont pas de dents de lait, mais plusieurs rangées de dents. Lorsqu'une dent se casse, celle de la rangée suivante vient la remplacer.

> **Pourquoi le koala dort-il vingt heures par jour ?**

Le temps de se réveiller, d'ouvrir les yeux, d'aller chercher sa nourriture, de l'avaler, et hop ! c'est l'heure de retourner se coucher. Si le koala se dépense si peu, c'est justement à cause de sa nourriture. Vivant dans les forêts d'Australie, il mange essentiellement de l'eucalyptus. Or les feuilles de cet arbre contiennent très peu de calories, c'est-à-dire très peu d'énergie. Le koala doit donc éviter les efforts superflus s'il ne veut pas vivre au-dessus de ses moyens. Et c'est ce qu'il fait : assis sur une branche, il dort, il dort, il dort. Par chance, il n'a pas à descendre des arbres pour aller boire. Comme les feuilles d'eucalyptus sont constituées à 50 % d'eau, lorsqu'il mange son kilo de feuilles quotidien, c'est comme s'il buvait un demi-litre d'eau. En langue aborigène, *koala* signifie d'ailleurs « qui ne boit pas ». Parmi les autres gros dormeurs du monde animal, on trouve le paresseux et l'opossum (environ 20 heures), le maki (16 heures), le hamster et l'écureuil (14 heures) et le chat (13 heures).

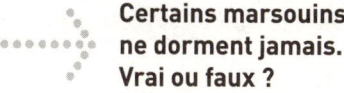

Certains marsouins ne dorment jamais. Vrai ou faux ?

Vrai. Une moitié de leur cerveau dort pendant que l'autre est éveillée. Ainsi ne sont-ils jamais tout à fait endormis. Plutôt nécessaire quand on passe sa vie sous l'eau et qu'il faut bien respirer de temps en temps...

Ça dépend du moment. Les animaux à sang chaud, comme les oiseaux et les mammifères, ont un organisme capable de conserver toujours la même température, été comme hiver, qu'il fasse dehors +30 °C ou -10 °C. Celle d'une chèvre est d'environ 40 °C, d'un chien ou d'un chat de 39 °C, d'un humain de 37 °C, d'un ornithorynque de 32 °C. Les animaux à sang froid, comme les poissons, les reptiles, les batraciens et les insectes, prennent quant à eux la température du lieu dans lequel ils se trouvent. Dans son bocal à 20 °C, Bubulle le poisson rouge a une température de 20 °C. Si l'on rajoute des glaçons et que l'eau chute à 10 °C, la température corporelle de Bubulle descendra d'autant. Chacun des deux systèmes a ses avantages et ses inconvénients : les animaux à sang chaud restent actifs l'hiver alors que leurs confrères à sang froid tombent en léthargie jusqu'au redoux. En contrepartie, pour maintenir leur température, ils doivent manger beaucoup plus. En conclusion, si les animaux à sang froid ont souvent une température plus fraîche que ceux à sang chaud, ce n'est pas toujours le cas : dans le désert californien, la température du lézard Chuckwalla peut dépasser les 41 °C. Qui dit mieux ?

 **Quelle est la température d'un hamster doré qui hiberne ?**

Lorsque le hamster hiberne, sa température chute à 13 °C. Ça lui permet de survivre en mangeant un minimum.

Qu'est-ce qui mesure 25 cm de large sur plusieurs mètres de long et flotte à la surface des océans ?

Une crotte de baleine bleue. La question n'est peut-être pas du meilleur goût, mais la réponse est plus intéressante qu'il n'y paraît : les excréments des animaux sont souvent un bon moyen de les connaître. Par exemple, les cachalots : comme ils descendent à plus de 2 000 m de profondeur pour se nourrir, il est impossible de les suivre pour savoir quel type de repas ils y trouvent. Heureusement, en attrapant leurs déjections avec un filet puis en les étudiant, les chercheurs savent maintenant que les cachalots se nourrissent parfois de requins et de calamars géants. De même pour les chauves-souris, qui chassent la nuit : les fragments d'ailes, de pattes ou de carapaces retrouvés dans leurs fientes permettent de connaître leur alimentation. Mais il y a encore mieux : en 1995, des paléontologues ont retrouvé au Canada une crotte fossilisée de dinosaure. En observant les os broyés qu'elle contenait, ils en ont déduit qu'il s'agissait des excréments d'un carnivore, certainement un tyrannosaure, qui avait dévoré peu avant un herbivore de la taille d'une vache.

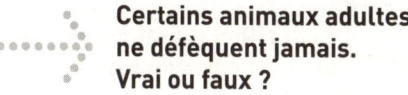

Certains animaux adultes ne défèquent jamais. Vrai ou faux ?

Vrai. Les éphémères adultes ne vivent que quelques heures, le temps de se reproduire. Pendant ce temps, ils ne mangent ni ne défèquent.

Jusqu'à quelle distance un aigle est-il capable de voir un lapin ?

Grâce à leurs yeux énormes, les rapaces ont une excellente vision : un aigle royal voit un lapin à 3 km de distance. C'est 6 fois mieux que ce que peut faire un homme. Les hiboux et les chouettes, eux, voient 50 à 100 fois mieux que nous dans le noir. Sans cette vision, les oiseaux de proie seraient incapables de chasser et de se nourrir. Chaque animal a une vue adaptée à son mode de vie. Ainsi, la libellule est le prédateur de petits insectes, mais aussi la proie d'oiseaux : elle doit donc pouvoir s'envoler très vite si elle est attaquée. Pour cela, chacun de ses yeux est doté de 30 000 facettes, qui lui permettent de scanner ce qui l'entoure 175 fois par seconde. Grâce à eux, elle perçoit les mouvements 7 fois mieux qu'un homme. Quant à la taupe, elle est aveugle comme... une taupe. Mais qu'importe ! Sous terre, il n'y a rien à voir. Et pour attraper les vers de terre dont elle est friande, elle possède d'autres armes redoutables : son odorat lui permet de sentir un ver à travers une couche de terre de 6 cm, son ouïe perçoit le moindre bruit, et son toucher est très sensible aux vibrations.

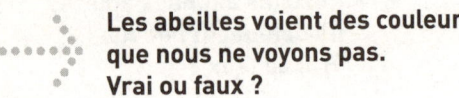

**Les abeilles voient des couleurs que nous ne voyons pas.
Vrai ou faux ?**

Vrai. Les abeilles ne voient pas la couleur rouge, mais elles perçoivent l'ultra-violet, ce qui leur permet de mieux distinguer la forme des fleurs et surtout leur cœur, où se trouve le pollen tant recherché.

Les animaux reconnaissent-ils leur reflet dans un miroir ?

Bon, certes, dans la jungle, les gorilles passent peu devant des miroirs. Mais la question mérite d'être posée car elle en amène une autre : les animaux ont-ils une conscience de soi ? Chez le petit d'homme, le « stade du miroir » se produit vers l'âge de 18 mois. Placez une poignée de bambins dans une pièce avec un miroir. Les mamans appliquent une petite tache de peinture rouge sur le nez de leur enfant, sans qu'il s'en aperçoive. Résultat : vers 1 an, le petit se regarde attentivement dans la glace et remarque la tache sur son reflet. Vers 15 mois, il touche le miroir pour tenter de l'effacer. Après 18 mois, il s'essuie le nez sans broncher : il a définitivement compris que la personne dans le miroir, c'est lui. Les scientifiques ont tenté l'expérience dans des zoos et des aquariums avec différents animaux. Parmi les rares espèces à avoir réussi le test, on compte des dauphins, des orques, des orangs-outangs, des chimpanzés. Une femelle orque, après avoir vu son image, est allée frotter son front taché contre la piscine puis est revenue s'observer. Les gorilles et les lions de mer, eux, n'ont pas réagi au test.

Les singes font-ils des singeries ?

Un chimpanzé bonobo peut passer de longues minutes devant un miroir à faire des grimaces, à se curer le nez, montrer les dents ou observer certaines parties de son anatomie invisible autrement, comme son derrière...

Un indice : c'est le nom latin d'un animal. Pour savoir lequel, voyons comment les savants ont classé les espèces animales. Tout en haut du classement, il y a l'embranchement : en fonction de la disposition de ses organes, un animal est classé parmi les mollusques (escargot, limace...), les arthropodes (insecte, crustacé...), les vertébrés... Notre invité mystère ayant une colonne vertébrale, c'est un vertébré. Mais les vertébrés eux-mêmes sont répartis en sous-catégories, les classes : les oiseaux (canari, autruche...), les poissons (truite, requin...), les mammifères... *Canis familiaris*, qui allaite ses petits, est un mammifère, mais lequel ? À leur tour, ces derniers se répartissent en différents ordres : primates (homme, chimpanzé...), rongeurs (rat, écureuil...), carnivores... Et puisque notre ami mange uniquement de la viande, c'est un carnivore, de l'une des familles suivantes : félidés (chat, lion...), mustélidés (belette, blaireau...), canidés... Nous approchons ! *Canis familiaris* est un canidé. Mais il en existe différents genres : *Vulpes* (renard roux, fennec...), *Lycaon* (lycaon), *Canis*... Ah, voilà enfin les *Canis* ! Reste à trouver l'espèce : il y a les *Canis lupus* (le loup), *Canis latrans* (le coyote), *Canis adustus* (le chacal rayé), *Canis familiaris* (le chien). La réponse était donc : le chien. Trop facile, la question !

Combien existe-t-il d'espèces sur Terre ?

Environ 400 000 espèces végétales et 1 800 000 espèces animales (dont les trois quarts d'insectes) ont été recensées. Mais il en resterait encore plus de 10 millions à découvrir...

> **Pourquoi, jusqu'en 1860, les dobermans ne mordaient-ils jamais les facteurs ?**

Parce que les dobermans n'existaient pas encore. La race a été créée vers 1860 par l'Allemand Frédéric Louis Dobermann (avec deux *n* !). Son métier était d'aller chez les gens pour collecter les impôts. Et, pour se défendre contre les éventuels voleurs, il avait besoin d'un grand chien qui sache bien mordre. N'en trouvant pas à son goût, il décida, tel le docteur Frankenstein, de le créer lui-même. Mais pas en collant la tête de l'un sur le corps d'un autre et avec les pattes d'un troisième ! Comme il travaillait bénévolement dans le chenil de la ville, il prit des chiens de différentes races – rottweilers, beaucerons, lévriers, pinschers... – et les fit se reproduire entre eux. Parmi les chiots qui naquirent, il sélectionna ceux dont les caractéristiques l'intéressaient. Lorsqu'ils furent grands, il les fit se reproduire à leur tour jusqu'à obtenir une nouvelle race. Plus tard, ces chiens furent baptisés du nom de leur créateur (mais avec un seul *n* !).

Qu'est-ce qu'un chien de race ?

Tous les chiens d'une même race ont des caractéristiques communes. Par exemple, le doberman est grand, élancé, avec la tête carrée... Lorsque deux dobermans ont un petit, celui-ci est aussi un doberman. L'arbre généalogique du chiot, qui comprend le nom de ses parents et de ses ancêtres, s'appelle le « pedigree ».

Peut-on se baigner sans crainte dans le loch Ness ?

Dans cette affaire, une seule chose est avérée : le loch Ness s'étire sur 37 km de long et 2 km de large. Sa localisation : en Écosse, près de la ville d'Inverness. Voilà pour le lac (en écossais, *loch* signifie « lac »). Pour ce qui est du monstre qui y habiterait, c'est une autre histoire… Histoire qui débute au VIe siècle, lorsque le moine Colomban sauve un homme prêt à se faire dévorer par un monstre. « N'avance pas ! Retourne d'où tu viens ! », s'exclame-t-il. Fort obéissante, la bestiole repart dans les profondeurs du lac. Elle refait ensuite surface de temps à autre, notamment en 1934 pour se laisser photographier. L'image, où l'on voit sa tête et son long cou, suscite beaucoup d'intérêt. Des zoologistes se mettent en quête d'indices de sa présence avec force caméras, bathyscaphes, sonars et même dauphins. Résultat : rien, pas un os, pas une empreinte, pas une crotte… Au contraire : sur son lit de mort, en 1993, Christian Spurling avoue que la photographie de 1934 était une supercherie. Il s'agissait d'un sous-marin jouet de 40 cm surmonté d'une tête en pâte à bois. Devant le succès de la photo, le farceur avait pris peur et préféré garder le secret…

Qu'est-ce que le Mokélé-mbêmbé ?

Le Mokélé-mbêmbé est un animal fantastique de 8 m de long qui vivait près du lac Télé, dans le nord du Congo. D'après les Pygmées, il ressemblerait à un dinosaure. Malgré plusieurs expéditions, on ne sait toujours pas si cet animal existe réellement.

> **Combien le Yéti a-t-il de doigts de pied ?**

Depuis longtemps, le Yéti, créature intermédiaire entre l'homme et l'animal, hante les légendes tibétaines. Les Européens ont commencé à vraiment s'y intéresser au début du XXe siècle, avec le témoignage de plusieurs Anglais. William Knight a ainsi déclaré avoir aperçu dans l'Himalaya un être d'environ 1,80 m, jaune pâle, avec peu de poils sur le visage, des pieds plats et de grandes mains. Plusieurs traces de pas de l'animal – surnommé « abominable homme des neiges » en 1921 par un journaliste – auraient par la suite été observées et parfois photographiées, notamment par Éric Shipton en 1951 et l'abbé Pierre Bordet en 1955... Ces pas, d'une trentaine de centimètres de long, indiqueraient que l'animal marche sur deux pattes et possède quatre doigts à chaque pied. Des crottes et des poils auraient été retrouvés, qui n'appartiennent à aucune espèce connue. Alors ? Pour certains scientifiques, en l'absence de photographie de l'animal ou de son cadavre, le Yéti reste une légende. Pour d'autres, il pourrait être un descendant des gigantopithèques, singes géants d'Asie disparus il y a 500 000 ans. Quelques spécimens auraient survécu dans les impénétrables forêts de rhododendrons, d'où ils ne sortiraient que rarement.

Des hommes sauvages habitent en Asie centrale. Vrai ou faux ?

De nombreux témoignages l'affirment : il y aurait, dans les montagnes reculées de Chine, d'Afghanistan, du Pakistan ou du Caucase, des hommes sauvages – des hommes et non des singes, comme pourrait l'être le Yéti – qui continueraient à vivre à l'âge de pierre.

Comment des pinsons ont-ils permis de comprendre que l'homme descendait du singe ?

En 1835, le biologiste anglais Charles Darwin arriva aux Galapagos, îles isolées de l'océan Pacifique. Il s'intéressa aux tortues géantes qui s'y trouvaient, aux iguanes et surtout aux oiseaux. Il y a là en effet treize espèces différentes de pinsons – il ne s'agit pas exactement de pinsons, mais cela n'a pas d'importance. Treize espèces dans un minuscule archipel, c'est énorme ! L'une d'elles casse des graines avec son gros bec, une autre utilise des épines de cactus pour dénicher des larves, une troisième mange des insectes... Bien plus tard, Darwin imagina qu'à l'origine il n'y avait qu'une seule espèce, venue d'Amérique du Sud. Les pinsons se seraient multipliés et adaptés à ce qu'ils trouvaient sur chaque île. C'est ainsi qu'ils auraient évolué et formé de nouvelles espèces. Le biologiste s'en inspira pour écrire *L'Origine des espèces par la sélection naturelle*, paru en 1859. Plus tard, il développa dans *La Descendance de l'homme* et dans *L'Expression des émotions chez l'homme et les animaux* la théorie qui était implicite dans *L'Origine des espèces* : « L'homme descend du singe. »

 **Aujourd'hui encore, certains refusent de croire aux théories de Darwin. Vrai ou faux ?**

Vrai. Malgré l'accumulation de preuves, les « créationnistes » refusent d'admettre que les êtres vivants évoluent sans cesse depuis 3 milliards d'années. Leurs raisons ? Une lecture littérale de la Bible, selon laquelle Dieu a créé la Terre, le Soleil, les animaux et l'homme en six jours, il y a environ 6 000 ans...

Les poules ont-elles eu des dents ?

Petit exercice d'observation : prenez une poule et regardez-la bien. Les pattes d'abord, ces petites écailles, ces trois orteils vers l'avant munis de griffes, ne vous rappellent-ils rien ? Et le fait que, comme les reptiles, elle ponde des œufs ? Et sa démarche sur deux pattes ne fait-elle pas penser à certaines scènes de *Jurassic Park* ? Ça y est, vous y êtes, c'est évident : les poules ont un petit air de famille avec les tyrannosaures ! L'hypothèse que les oiseaux descendent des dinosaures, notamment des théropodes, n'est pas nouvelle : elle remonte à la découverte en 1861 du fossile d'un archéoptéryx, en Bavière. En remarquant qu'il avait les dents et la queue des reptiles d'antan, et les plumes des oiseaux actuels, Charles Darwin y a vu le maillon entre les premiers et les seconds. Cette théorie, un temps abandonnée à cause des clavicules des oiseaux, que n'avaient pas les dinosaures, a obtenu une confirmation quasi définitive en 2005. Un dixième fossile d'archéoptéryx a été découvert en Bavière. Vieux de 150 millions d'années mais en excellent état, il confirme que cet ancêtre des oiseaux, qui avait la taille d'une pie, possédait bien des caractéristiques dinosauriennes.

Qu'est-ce que l'*archéoraptor* ?

Un canular ! En 1999, la découverte en Chine du fossile d'un animal nouveau, mi-oiseau mi-dinosaure, a connu un grand retentissement. Baptisé *archéoraptor* (à ne pas confondre avec le *vélociraptor*, bien réel celui-ci), il s'agissait du collage subtil de fossiles de deux animaux distincts...

En 2005, qui a fêté ses 175 ans dans un zoo australien ?

C'est Harriet. Mais peut-être la connaissez-vous mieux sous le nom de Harry. Son histoire commence aux îles Galapagos, au XIXe siècle. En 1835, le biologiste anglais Charles Darwin y débarque du *Beagle* et se passionne pour les tortues géantes qui vivent là. La légende raconte qu'il aurait capturé trois jeunes mâles, baptisés Tom, Dick et Harry. Ce dernier, de la taille d'une assiette, avait environ 5 ans. Darwin les aurait ramenés en Angleterre mais, le climat ne leur convenant pas, on leur aurait cherché un autre pays d'accueil. Ce qui est certain, c'est que les trois reptiles furent confiés en 1837 à un jardin botanique australien. Dick y mourut à la fin des années 1880, Tom en 1949. Harry, lui, vécut des jours paisibles jusqu'à ce traumatisant examen médical, en 1960 : un zoologiste l'étudia attentivement et découvrit qu'il était en réalité… une fille. Le choc ! Rebaptisée Harriet, la tortue se remit de ses émotions et, en novembre 2005, son zoo d'accueil lui fêta ses 175 ans. À cette date, certains zoologistes estimaient qu'Harriet était le plus vieil animal vivant au monde et qu'elle pourrait encore vivre vingt bonnes années. Sept mois plus tard, elle était morte…

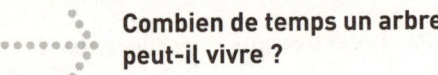

Combien de temps un arbre peut-il vivre ?

Cela dépend de l'arbre : un platane 800 ans, un rosier 1 100 ans, un chêne 4 000 ans, un baobab ou un cèdre japonais 5 200 ans, un pin Huon 10 000 ans.

LES PLANTES

Quel arbre est appelé le « fossile vivant » ?

Cet arbre existait déjà il y a 250 millions d'années : des fossiles montrent l'empreinte caractéristique de ses feuilles. Mais personne en Europe ne pensait que cette plante, qui avait côtoyé les dinosaures, puisse avoir subsisté jusqu'à nos jours. Pourtant, en 1691, le botaniste allemand Engelbert Kaempfer en découvrit un spécimen dans un temple nippon. L'arbre, qui avait survécu dans une région reculée de Chine, était connu au Japon sous le nom de « gin kyo ». Introduit en Europe, il fut étudié au XVIIIe siècle par le naturaliste suédois Linné et baptisé *Ginkgo* (le *y* s'étant transformé en route en *g*) *biloba* (car certaines feuilles ont la forme de deux lobes). Pour les botanistes, c'est un arbre étonnant : ni feuillu ni conifère, il possède des vertus médicinales contre les problèmes de mémoire, de sénilité, de peau ou d'asthme. Et l'espèce est vraiment, vraiment très résistante : elle a non seulement survécu aux changements climatiques depuis le Jurassique, mais également à Hiroshima. Un ginkgo, situé à environ un kilomètre de l'explosion de la première bombe atomique, a été l'un des premiers arbres à bourgeonner après l'explosion.

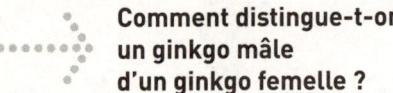

Comment distingue-t-on un ginkgo mâle d'un ginkgo femelle ?

Alors que la majorité des arbres sont à la fois mâle et femelle, les ginkgos sont soit l'un soit l'autre. Au printemps, les mâles produisent des fleurs qui contiennent le pollen, les femelles des petites boules qui sont les ovules.

Un arbre vivant est-il entièrement vivant ?

Les êtres vivants sont constitués de cellules. Il en existe de nombreuses sortes : cellules musculaires, cellules nerveuses, cellules sanguines... Chez les animaux et les hommes, elles sont vivantes : lorsque l'une d'elles meurt, elle est éliminée et, le plus souvent, remplacée par une nouvelle. Même un os est vivant, ce qui permet à un enfant de grandir, à un bras cassé de se ressouder : en dix ans, notre squelette se renouvelle entièrement. Et chez les végétaux ? Contrairement aux animaux, une partie des arbres vivants est en fait morte. Prenez le bois d'un tronc d'arbre, sous l'écorce. Chaque année, une nouvelle couche se forme à l'extérieur. Le tronc s'élargit alors un peu. Mais seul le bois produit lors des quatre ou cinq dernières années, le plus à l'extérieur, reste vivant : c'est par lui que l'eau et les sels minéraux puisés par les racines montent vers les feuilles. Au cœur du tronc, les cellules meurent et ne sont pas remplacées : ce bois mort sert uniquement à soutenir l'arbre. Il en va de même pour l'écorce. La partie de l'écorce située à l'intérieur est vivante : c'est par elle que redescend la sève. La partie de l'écorce à l'air libre, elle, est morte.

 **Comment connaît-on l'âge d'un arbre coupé ?**

Chaque année, le tronc produit une épaisseur de bois nouveau, qui correspond à un cerne. Pour déterminer l'âge d'un arbre coupé, il suffit de compter le nombre de cernes sur son tronc.

Quelle herbe peut pousser d'un mètre par jour ?

Les bambous. Pour les botanistes, les bambous ne sont en effet pas des arbres : ils font partie de la famille des graminacées, comme le blé et l'orge. Ce sont donc des herbes, et une forêt de bambous devrait donc s'appeler une… prairie ! Il existe donc 1 200 espèces de bambous différentes, réparties sur tous les continents sauf l'Europe et l'Antarctique. Certaines espèces poussent d'un mètre par jour, soit plus d'un demi-millimètre par minute : un record dans le monde végétal. D'autres atteignent 30 m de haut, la hauteur d'un immeuble de 10 étages. La solidité des chaumes en fait un matériau très utile pour la fabrication des maisons, des meubles, des échafaudages, des cannes à pêche, des flèches… En Chine et en Inde, le bambou est de plus en plus utilisé pour faire de la pâte à papier. Comme il pousse très vite et, une fois coupé, repousse comme de la mauvaise herbe, c'est plus écologique que de déboiser des forêts. En Europe, certains filtres à café sont déjà fabriqués à partir de pâte à papier contenant du bambou.

 **Les bambous fleurissent.
Vrai ou faux ?**

Vrai, mais la floraison des bambous est une énigme pour les botanistes : imprévisible, irrégulière, elle a lieu, pour une espèce donnée, au même moment dans toute une région, voire sur toute la planète, quel que soit l'âge des plantes. Les chaumes sèchent ensuite et meurent.

Que devient un bonsaï relâché dans la nature ?

Il grandit ! La réponse peut paraître idiote, mais elle ne l'est pas tant que ça. Car que se passe-t-il si, à la place du bonsaï, on relâche un lapin nain dans la nature ? Il pourra dévorer la moitié d'un pré, il ne grandira pas d'un poil. Et un chêne nain planté au même endroit restera petit lui aussi. La taille maximale que peut prendre un animal ou une plante à l'âge adulte dépend essentiellement de l'espèce et est inscrite dans ses gènes : les chihuahuas arriveront toujours à la cheville des dobermans, même s'ils mangent de la soupe tous les jours. Dans ce cas, pourquoi notre bonsaï grandit-il, lui ? En réalité, un bonsaï n'est pas un arbre nain : c'est un chêne, un mélèze, un saule ou un érable tout à fait normal, dont on taille régulièrement les branches et les racines pour l'empêcher de grandir. Ainsi peut-on le garder dans un pot : en japonais, *bonsaï* signifie d'ailleurs arbre (*sai*) en pot (*bon*). Mais dès qu'on le replante dans la nature, ses racines et ses branches poussent librement et il grandit.

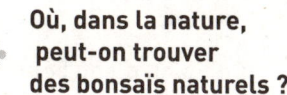

Où, dans la nature, peut-on trouver des bonsaïs naturels ?

Il arrive qu'une graine d'arbre atterrisse dans la faille d'un rocher ou sur un toit de maison. Elle germe, mais, n'ayant pas ou peu de terre pour pousser, l'arbre ne peut se développer et reste petit.

Il n'est pas facile de survivre dans un désert, surtout lorsqu'on ne peut pas se déplacer pour chercher de l'eau au puits. Pour y parvenir, les plantes ont développé différentes astuces. Les cactus, dont les 2 500 espèces sont originaires du continent américain, sont les champions de la discipline. D'abord, pour récupérer la moindre gouttelette d'eau du sous-sol, leurs racines ont un volume dix à quinze fois plus important que leur partie aérienne – c'est quinze fois plus que pour une plante normale. Ensuite, pour stocker cette eau, ils ont dans leur tige un suc qui sert de citerne. À cause de ce suc, les cactus sont appelés plantes succulentes, et ça n'a rien à voir avec leur goût ! Autre technique de survie : pour éviter de perdre de l'eau par évaporation, ils sont couverts d'une couche de cire, et les stomates par lesquels ils respirent ne s'ouvrent que la nuit. Enfin, toujours pour limiter la transpiration, ils ont réduit la taille de leurs feuilles au strict minimum : des petites pointes, les épines, qui servent également à se protéger des animaux et à capter l'eau de la rosée.

Combien d'eau peut
contenir un cactus ?

Les cactus géants Saguaro, originaires d'Arizona, ont une forme de chandelier à plusieurs branches. Ils atteignent 17 m de haut et contiennent jusqu'à 3 tonnes d'eau.

Les plantes ont-elles un sexe ?

La plupart des plantes à fleurs ont même les deux sexes : leurs fleurs produisent à la fois de la semence mâle (le pollen) et des ovules femelles. Du coup, il arrive que certains arbres, comme le noyer ou le pêcher, se fécondent eux-mêmes avec leur propre pollen. Cependant, le plus souvent, ils sont « autostériles » et ont donc besoin du pollen d'un autre pour être fécondés. Mais comment faire lorsqu'on est bien enraciné dans son pré pour récupérer la semence du voisin ? Certains végétaux utilisent le vent : le pollen très léger des sapins, des graminées ou des noisetiers s'envole aux quatre vents et, parfois, va féconder un confrère. Autre technique : se payer les services d'un porteur. C'est ce que font les pommiers, les coquelicots ou les rosiers grâce à leurs fleurs colorées et odorantes. Quand un papillon ou une abeille s'y pose pour se nourrir de nectar ou d'une partie du pollen, l'étamine de la fleur en dépose un peu sur l'insecte. Lorsqu'il va ensuite sur les fleurs d'autres spécimens de l'espèce, le pollen du premier tombe sur le pistil et le féconde. Mission accomplie ! La fleur sèche et se transforme en fruit contenant les graines.

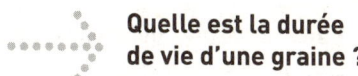

Quelle est la durée de vie d'une graine ?

Très, très longue ! Les graines sont capables de sommeiller des années en attendant les conditions idéales pour germer. Ainsi a-t-on fait pousser en 1966 des graines de lupin arctique vieilles de plus de 10 000 ans, retrouvées au Canada dans une boue gelée.

> **Pourquoi la fleur du *Stapelia nobilis* a-t-elle une odeur de viande pourrie ?**

Il s'agit d'un cas de mimétisme. L'art de l'imitation est très présent dans la nature : le caméléon, par exemple, change de couleur pour ne pas être vu des insectes qu'il veut attraper avec sa longue langue. Les phasmes, eux, sont des proies faciles : pour se fondre dans le paysage, ils ont la forme de feuilles vertes ou de brindilles. En Amazonie, certains papillons de la famille des papilionidés, délicieux entremets pour oiseaux, ont sur les ailes les mêmes dessins que des papillons de la famille des danaïdés, dont les oiseaux savent qu'ils sont toxiques. Du coup, on les laisse tranquilles. Mais les animaux ne sont pas les seuls imitateurs : les lithops, ou plantes-cailloux, vivent dans les déserts d'Afrique du Sud et sont gorgés d'eau : ils feraient le régal d'herbivores assoiffés s'ils ne ressemblaient à la perfection à des galets ! Et notre *Stapelia nobilis*, alors ? Sa fleur n'a aucun nectar à offrir aux insectes. Pourtant, elle doit en attirer si elle veut transmettre son pollen à ses congénères. En imitant l'odeur de la viande pourrie, elle trompe les mouches à viande qui croient pouvoir y pondre leurs œufs. Déçues, celles-ci repartent vers d'autres *Stapelia*.

 **Dans la nature, quelles couleurs signalent un danger ?**

Les plantes et animaux toxiques ou au goût désagréable le signalent souvent par des couleurs vives : un oiseau qui a goûté à une guêpe sait par la suite qu'il vaut mieux éviter les insectes volants jaunes.

> **Quel petit fruit orange a été créé par le frère Clément en 1902 ?**

La clémentine. À la fin du XIXᵉ siècle, frère Clément était un religieux qui travaillait dans un orphelinat agricole en Algérie. Il se passionnait pour les plantes. En 1900, il eut l'idée de récolter un peu de pollen sur les fleurs d'un bigaradier, l'arbre qui produit l'orange amère. Avec ce pollen, il féconda les fleurs d'un autre arbre, le mandarinier. Ces fleurs donnèrent des fruits dont frère Clément récupéra les pépins. Il les planta et attendit patiemment… Des arbres tout à fait nouveaux poussèrent et, deux ans plus tard, donnèrent leurs premiers fruits, des fruits tout à fait nouveaux. Peu acides, sans pépins et avec une écorce très fine, ils firent la joie des enfants de l'orphelinat ! Par la suite, ils furent cultivés sur tout le pourtour de la Méditerranée et, en 1929, on leur donna un nom dérivé de celui de leur créateur : les « clémentines ».

La clémentine est-elle un OGM ?

Les organismes génétiquement modifiés, ou OGM, sont des êtres vivants dont le code génétique a été modifié en laboratoire. En 1902, les OGM n'existaient pas encore. La création de frère Clément n'est pas un OGM mais un hybride, c'est-à-dire le croisement naturel de deux espèces.

À quelles fleurs messieurs Bégon, Magnol et Fuchs ont-ils donné leur nom ?

À partir du xvie siècle, les voyages vers l'Amérique et vers l'Asie se sont multipliés. De nombreux naturalistes y ont participé et ont découvert des plantes inconnues sous nos latitudes. Le père Charles Plumier a été l'un de ces voyageurs. Au xviie siècle, ce moine passionné de botanique a effectué trois longs voyages aux Antilles. Dans ses carnets, il décrivit et dessina les animaux et les plantes qu'il observa. De retour en France, il fut nommé botaniste du roi et classa les végétaux par genre. Et, comme certaines plantes nouvelles n'avaient pas encore de nom, il les baptisa. Ainsi, afin de remercier Michel Bégon, l'intendant de l'île de Saint-Domingue qui l'avait si bien accueilli, il créa le mot « bégonia ». Et, en souvenir des botanistes Léonard Fuchs, Pierre Magnol et Mathias de Lobel, il inventa les noms « fuchsia », « magnolia » et « lobélie ». Plus tard, Plumier fut à son tour honoré : un botaniste baptisa « pluméria » un arbuste exotique aux fleurs blanches et odorantes. Un juste retour des choses !

Quelle langue est utilisée par les scientifiques pour désigner le nom savant des plantes ?

Le latin. Comme les animaux, les plantes possèdent un nom composé de deux parties : le genre puis l'espèce. Exemples : *Prunus domestica* pour le prunier domestique, *Prunus serasifera* pour le prunier sauvage. Cette classification a été inventée au xviiie siècle par le Suédois Carl von Linné.

À l'époque des Romains, personne en Europe ne mangeait de pommes de terre car elle y était encore inconnue. Ce légume est originaire du Pérou. Il a fallu attendre la découverte de l'Amérique pour que la pomme de terre arrive en Europe, au XVIe siècle. Mais elle avait très mauvaise réputation : on racontait qu'elle donnait la lèpre. Jusqu'au XVIIIe siècle, elle était juste bonne pour les cochons ! Puis, en 1757, le Français Antoine Parmentier fut fait prisonnier par les Prussiens pendant la guerre de Sept Ans. Il survécut en mangeant des patates bouillies. De retour en France, il essaya de changer l'image de la pomme de terre. C'était trop bête : elle pouvait sauver des gens en période de famine, mais personne n'en voulait... Avec l'aide du roi Louis XVI, il réalisa en 1785 un fameux coup publicitaire : il planta des pommes de terre dans un champ gardé par des soldats. Les gens se demandèrent quelle plante précieuse était ainsi protégée. Chaque soir, les soldats s'en allaient pour permettre aux gens de chaparder les patates. Et c'est ainsi que leur consommation commença à se propager en France.

 **Parmi ces végétaux, lesquels sont originaires d'Amérique : cacao, cacahuète, avocat, tomate, haricot, potiron, maïs ?**

Tous ! Le nom de plusieurs d'entre eux vient de la langue aztèque : « cacao » de *cacauatl*, « cacahuète » de *tlacacauatl* (« cacao de terre »), « avocat » de *auacatl*, « tomate » de *tomatl*, « haricot » de *ayacotl*.

Les épinards contiennent-ils vraiment du fer ?

Contrairement à ce qu'on croit souvent, les épinards ne contiennent pas tant de fer que ça. Cette idée reçue est due à une erreur de frappe. En 1890, un chercheur américain a mesuré la quantité de fer contenue dans une feuille d'épinard. Il a obtenu 3,4 mg pour 100 g de légumes. Ce n'est pas mal, mais c'est moins que dans 100 g de foie (10 mg) et beaucoup moins que dans 100 g de moules (24 mg)... Le problème, c'est que la secrétaire qui mit le tableau au propre se trompa dans les virgules, multipliant involontairement la quantité par dix : du coup, les épinards devenaient l'aliment le plus riche en fer. La légende était en marche. En 1930, des savants allemands corrigèrent l'erreur, mais trop tard. Le temps que l'information exacte revienne aux États-Unis, deux dessinateurs, les frères Max et Dave Fleischer, s'étaient emparés de l'information fausse pour créer Popeye, cet étonnant marin qui trouve sa force dans des boîtes d'épinards. Dans le dessin animé, ce légume contient tellement de fer que Popeye peut les attirer avec un aimant ! Depuis, rien n'a terni cette réputation...

Notre corps peut très bien fonctionner sans fer. Vrai ou faux ?

Faux. Nous avons besoin de fer. Il y en a dans l'hémoglobine du sang, et il sert à la respiration. Le manque de fer peut nous rendre irritables, fatigués, incapables de fournir un effort...

Pourquoi les plantes carnivores ont-elles bon appétit ?

Il existe de nombreuses espèces de plantes carnivores, mais toutes mangent des insectes pour les mêmes raisons : parce qu'elles ont faim ! En général, les végétaux puisent les sels minéraux dont ils ont besoin dans le sol grâce à leurs racines. Les plantes carnivores, elles, vivent dans des milieux très pauvres en sels : marais, tourbières, parois rocheuses... Elles ont donc développé une autre technique : digérer des proies. Au menu, ce sont généralement des petits insectes, même si on a retrouvé des restes de grenouilles ou de souris dans des *Nepenthes rajah* d'Asie. Comment la plante attire-t-elle mouches et papillons ? Les dionées colorent leurs feuilles de rose et les parfument d'une odeur qui rappelle le nectar ; les droseras produisent des gouttelettes d'aspect humide très attirantes. Ensuite, il faut attraper les insectes : les feuilles des dionées se referment brusquement telle une mâchoire ; les grassettes engluent leurs proies ; les népenthès présentent aux insectes des urnes dans lesquelles ils glissent sans pouvoir remonter. Commence enfin la digestion, qui dure quelques jours : certaines plantes attendent que la proie pourrisse alors que d'autres produisent des enzymes qui la décomposent.

 **Les plantes carnivores peuvent avoir des indigestions. Vrai ou faux ?**

Vrai. Les feuilles des sarracénies, par exemple, ont la forme d'une urne qui ne se referme pas. Si trop de mouches y pénètrent en même temps, la feuille, incapable de les digérer, noircit et meurt.

> **Quel champignon émet des gaz après avoir mangé du sucre ?**

C'est le *cerevisiae*. Ce champignon microscopique – il y en a plus de 10 milliards par gramme – mange du sucre et le transforme en gaz carbonique et en alcool. Les brasseurs le connaissent sous le nom de « levure de bière » : le gaz et l'alcool produits servent à la fabrication de la bière (la cervoise des Gaulois, d'où son nom de *cerevisiae*). Les boulangers aussi l'utilisent, sous le nom de « levure du boulanger » : les gaz font gonfler le pain tandis que l'alcool s'évapore dans le four. Le *Saccharomyces cerevisiae* est l'une des 100 000 espèces de champignons. Ceux-ci sont tellement différents des plantes et des animaux que les biologistes les ont classés à part. Contrairement aux végétaux, ils ne fabriquent pas de chlorophylle : ils doivent donc, pour se nourrir, pousser sur des débris végétaux ou animaux. Pour se reproduire, ils fabriquent des « spores » qui s'envolent au vent et qui, s'ils atterrissent sur un repas qui leur convient, se développent. Outre les 4 000 espèces de gros champignons (bolet, girolle, morille...), les champignons comprennent aussi les moisissures (du roquefort ou d'une vieille pêche), les levures et les agents responsables de maladies des plantes (mildiou, rouille...) ou des mycoses de l'homme.

Les champignons de Paris viennent-ils de Paris ?

Le sous-sol parisien est truffé de carrières. Au début du XIXe siècle, l'agronome Chambry eut l'idée d'y mettre du fumier et d'y faire pousser des champignons, qui ont été appelés champignons de Paris mais qui aujourd'hui n'y poussent plus.

> **Je suis la symbiose d'une algue et d'un champignon. Qui suis-je ?**

Le lichen. Ce végétal vert, jaune ou rouge qui tapisse les rochers, les troncs d'arbre ou les toits de maison n'est pas un végétal simple : c'est une association de bienfaiteurs. Au microscope, on s'aperçoit en effet que la plupart des lichens sont formés d'un champignon et d'une algue qui vivent en parfaite symbiose. Les filaments du champignon, appelés hyphes, procurent à l'algue un abri contre les intempéries et la sécheresse ainsi que des sels minéraux. En retour, il reçoit de l'algue microscopique la chlorophylle, qu'il est incapable de fabriquer lui-même mais dont il a besoin pour se nourrir. Les deux compères s'entendent si bien qu'ils n'ont besoin de personne d'autre pour vivre : les lichens sont les premiers végétaux à coloniser un terrain nu. Il en existe 20 000 espèces vivant de 0 à 4 000 m d'altitude, à des températures de +70 °C à -70 °C. Lorsque la pluie manque, ils sèchent et reprennent leur taille normale dès qu'il pleut. Très résistants, les lichens sont cependant sensibles aux impuretés de l'air : ce sont de bons indicateurs de pollution.

 **En compagnie de quel animal trouve-t-on le plus souvent les poissons rémoras ?**

Du requin : le rémora est un poisson ventouse qui s'accroche sur le corps du requin et se nourrit des parasites qui l'infestent. Chacun est gagnant : dîner à l'œil pour l'un, toilette gratis pour l'autre.

Que donne le croisement d'un plant de tabac et d'une luciole ?

Un plant de tabac fluorescent ! Pour l'obtenir, les chercheurs ont disséqué le patrimoine génétique de la luciole (son ADN) afin d'y trouver le gène responsable de la production de luciférase, l'enzyme des organes lumineux. Ils ont ensuite introduit ce gène dans l'ADN du tabac. Le plant de tabac qui en a résulté a produit de la luciférase... et donc de la lumière. Une plante ou un animal dont on modifie ainsi les gènes est appelé organisme génétiquement modifié, ou OGM. Généralement, ils sont plus utiles que le tabac lumineux. Les chercheurs ont ainsi conçu du maïs fabriquant lui-même un insecticide contre les chenilles ; des tomates transgéniques avec vieillissement retardé ; du café décaféiné ; du riz dont certains gènes sont inhibés pour éviter les allergies ; du tabac capable de produire de l'hémoglobine humaine ; des pommes de terre produisant des médicaments antidouleur... En soi, les OGM pourraient s'avérer très utiles. Mais ils posent de nombreux problèmes : en consommer est-il réellement sans danger ? Et si le pollen d'un champ de maïs OGM se retrouve dans un champ de maïs non OGM, qu'est-ce que cela donnera ? La prudence reste donc de mise...

 **Les hommes préhistoriques faisaient-ils de la génétique ?**

Depuis le développement de l'élevage et de l'agriculture, il y a 10 000 ans, les hommes ont toujours fait des sélections et des croisements pour obtenir des vaches produisant plus de lait ou des grains de blé plus gros. Même si ça n'en porte pas le nom, c'est du génie génétique.

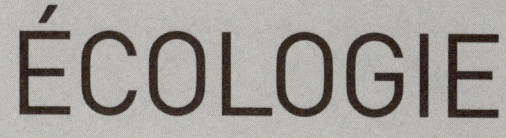

Combien d'espèces animales et végétales disparaissent chaque jour ?

Chaque jour, environ 100 espèces animales et végétales disparaissent de la surface de la Terre. Définitivement. Irrémédiablement. Sur les quelque 2 millions d'espèces recensées, ça paraît peu. D'autant que les extinctions sont un phénomène naturel. La Terre en a déjà connu plusieurs de grande ampleur : ainsi, il y a 65 millions d'années, un tiers des espèces, dont tous les dinosaures, ont disparu d'un seul coup, probablement suite à la chute d'une météorite géante sur la Terre. Alors 100 espèces de moins par jour, est-ce si grave ? Oui car, cette fois, nous en sommes responsables. En rasant des forêts et en polluant, l'homme détruit certaines plantes et bêtes. Et comme dans un milieu naturel tel oiseau mange tel insecte et tel rongeur niche dans tel arbre, on détruit par ricochet d'autres espèces. En 2004, l'Union mondiale pour la nature a dressé une liste rouge de 15 600 espèces menacées. Parmi elles, le faucon pèlerin et l'ours brun d'Europe ; le grand panda et le tigre d'Asie ; le ouistiti et le lynx roux d'Amérique ; l'éléphant et le gorille d'Afrique ; le papillon bleu et la grenouille mouchetée d'Océanie.

 **Quel oiseau de l'île de la Réunion a disparu au XVIIIe siècle ?**

Le dodo était une sorte de gros dindon qui vivait à la Réunion et à l'île Maurice. Sans aucun prédateur, il avait perdu son aptitude à voler. Après la découverte de ces îles, les Européens les ont chassés pour leur viande, jusqu'au dernier.

En 1850, combien y avait-il de lapins en Australie ?

En 1850, il n'y avait aucun lapin en Australie : l'animal n'en est pas originaire. Un siècle plus tard, il y en avait un milliard ! Voici ce qui s'est passé entre-temps : en 1859, Thomas Austin, un agriculteur australien amateur de chasse, importa d'Angleterre une douzaine d'individus. Relâchés dans la nature, ils se reproduisirent comme des lapins, justement. Et puisqu'il n'y a en Australie ni renard ni belette pour en croquer, ils envahirent le pays par millions, avec de terribles conséquences : ravageant cultures et pâturages, ils empiétaient sur le territoire d'autres animaux, notamment celui des petits kangourous. Pour lutter contre ce fléau, le gouvernement australien développa la chasse (ce fut insuffisant), construisit des clôtures (les lapins passèrent en dessous), introduisit des renards (qui trouvèrent plus facile de manger les petits marsupiaux). En 1950, la myxomatose, une maladie mortelle du lapin découverte en 1896 en Amérique du Sud, fut volontairement introduite en Australie : la majeure partie des lapins en mourut, mais certains résistèrent et recommencèrent à coloniser le pays. Les Australiens recherchent actuellement un virus génétiquement modifié qui en viendrait à bout.

Comment la myxomatose, originaire d'Amérique du Sud, est-elle arrivée en France ?

En 1952, pour se débarrasser des lapins de sa propriété, le professeur de biologie Armand Delille leur inocula le virus de la myxomatose. Mauvaise idée : en quelques années, l'espèce fut décimée dans toute l'Europe.

Le temps que vous lisiez cette question et sa réponse, combien d'êtres humains seront nés sur Terre ?

Supposons que vous mettiez une minute à lire la question ci-dessus et la réponse ci-dessous – c'est un peu rapide, mais c'est mieux pour les calculs, alors merci de faire vite. Pendant cette minute, environ 252 bébés auront poussé leur premier cri aux quatre coins du monde, dont les neuf dixièmes dans des pays en voie de développement. Dans le même temps, 108 personnes plus ou moins âgées auront rendu l'âme. Ce qui signifie qu'avant la fin de ce paragraphe, la population mondiale aura augmenté de 252 – 108 = 144 individus. Cela représente 8 640 personnes par heure, ou encore 207 360 par jour, ou encore 76 millions par an. Et cela pose un sérieux problème car ce sont autant de bouches supplémentaires à nourrir, et les réserves naturelles de notre planète ne sont pas illimitées. La population mondiale est ainsi passée de 0,25 milliard en l'an 1000 à 1 milliard en 1850, puis 1,5 milliard en 1900, puis 2,5 milliards en 1950, puis 6 milliards en 2000, et pourrait atteindre 9 milliards en 2050. Mais ce rythme de croissance diminue et les experts estiment qu'à la fin du XXIe siècle, la population mondiale pourrait ne plus augmenter.

 **Au total, combien d'humains ont vécu sur Terre depuis l'apparition de l'homme ?**

On estime à 100 milliards le nombre d'humains ayant vu le jour sur Terre. Parmi eux, 93 milliards sont déjà morts. Les autres, dont vous qui lisez ces lignes, sont toujours vivants.

> **Si tous les Terriens se tenaient serrés les uns contre les autres, quelle place occuperaient-ils ?**

À l'occasion de votre prochain anniversaire, vous décidez d'inviter l'humanité tout entière. Quelle surface prévoir pour la piste de danse ? Si vos convives se tiennent bien serrés, vous pourrez en placer 4 par mètre carré, soit 4 millions par kilomètre carré. Pour les 7 milliards de Terriens, il faudra donc une surface de 1 750 kilomètres carrés, soit un peu plus que celle de la Guadeloupe... Finalement, ce n'est pas tant que ça ! Mais 4 millions d'humains par kilomètre carré représentent une densité inimaginable. Sur Terre, le territoire le plus densément peuplé est Macao, avec 28 000 hab/km². C'est déjà beaucoup ! En France, il y a en moyenne 108 hab/km², mais avec de gros écarts suivant les départements : plus de 20 000 hab/km² à Paris, contre seulement 14 hab/km² en Lozère. Parmi les régions à faible densité de population, on trouve le Groenland, avec seulement 0,02 hab/km². Prenez un terrain de 10 km sur 10 km : vous y rencontrerez en moyenne 2 Esquimaux.

> **Quel est le continent ayant la plus faible densité de population ?**

L'Antarctique. En dehors des manchots, des phoques et de quelques scientifiques, ce continent grand comme trois fois l'Union européenne ne compte absolument aucun habitant.

> **Avec l'eau consommée en une journée par un Américain, combien de bouteilles de 1,5 litre pourrait-on remplir ?**

Chaque jour, un Américain du Nord consomme en moyenne 600 litres d'eau, l'équivalent de 400 bouteilles de 1,5 litre ! Un Européen en utilise entre 200 et 350 litres, un Africain, entre 10 et 20 litres. Depuis quelques décennies, les hommes ont compris que l'eau était une denrée précieuse et mal répartie. Pourtant, alors qu'un Terrien sur cinq n'a pas accès à l'eau potable, d'autres la gaspillent. Où passent les 200 à 350 litres que nous consommons chaque jour pour nos besoins domestiques ? Nous en buvons une infime partie (1 à 2 l). Il y a ensuite la vaisselle (15 à 30 l) et le linge à laver (70 à 120 l). Et comme nous aussi devons nous laver, il faut ajouter une douche (60 à 80 l) ou un bain (150 à 200 l). Sans oublier la chasse d'eau (10 à 12 l). Et, éventuellement, le lavage de la voiture (200 l), l'arrosage du jardin… N'allons pas plus loin, le compte y est. On pourrait cependant facilement faire des économies : d'abord, en vérifiant qu'aucun robinet ne goutte (une chasse d'eau qui fuit gaspille jusqu'à 600 l par jour !), ensuite en prenant une douche plutôt qu'un bain, en fermant le robinet quand on se brosse les dents…

Combien de litres d'eau faut-il pour faire pousser un kilo de maïs ?

L'agriculture est une grosse consommatrice d'eau. Pas moins de 500 litres d'eau sont nécessaires pour produire un kilo de maïs et 1 000 litres pour un kilo de pommes de terre.

> **Combien de bouteilles en plastique faut-il pour faire un pull-over ?**

Vingt-sept. Dans les années 1950, l'essentiel des déchets ménagers d'une famille ressemblait à cela : pelures de carotte, os de poulet, croûtes de fromage... Aujourd'hui, nos déchets ressemblent plutôt à ça : pots de yaourt vides, boîtes de conserve, bouteilles en plastique... Notre mode de consommation a en effet changé : autrefois, le lait était conservé dans des bouteilles en verre qui, une fois vides, étaient lavées puis remplies à nouveau ; aujourd'hui, on utilise des bricks qui finissent à la poubelle. Chaque Français jette plus de 1 kg de déchets par jour. Avec le tri sélectif, beaucoup de ces emballages peuvent être recyclés. Ainsi peut-on transformer les bouteilles d'eau en plastique en fibre synthétique : 27 bouteilles vides suffisent pour faire un pull en laine polaire. L'aluminium des canettes de soda peut être refondu et réutilisé : avec 670 canettes, on fait un vélo. De même pour l'acier des boîtes de conserve, qui, une fois retraité, est identique au neuf : avec 19 000 boîtes de conserve, on en a assez pour faire une voiture. Sans oublier le recyclage du verre et des vieux papiers...

 **Qui étaient les chiffonniers ?**

Autrefois, les chiffonniers passaient dans les villes et les villages. Ils collectaient les chiffons, les métaux, les peaux de lapins, les soies de porcs ou les vieux os. Ils les revendaient à d'autres petits métiers, qui en faisaient du papier, des tapis, des brosses... C'était l'ancêtre du recyclage.

Qui a la plus longue durée de vie : un client de supermarché ou son sac plastique ?

Le sac plastique. Un sac, c'est une seconde pour le fabriquer dans une usine, vingt minutes d'utilisation entre le supermarché et la maison, un à quatre siècles pour se détruire s'il est jeté dans la nature. Sur les milliards de sacs distribués chaque année dans le monde, nombreux sont ceux qui finissent au bord de la route ou sur une plage. C'est du pétrole gaspillé et c'est mauvais pour la nature : des dauphins confondent souvent les sacs flottant dans la mer avec des méduses et les avalent. En attendant que les États ne les suppriment purement et simplement, que faire ? D'abord, lorsqu'un sac est vraiment nécessaire, comme pour transporter un kilo de cerises, on peut utiliser un sac biodégradable : il n'est pas fait de plastique mais d'amidon de maïs. Un tel sac, s'il est malencontreusement jeté dans la nature, est « mangé » en quelques mois par les champignons ou les bactéries. Ensuite, à la caisse des supermarchés, il vaut mieux utiliser des grands cabas très solides qui, même s'ils sont en plastique, peuvent être réutilisés un très grand nombre de fois. Pour la nature, c'est mieux !

 ## Les sacs en papier recyclé sont-ils écologiques ?

Pas tant que ça... Il est vrai qu'ils permettent de recycler les vieux cartons et papiers, mais leur fabrication puis leur élimination coûte plus cher en énergie, en eau et en gaz à effet de serre que les sacs en plastique classiques.

Chaque année a lieu une curieuse compétition. Des dizaines d'équipes se retrouvent sur des circuits automobiles européens pour participer à un éco-marathon. Dans le réservoir de chaque voiture : un litre d'essence, pas une goutte de plus. Et roulez bolide ! Le vainqueur n'est pas celui qui va le plus vite, mais le plus loin. Pour y parvenir, les équipes, souvent formées de lycéens ou d'étudiants, redoublent d'imagination pour concevoir des engins plus aérodynamiques qu'un savon, plus légers qu'une plume et munis d'un moteur plus sobre qu'un dromadaire. À ce petit jeu, en 2003, les étudiants du lycée technique La Joliverie de Nantes ont parcouru 3 794 km ! À titre de comparaison, avec la même quantité d'essence, une voiture classique parcourrait une quinzaine de kilomètres... Mais une nouvelle technologie permet de faire désormais encore mieux : la pile à hydrogène. Elle transforme de l'hydrogène en électricité, qui fait tourner le moteur de la voiture. En juin 2005, avec 1,75 g d'hydrogène, soit l'équivalent en énergie d'un litre d'essence, un véhicule de l'école Polytechnique de Zurich a parcouru 5 385 km. À suivre...

Avec un litre d'essence, quelle distance peut parcourir une formule 1 ?

Une F1, qui consomme en moyenne 60 litres pour faire 100 km, parcourt avec un litre environ 1,6 km ...

Y aura-t-il toujours du pétrole sur Terre ?

Le pétrole est une huile minérale que l'on trouve dans le sous-sol. En latin, *petroleum* signifie d'ailleurs « huile de pierre ». Il provient de minuscules animaux et végétaux morts qui se sont accumulés au fond des océans voilà plusieurs centaines de millions d'années. Cette matière, recouverte de roches, s'est décomposée et transformée en gaz et en un liquide visqueux, le pétrole. La fabrication du pétrole a pris des millions d'années et, aujourd'hui, il ne s'en crée plus. Les réserves sont donc limitées et, puisque nous en consommons, elles seront un jour à sec. Quand ? Difficile de le prédire : dans les années 1970, les experts estimaient qu'il n'y aurait plus de pétrole en l'an 2000. Mais la découverte de nouveaux gisements et l'amélioration des techniques de forage les ont démentis. Alors, pour quand est-ce ? Aujourd'hui, les experts estiment que la production de pétrole devrait atteindre un maximum d'ici quelques années, voire quelques dizaines d'années, puis décliner irrémédiablement. La fin du pétrole pourrait survenir dans une cinquantaine d'années et celle du gaz quelques décennies plus tard.

À quoi ressemblerait un monde sans pétrole ?

Sans pétrole, plus d'essence pour les voitures, plus de kérosène pour les avions, plus de bitume pour les routes, plus de plastique ni de Nylon... Il est temps de penser à des solutions de rechange !

**L'oxygène de l'air
que nous respirons
sans cesse va-t-il s'épuiser ?**

Il y a sur Terre des consommateurs d'oxygène, comme les animaux ou les humains. Voici ce qui se passe dans notre corps. Lorsque nous mangeons, nous absorbons notamment des sucres et des graisses, qui contiennent du carbone. Lorsque nous respirons, nous absorbons de l'air, qui contient de l'oxygène. Et lorsque nous faisons travailler nos muscles, le carbone (C) s'associe à l'oxygène (O_2) pour former du gaz carbonique (CO_2). Celui-ci est évacué par le sang jusqu'aux poumons, puis recraché. Normalement, depuis le temps que les hommes et les animaux respirent, il devrait y avoir de moins en moins d'oxygène dans l'air. Heureusement, il y a sur Terre des fabricants d'oxygène, comme le plancton marin ou les arbres. Voici ce qui se passe pour les arbres. En journée, les feuilles absorbent le gaz carbonique de l'air. Avec l'énergie apportée par la lumière du Soleil, elles cassent ce gaz (CO_2), rejettent de l'oxygène (O_2) dans l'air et conservent le carbone (C). Associé à de l'eau, ce carbone sert à fabriquer des sucres et du bois. Les végétaux sont ensuite mangés par des animaux ou par nous et, tôt ou tard, le carbone finit dans nos assiettes. Et la boucle est bouclée.

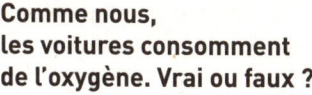

**Comme nous,
les voitures consomment
de l'oxygène. Vrai ou faux ?**

Vrai. Il y a dans l'essence beaucoup de carbone (C). En brûlant dans le moteur, il s'associe à l'oxygène (O_2) et forme du dioxyde de carbone (CO_2), communément appelé gaz carbonique.

Le réchauffement de la Terre est-il une mauvaise chose ?

Pour les 2 000 spécialistes du Groupe intergouvernemental d'experts sur l'évolution du climat (GIEC), cela ne fait pas de doute : le climat de la Terre se réchauffe. La principale raison serait l'effet de serre. L'air qui entoure notre planète agit comme le toit d'une serre qui retient la chaleur du Soleil. En soi, ce phénomène est bénéfique : il permet d'avoir une température agréable et propice à la vie. Le problème, c'est que l'homme a modifié l'équilibre qui régnait depuis des millénaires. Le dioxyde de carbone, produit en grande quantité par les usines et les voitures, participe à augmenter l'effet de serre et donc la température de la Terre. Selon les experts du GIEC, elle pourrait augmenter de 1,5 à 5,8 °C d'ici 2100. Chouette, direz-vous peut-être, plus besoin de bonnet en hiver ! En réalité, les conséquences pourraient être dramatiques : davantage de cyclones et de sécheresses, ainsi qu'une élévation du niveau des mers de 10 cm à 90 cm, due à la dilatation de l'eau des océans et à la fonte des calottes polaires. De nombreux îlots du Pacifique, dont l'altitude est de moins d'un mètre, disparaîtraient alors purement et simplement sous les eaux...

Que faire contre les gaz à effet de serre ?

En 1997, à Kyoto, de nombreux pays ont signé un accord pour réduire leurs émissions de gaz à effet de serre. En décembre 2009, à Copenhague, les États se sont réunis pour donner une suite aux accords de Kyoto. En vain : aucun accord juridiquement valable n'a été entériné.

Qu'est-ce que la pollution lumineuse ?

Chaque soir, les villes s'illuminent : les lampadaires éclairent les rues et des spots projettent leur lumière sur les monuments historiques. Une partie de cette lumière, réfléchie par le sol et les murs, part vers le ciel et éclaire l'atmosphère : cela forme un halo de lumière au-dessus des villes, bien visible depuis les campagnes voisines. Cette pollution lumineuse est très gênante pour les amateurs d'étoiles. La nuit, le ciel est en effet si clair au-dessus des villes qu'on voit seulement les étoiles les plus brillantes. Du coup, les astronomes, qui au XIXe siècle avaient bâti leurs observatoires à Strasbourg, Bordeaux, Nantes ou Marseille, ont dû s'exiler loin des lumières de la ville. Pour avoir le ciel le plus pur, ils se sont installés dans les montagnes. Aujourd'hui, les plus gros télescopes du monde se trouvent dans les Andes chiliennes, comme le Very Large Telescope, ou au sommet du mont hawaïen Mauna Kea, comme le Keck. Lorsqu'on ne les envoie pas directement dans l'espace, comme Hubble, mis en orbite en 1990. Mais tout n'est pas perdu : l'installation d'un éclairage mieux adapté permettra peut-être, un jour, d'apercevoir à nouveau la Voie lactée depuis le cœur des villes.

 **Certaines plantes et certains animaux des villes souffrent de la pollution lumineuse. Vrai ou faux ?**

Il semblerait que ce soit vrai. Perturbés par la lumière perpétuelle, des merles se mettraient à chanter en pleine « nuit » et des plantes avanceraient le moment de fleurir.

Combien de boulons et autres objets tournent en orbite autour de la Terre ?

Depuis le 4 octobre 1957 et la mise en orbite de Spoutnik, des milliers de satellites ont été envoyés dans l'espace. Ils ont vécu, sont morts et leurs cadavres sont restés là-haut. Parfois, sous l'effet des variations de température, ils ont éclaté en morceaux plus petits. Selon le Centre national d'études spatiales (Cnes), environ 10 000 objets de plus de 10 cm tournent actuellement autour de la Terre ; plus 200 000 objets de 1 à 10 cm ; plus 35 millions d'objets de 0,1 à 1 cm ; et bien plus encore de particules inférieures à 0,1 cm. Parmi eux, des vieux satellites, des batteries usagées, des boulons, des étages de fusées et même un gant, celui égaré par l'Américain Edward White en 1965. Tous ces déchets sont très dangereux : chacun file à près de 10 km/s, dix fois plus vite qu'une balle de fusil ! Une simple écaille de peinture peut laisser un impact d'une dizaine de millimètres sur le hublot d'une navette spatiale... Pour se protéger des gros objets, la Nasa a développé un système de surveillance. Pour les plus petits, indétectables, les scientifiques imaginent de nouveaux matériaux plus résistants. Mais, à l'avenir, il faudra surtout penser au recyclage des satellites dans l'espace dès leur conception sur Terre...

 **Quelle station spatiale a été détruite le 23 mars 2001 ?**

Pour éviter qu'elle ne pollue l'espace, la station russe Mir, en fin de vie, a volontairement été freinée pour qu'elle s'écrase dans l'océan Pacifique.

Quelle mer a perdu la moitié de sa surface depuis 40 ans ?

La mer d'Aral. C'est l'histoire d'une immense catastrophe écologique : dans les années 1950, cette mer, située en Asie centrale, entre le Kazakhstan et l'Ouzbékistan, était grande comme la Belgique et les Pays-Bas réunis. Ses eaux fournissaient 40 000 tonnes de poissons par an. Puis vinrent les planificateurs soviétiques : dans les années 1960, ils décidèrent qu'il serait bien de produire du coton dans la région. Et puisque le climat était aride, ils décidèrent de puiser l'eau des fleuves. C'est ainsi que 90 % des eaux de l'Amou Darya et du Syr Darya, qui alimentaient la mer d'Aral, furent détournés. Résultat : son niveau a baissé de 18 m. Des maisons qui autrefois étaient en bord de mer en sont désormais éloignées de 120 km, et les poussières salées des zones asséchées, portées par les vents, brûlent les terres arables alentour. Dans la moitié de mer qui subsiste, la concentration en sel a triplé, si bien que 27 des 30 espèces de poissons ont disparu. Plusieurs programmes internationaux de sauvetage ont bien été mis en place, mais la tâche est telle qu'on ne sait pas si la mer pourra être sauvée. D'ici 25 ans, elle pourrait avoir totalement disparu...

Quelle mer située au Moyen-Orient est tellement salée qu'aucun poisson ni aucune algue n'y vit ?

Puisque rien ne peut y vivre, on l'a appelée la mer Morte. Depuis 50 ans, elle a perdu un tiers de sa surface, notamment en raison de la surexploitation du Jourdain, le fleuve qui l'alimente en eau douce.

Pourquoi aucun touriste n'a-t-il jamais mis les pieds sur l'île Surtsey, au large de l'Islande ?

Pour les scientifiques, cette île est un véritable trésor. Jusqu'en 1963, il n'y avait, à cet endroit situé à 30 km au sud de l'Islande, rien que la mer. Le 14 novembre, une éruption volcanique sous-marine s'est produite et l'île est progressivement sortie des eaux, jusqu'à atteindre 1,5 km de diamètre et 174 m de haut. Les scientifiques ont alors eu une excellente idée : ils ont voulu voir comment la vie apparaîtrait sur ce caillou volcanique, baptisé Surtsey. Son accès fut donc interdit à tout humain, sauf aux biologistes et aux zoologistes chargés de noter l'apparition des espèces. Les premières plantes à s'y développer furent, dès 1965, des lichens et des mousses dont les graines avaient été portées par le vent, puis des herbes, portées par la mer. Venus des terres voisines par les airs, des scarabées et des papillons s'installèrent. Puis des oiseaux trouvèrent avec les herbes et les insectes de quoi nicher et se nourrir. À leur tour, ils participèrent au développement de la flore avec leurs crottes très fertiles et l'apport de graines nouvelles depuis l'Islande. Actuellement, 12 espèces d'oiseaux et 60 espèces de plantes vivent sur Surtsey, dont les premiers arbustes depuis 1998.

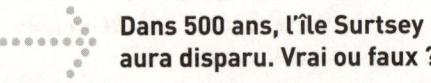

Dans 500 ans, l'île Surtsey aura disparu. Vrai ou faux ?

Vrai. La roche volcanique étant très friable, l'île est rongée par la mer, le vent et la pluie. Depuis 1967, elle a déjà perdu la moitié de sa surface et ne mesure aujourd'hui plus que 1,4 km².

PLANÈTE
TERRE

Quelle est l'altitude moyenne de la Terre ?

L'altitude moyenne de la Terre est de 2 400 m… sous le niveau de la mer. Nous qui vivons sur la terre ferme l'oublions souvent, mais 70 % de la surface du globe est couverte d'eau. Notre planète devrait donc s'appeler non pas la « planète Terre », mais la « planète Océan ». Jusqu'au xxᵉ siècle, les savants croyaient qu'aucune vie n'était possible au-delà de 100 ou 200 m de profondeur car, l'eau filtrant la lumière, il y fait nuit noire : l'algue la plus basse jamais découverte vit d'ailleurs par 270 m de fond. Mais depuis, des petits sous-marins ont exploré les abysses. À des milliers de mètres de profondeur, par 2 °C, par une pression incroyable et une obscurité totale, ils ont observé des poissons aux dents immenses, des calamars géants, des vers marins… Ils sont certes rares, car la nourriture l'est aussi – elle provient de la surface, des organismes morts qui ont coulé –, mais il y a bel et bien de la vie là-dessous. Depuis 1977, des submersibles ont même découvert d'incroyables oasis sous-marines : à 1 000, 2 000 ou 3 000 m de fond, près de sources d'eau chaudes, des bactéries se nourrissent de sulfure d'hydrogène, des vers broutent les bactéries, des crabes dévorent les vers et des coquillages grignotent les restes des animaux morts. Une étrange faune des bas-fonds…

 ### Quel est le record de profondeur pour un fond marin ?

La fosse des Mariannes, à l'ouest du Pacifique, s'enfonce à plus de 11 000 m de profondeur. En comparaison, la montagne la plus élevée du globe, l'Everest, n'atteint que 8 848 m…

Le triangle des Bermudes est-il dangereux ?

Au large de la Floride, le 5 décembre 1945, cinq bombardiers américains s'égarent et, par manque de carburant, disparaissent l'un après l'autre en mer. L'un des hydravions partis à leur secours disparaît lui aussi... Plusieurs journalistes s'intéressent à l'affaire, et en 1964 l'un d'eux parle pour la première fois du mystérieux « triangle des Bermudes », un bout de l'océan Atlantique dont les sommets sont la Floride, l'île de Porto Rico et les îles Bermudes. Plusieurs dizaines d'avions et de navires y auraient disparu. De nombreuses tentatives d'explication ont été avancées, dont certaines sont farfelues : ce serait un repaire d'extraterrestres, à moins qu'il n'y ait là une faille spatio-temporelle... D'autres sont plus sérieuses : il pourrait y avoir une perturbation du magnétisme terrestre qui dévierait les boussoles, ou encore des « flatulences océaniques », émissions naturelles de méthane sous-marin provoquant des remous. Mais l'explication la plus sérieuse est qu'il n'y a pas de mystère : dans cette région une fois et demie plus grande que la Méditerranée, zone de passage de cyclones, les naufrages ne sont en réalité pas plus nombreux qu'ailleurs...

 **Pour les assureurs,
le triangle des Bermudes
n'existe pas. Vrai ou faux ?**

Vrai. Les assureurs n'ont pas de tarif spécial pour les navires et les avions qui traversent le triangle des Bermudes. Nul doute que, s'il y avait un risque plus élevé, ils l'auraient prévu.

Tout d'abord, si vous faites l'expérience vous-même, ne vous trompez pas de pôle Nord : il y en a deux, séparés d'environ 1 900 km. Le pôle Nord géographique, intersection de la Terre avec son axe de rotation, se trouve par définition tout en haut de la Terre, par 90° de latitude nord. Le pôle Nord magnétique, indiqué par l'aiguille d'une boussole, se trouve quant à lui au nord du Canada. Si votre boussole désigne toujours cette direction, c'est que la Terre se comporte comme un gigantesque aimant : son noyau de fer crée un champ magnétique qui attire l'aiguille aimantée de la boussole. Le premier à avoir atteint le pôle Nord magnétique fut l'Anglais James Ross, en 1831. Alors que les navires de son expédition étaient bloqués dans les glaces au nord du Canada, il partit en exploration et suivit la direction indiquée par sa boussole. À un moment, elle n'indiqua plus ni la gauche, ni la droite, ni devant, ni derrière mais... le sol sous ses pieds. L'aiguille était verticale ! Il venait d'atteindre le pôle Nord magnétique.

Le pôle Nord magnétique change de place. Vrai ou faux ?

Vrai. Le noyau de fer en fusion au cœur de la Terre, à l'origine du champ magnétique terrestre, est en permanente évolution. Du coup, l'emplacement du pôle Nord magnétique bouge lui aussi. Il se dirige actuellement vers la Sibérie à la vitesse de 40 km par an.

**Pendant un orage,
comment savoir à quelle distance
la foudre s'est abattue ?**

Un orage gronde au loin. Soudain, la foudre s'abat. Vous voyez d'abord sa lumière (l'éclair) puis vous entendez son bruit (le tonnerre). Boum badaboum ! Mais comment savoir à quelle distance la foudre est tombée ? Pour parcourir la distance depuis le lieu d'impact jusqu'à vos yeux, la lumière a voyagé à une vitesse proche de 300 000 km/s. Elle a donc mis une infime fraction de seconde : vous voyez l'éclair quasiment au moment même où la foudre s'abat. Le son du tonnerre, lui, va beaucoup plus lentement : à 340 m/s. Pour parcourir 1 km, il lui faut 3 secondes. Pour connaître la distance en kilomètres d'un orage, comptez les secondes entre l'éclair et le tonnerre, puis divisez cette durée par trois. Par exemple, si 6 secondes se sont écoulées, cela signifie que l'orage se trouve à 2 km de vous.

Comment les savants ont-ils mesuré la vitesse du son dans l'air ?

Le 22 juin 1822, des savants français ont tiré un coup de canon du sommet d'une colline de Villejuif, près de Paris. À Montlhéry, situé à 18,7 km de là, d'autres savants ont aperçu la lumière de la poudre enflammée puis entendu, 55 secondes plus tard, le coup du canon. Ils en ont déduit la vitesse du son dans l'air : 340 m/s.

Combien d'ampoules de 100 watts pourrait-on allumer avec l'électricité d'un éclair ?

Pendant un orage, les gouttes d'eau circulent dans les nuages et se chargent d'électricité. Lorsqu'il y en a trop, l'électricité se décharge d'un coup : c'est la foudre. La puissance électrique d'un éclair est d'environ 20 gigawatts, ce qui permettrait d'allumer 2 milliards d'ampoules de 10 watts. C'est énorme, mais cela ne dure que le temps de l'éclair, quelques dixièmes de seconde... Si l'on pouvait capter l'électricité du million d'éclairs qui s'abattent chaque année sur la France, on obtiendrait une puissance d'environ 20 mégawatts. C'est à peu près ce que produit une petite turbine de fleuve, de quoi alimenter 5 000 foyers pendant un an. Ce n'est finalement pas tant que ça... D'autant que, pour récolter la foudre, qui peut tomber n'importe où, il faudrait semer 2 milliards de paratonnerres hauts de 10 m sur tout le territoire. Pas joli joli... Avec en plus le problème du stockage : l'électricité est une énergie qui se conserve très difficilement. Lorsqu'elle est produite, il faut la consommer tout de suite.

Combien d'ampoules de 100 watts peut-on allumer avec une éolienne ?

La puissance maximale d'une éolienne est d'environ 1 000 kilowatts, ce qui permet d'allumer 100 000 ampoules de 10 watts. C'est 20 000 fois moins qu'un éclair, mais ça a l'avantage de durer tant qu'il y a du vent...

Combien un nuage pèse-t-il ?

La masse d'un nuage dépend bien sûr de sa taille. Commençons petit : capturons un bout de nuage, mettons-le dans un cube de 1 m de côté, et observons-le : on remarque d'abord qu'il est formé de plusieurs centaines, voire de plusieurs milliers de fines gouttelettes d'eau en suspension. En rassemblant toutes ces gouttelettes, on obtiendrait un dé à coudre d'eau pesant 2 à 3 g. Le reste, c'est de l'air. Dans un nuage, l'air constitue d'ailleurs l'essentiel de la masse : celui contenu dans notre nuage d'un mètre cube pèse environ un kilogramme, 500 fois plus que la masse d'eau ! Relâchons maintenant notre petit nuage et intéressons-nous à un nuage moyen d'un kilomètre de long sur un de large et un de haut : il est constitué de plus d'un million de tonnes d'air et d'environ 2 000 ou 3 000 tonnes d'eau. Comment cette eau fait-elle pour flotter dans les airs ? Grâce aux courants ascendants. Chacune des gouttelettes qui constituent le nuage aurait tendance à tomber. Mais les courants d'air chaud qui s'élèvent depuis la terre s'opposent à leur chute et permettent au nuage de flotter. Toutefois, lorsque les gouttelettes grossissent trop, elles s'alourdissent et tombent alors en pluie.

 **Combien de noms de nuages connaissez-vous ?**

Les cumulus (nuages blancs à contours nets), cumulo-nimbus (nuages sombres, gros et élevés, annonciateurs de pluie), cirrus (nuages filandreux en bande), mais aussi altocumulus, altostratus, cirrocumulus, cirrostratus, nimbostratus, stratonimbus et stratus.

Peut-on prédire le temps qu'il fera dans un mois ?

Malgré les photos satellite et les programmes informatiques, il est impossible de dire précisément le temps qu'il fera dans un mois, ni même dans quinze jours. La raison à cela est souvent appelée « effet papillon ». Au début des années 1960, le météorologue américain Edward Lorenz travaillait sur un modèle devant prédire la température. Un jour, pour vérifier un résultat obtenu quelques jours plus tôt, il introduisit des chiffres dans un ordinateur, lança le programme et obtint un résultat très différent du premier. Il s'aperçut alors que, pour aller plus vite, il avait tapé 0,506 au lieu de 0,506127. Une toute petite différence au départ avait conduit à une énorme différence à l'arrivée. Pour donner une image parlante du phénomène, il expliqua que le battement d'aile d'un papillon au Brésil pouvait entraîner une tornade au Texas. Petits effets, grosses conséquences : c'est la théorie du chaos. Et cela explique les limites des prévisions météorologiques : de minuscules perturbations de l'atmosphère terrestre, non mesurables et sans conséquence aujourd'hui et dans les jours qui viennent, peuvent en avoir de grosses dans deux semaines.

En haute montagne, comment de petites causes peuvent-elles avoir de grands effets ?

Un skieur passe sur la crête enneigée d'une montagne. Une petite plaque de neige se détache, grossit, grossit... C'est l'avalanche qui emporte tout sur son passage.

Où et quand aura lieu le prochain tremblement de terre ?

Impossible de le dire : les tremblements de terre sont imprévisibles. Les sismologues ne se croisent pourtant pas les bras. Ils ont ainsi compris que les séismes étaient dus au déplacement des plaques qui forment la croûte terrestre. Elles bougent de quelques centimètres par an mais, comme les plaques voisines frottent les unes contre les autres, il ne se passe rien pendant plusieurs années de suite, puis, d'un coup, elles se déplacent de plusieurs dizaines de centimètres : c'est le séisme. Sachant cela, les sismologues tentent des prévisions à long terme. D'abord sur le lieu des séismes : ils se produisent de préférence à la jonction entre deux plaques. Le Japon, l'Indonésie, la Californie sont dans des zones à risques. Ensuite sur les « chances » de séismes : si, à un endroit, il s'en produit un violent tous les 20 ans et qu'il n'y en a pas eu depuis 30 ans, il devrait s'en produire un prochainement. Pour des prédictions à court terme, les savants recherchent dans le sol des courants électriques annonciateurs, des ondes sismiques ou encore du radon, un gaz connu pour apparaître avant un séisme. Malheureusement, aucune méthode n'est assez fiable pour prédire avec certitude les forts séismes à venir, et ainsi sauver des vies.

 ## Comment est graduée l'échelle de Richter ?

L'échelle de Richter évalue l'amplitude des séismes.
1 ou 2 : trop faible pour être ressenti.
3 : ressenti mais sans dommage.
4 : les objets bougent.
5 : maisons endommagées.
6 à 9, et au-delà : dommages sévères dans une vaste zone.

**Quel est le bruit
le plus violent jamais entendu
par des humains ?**

Indonésie, 1883. Le Krakatoa, dont le nom signifie « mont silencieux », est un volcan de 2 000 m de haut endormi depuis deux siècles. Soudain, le 20 mai, il se réveille et émet un nuage de vapeur. Après quelques semaines de calme, il reprend son activité et, les 26 et 27 août, c'est l'apocalypse. Il explose littéralement, projetant 50 millions de tonnes de cendres jusqu'à 55 km de hauteur. La détonation est si puissante qu'on l'entend dans l'île Rodriguez, distante de 4 700 km : c'est le bruit le plus fort jamais entendu. Vidé de son contenu, le volcan s'écroule ensuite dans l'océan, provoquant un raz-de-marée de 20 à 40 m de haut, qui ravage plusieurs villes et fait 36 000 morts. Une oscillation anormale des eaux est même enregistrée dans la Manche, à 18 000 km de là... Et ce n'est pas tout : les nuages de cendres qui se mettent à tourner autour de la Terre provoquent un refroidissement de l'atmosphère d'environ 0,3 °C. À la place du Krakatoa se trouve aujourd'hui l'Anak Krakatoa, le « fils du Krakatoa », heureusement moins actif que son « papa »...

 **Un volcan est à l'origine du mythe
de l'Atlantide. Vrai ou faux ?**

Peut-être : en 1500 avant J.-C., l'explosion du volcan de l'île de Santorin, en Méditerranée, a provoqué un immense raz-de-marée. Selon certains historiens, il pourrait être à l'origine du mythe de l'Atlantide, la ville engloutie. Mais ce n'est qu'une hypothèse parmi d'autres...

> ## Il y a 300 millions d'années, combien y avait-il de continents sur Terre ?

Un seul ! Pour comprendre ce qui s'est passé depuis, effectuons un voyage au centre de la Terre. Le cœur de notre planète ressemble à un œuf. Au milieu se trouve un noyau de fer (le jaune). Il est entouré d'un manteau de roche fondue (le blanc). Puis vient une fine écorce solide (la coquille). Mais cette écorce n'est pas faite d'un seul bloc : elle est formée d'une douzaine de plaques indépendantes, qui flottent sur le manteau comme des radeaux sur l'eau, et qui se déplacent donc les unes par rapport aux autres. Revenons maintenant à nos continents. Il y a 300 millions d'années, ils n'en formaient qu'un seul, la Pangée. Puis les plaques sur lesquelles ils se trouvaient se sont écartées, disloquant ce supercontinent. L'Amérique du Sud s'est écartée de l'Afrique, l'Antarctique et l'Australie ont pris le large... Ce phénomène, qui a pris des millions d'années, se poursuit encore aujourd'hui : chaque année, New York s'éloigne de Paris de quelques centimètres.

Comment sait-on que les continents étaient autrefois collés entre eux ?

Observez une carte : les côtes de l'Amérique du Sud s'emboîtent parfaitement dans celles de l'Afrique. Par ailleurs, l'étude des fossiles montre qu'il y a 250 millions d'années, la même faune et la même flore y habitaient. En 1915, l'Allemand Alfred Wegener en déduisit que ces deux continents étaient autrefois soudés l'un à l'autre.

Trouve-t-on des coquillages dans les Alpes ?

Des coquillages fossilisés, oui ! Dans les Alpes-de-Haute-Provence, au-dessus de Digne-les-Bains, il y a à flanc de montagne une curieuse dalle de pierre naturelle : grande comme un terrain de basket, elle est couverte de 1 500 ammonites fossilisées, des mollusques marins préhistoriques facilement reconnaissables à leur coquille enroulée en spirale. Comment de tels animaux ont-ils pu s'échouer ici, à 100 km de la mer et 700 m d'altitude ? Voilà ce qui s'est passé : il y a 200 millions d'années, la terre à cet endroit était beaucoup plus basse qu'aujourd'hui. Tellement basse qu'elle se trouvait sous le niveau de la mer. Les ammonites étaient donc chez elles. En mourant, leurs coquilles se sont déposées au fond de l'eau. Puis, il y a 140 millions d'années, sous l'effet de la dérive des continents, l'Afrique est lentement remontée vers le nord et a heurté l'Europe. Cette collision a grandement modifié le paysage : il y a environ 20 millions d'années, certaines terres immergées, prises en étau entre l'Europe et l'Afrique, n'ont eu d'autre choix que s'élever. C'est ainsi que la Provence est sortie des eaux et que les Alpes sont apparues, ont grandi et continuent d'ailleurs à le faire, au rythme de quelques millimètres par an.

 La Méditerranée est-elle éternelle ?

Le continent africain continue de remonter vers l'Europe. D'ici 50 millions d'années, le détroit de Gibraltar entre Atlantique et Méditerranée se fermera et une bonne partie de celle-ci disparaîtra.

Comment sait-on à quelle époque vivaient les dinosaures ?

On le sait grâce à la géologie, qui est l'étude des roches de la croûte terrestre. En simplifiant beaucoup, on peut comparer ladite croûte à un mille-feuilles, dont chaque feuille est une couche rocheuse (appelée strate) : les plus anciennes ont été recouvertes par les plus récentes, elles-mêmes recouvertes par de plus récentes… En notant que tel fossile de plante ou d'animal se trouvait dans telle couche, les géologues ont reconstitué l'histoire de notre planète et l'évolution de la vie. Ils ont ainsi établi une sorte de calendrier, dont les mois sont appelés « ères » : il y a l'ère précambrienne, où la vie était très rare ; l'ère primaire, avec le développement des premiers animaux marins puis terrestres ; l'ère secondaire, où régnaient un climat tropical et les dinosaures ; l'ère tertiaire, avec un refroidissement et l'expansion des mammifères ; et finalement l'ère quaternaire, peu différente de la précédente, si ce n'est l'apparition des hommes. Chaque ère est divisée en plusieurs périodes : l'ère secondaire est ainsi divisée en Trias, Jurassique et Crétacé. Les propriétés nucléaires des roches ont permis de savoir que cette ère a commencé il y a 204 millions d'années pour s'arrêter il y a 65 millions d'années.

Est-ce un hasard si dans Jurassique il y a le mot Jura ?

Les premières roches de cet âge géologique ont été étudiées dans la région montagneuse du Jura. Elles ont donc naturellement été baptisées jurassiques.

Au temps des dinosaures, quelle était la durée d'une journée sur Terre ?

Il y a 200 millions d'années, une journée durait environ 23 heures. Bien sûr, à l'époque, il n'y avait aucun humain sur Terre pour le vérifier et les dinosaures n'avaient pas de montres : ce sont les modélisations sur ordinateur qui l'affirment. Pourquoi les journées ont-elles rallongé depuis ? La succession des jours et des nuits est due à la rotation de notre planète sur elle-même. Aujourd'hui, comme elle fait un tour complet en 24 heures, une journée dure 24 heures. Le problème, c'est que la Terre tourne de plus en plus lentement sur elle-même. Les marées sont l'une des raisons à cela : la force de gravité de la Lune et du Soleil est responsable d'importants déplacements d'eau dans les océans. Or, le frottement de l'eau au fond des mers peu profondes entraîne une friction qui ralentit la rotation de la Terre. C'est très faible, mais régulier. Voilà pourquoi, il y a 200 millions d'années, les journées duraient 23 heures et pourquoi, dans 200 millions d'années, elles dureront 25 heures.

 **Combien de temps a duré la journée du 30 juin 2012 ?**

Elle a duré 24 heures et 1 seconde ! Comme la Terre tourne de moins en moins vite, une seconde intercalaire est ajoutée de temps en temps pour que l'heure sur nos montres continue à correspondre avec celle définie par la position des étoiles.

Si l'Univers est apparu à 0 h 00 et si 24 heures se sont écoulées depuis, à quelle heure sont apparus les premiers hommes ?

L'Univers est né il y a environ 15 milliards d'années, mais ramenons cette durée à une journée de 24 heures. Au commencement, à 0 h 00, donc, il y a eu une immense explosion d'énergie : c'était le big-bang. L'Univers a ensuite gonflé comme un ballon, la matière et la lumière sont apparues. À environ 1 heure du matin, sur notre échelle d'une journée, les premières galaxies se sont formées. Vers 16 h, notre Soleil est né, suivi peu après par la Terre et les autres planètes. Il était 17 h 45 lorsque la vie est apparue sur Terre sous la forme des bactéries primitives. À 23 h 15, les premiers animaux marins, éponges et méduses, se sont ébattus dans les océans. Puis tout s'est accéléré : à 23 h 24, sortie des animaux hors de l'eau ; à 23 h 36, les premiers dinosaures apparaissent, pour disparaître dix-sept minutes plus tard ; à 23 h 53, apparition des primates. Quant aux ancêtres des premiers hommes, ils sont apparus à 23 h 59 mn 32 s, soit 28 secondes avant minuit. C'était il y a environ 5 millions d'années...

Sur notre échelle d'une journée, à quelle heure les hommes ont-ils maîtrisé le feu ?

L'homme a maîtrisé le feu il y a environ 400 000 ans, soit à l'échelle d'une journée à 23 h 59 mn 59 s 997 millièmes.

L'UNIVERS

> ## Si le Soleil avait la taille d'un ballon de football, quelle taille aurait la Terre ?

Si le Soleil était gros comme un ballon, la Terre serait petite comme un grain de poivre ! On oublie souvent les proportions du système solaire. Pour en prendre bien conscience, rien ne vaut une maquette à l'échelle : posez un ballon de football par terre et faites 9 grands pas. Posez par terre un grain de gros sel : il correspond à Mercure, la planète la plus proche du Soleil. Marchez 8 pas supplémentaires et posez un grain de poivre : c'est Vénus. Faites encore 6 pas et placez un second grain de poivre : c'est nous, la Terre, à 23 mètres du ballon de foot ! Continuez ainsi en posant à 6 pas de là un second grain de gros sel (Mars) ; puis à 87 pas, une mirabelle (Jupiter, la plus grosse planète du système solaire) ; puis à 103 pas, une cerise (Saturne) ; puis à 229 pas, une grosse myrtille (Uranus) ; puis à 260 pas, une autre myrtille (Neptune) ; et enfin à 223 pas, un grain de sable (Pluton). Vous serez alors à près d'un kilomètre du ballon ! Pluton est si petite et si lointaine qu'elle est quasiment invisible, même avec les meilleurs télescopes.

 **Comment se rappelle-t-on facilement le nom des planètes dans l'ordre ?**

Retenez la phrase suivante : « Mon Vieux, Tu M'as Jeté Sur Une Nouvelle Planète. » L'initiale de chaque mot donne l'initiale des planètes dans l'ordre.

Le Soleil s'éteindra-t-il un jour ?

Le Soleil est comme une bougie : tant que la bougie a de la matière à brûler, elle reste allumée. Dès qu'elle n'en a plus, elle s'éteint. Donc oui, le Soleil s'éteindra un jour. Notre étoile est une énorme boule de gaz, essentiellement constituée d'hydrogène et d'hélium. En son cœur surchauffé se produisent des réactions nucléaires naturelles : les noyaux d'hydrogène fusionnent entre eux pour former des noyaux d'hélium. Cette réaction produit une quantité de chaleur faramineuse (au cœur du Soleil, il fait 15 millions de degrés !). La chaleur voyage ensuite vers la surface de l'astre, où elle est transformée en lumière. C'est elle qui nous éclaire chaque jour. Le carburant qui maintient le Soleil allumé est donc l'hydrogène. Lorsqu'il se sera entièrement transformé en hélium, notre étoile s'éteindra. Mais pas d'inquiétude : les experts estiment qu'une étoile de la taille du Soleil a une durée de vie d'environ 10 milliards d'années. Comme le Soleil existe depuis 5 milliards d'années, il lui en reste autant à briller. Inutile donc de préparer vos affaires pour filer dans un autre système solaire !

 **Quelle quantité de lumière est produite à la surface du Soleil ?**

Chaque centimètre carré à la surface du Soleil produit autant de lumière que 500 000 bougies.

Combien de temps met la lumière du Soleil pour atteindre la Terre ?

La lumière du Soleil met environ 8 minutes pour parcourir les 150 millions de km jusqu'à la Terre. Elle se propage donc dans le vide à près de 300 000 km par seconde. C'est une vitesse très rapide, mais pas infinie. Pourtant, on a longtemps cru que sa transmission était instantanée. Comment a-t-on réalisé que c'était faux ? La découverte en revient à l'astronome danois Olaüs Römer, qui travailla à partir de 1672 à l'Observatoire de Paris. Il y observait les éclipses de Jupiter : lorsque la lune Io passe dans l'ombre de la planète géante, elle disparaît temporairement de l'oculaire des télescopes. Le moment des disparitions et des réapparitions avait été déterminé par le calcul, mais l'éclipse avait rarement lieu à l'instant prédit. « L'éclipse se produit toujours en retard lorsque la Terre et Jupiter sont très éloignées l'une de l'autre, remarqua Römer. Si on suppose que la vitesse de la lumière n'est pas infinie, alors tout s'explique : le retard est dû au temps que met la lumière à faire le trajet jusqu'à la Terre. » Le Danois en déduisit la vitesse de la lumière et calcula que l'éclipse du 9 novembre 1676 aurait lieu avec 10 minutes de retard. Une prédiction qui se réalisa parfaitement...

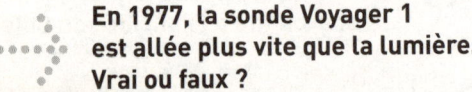

En 1977, la sonde Voyager 1 est allée plus vite que la lumière. Vrai ou faux ?

Faux. Rien ne peut aller plus vite que la lumière dans le vide. Lancée à la vitesse de 54 000 km/h, Voyager 1 voyageait 20 000 fois moins vite que la lumière...

Il existe bel et bien une machine à remonter dans le temps. Elle ne permet pas de revenir 1 000 ans en arrière, mais de voir à quoi ressemblait l'Univers il y a 1 000 ans et plus. Cette merveilleuse machine s'appelle un télescope. Pour comprendre pourquoi il permet de voir dans le passé, imaginez ceci : votre tante Lucette, qui habite Tombouctou, vous envoie par la poste une photo de son élevage de têtards. Si la lettre met trois semaines à aller de Tombouctou jusqu'à votre domicile, en l'ouvrant, vous verrez la tête qu'avaient les têtards il y a trois semaines. Mais qui sait si, au même moment, ils ne sont pas déjà devenus grenouilles ? Il se passe la même chose avec les astres. Si la lumière d'une étoile met 100 000 ans à nous parvenir, l'image qu'on en a dans le télescope montre la tête qu'elle avait il y a 100 000 ans. Qui sait si, depuis, elle ne s'est pas éteinte ? Plus l'astre observé est éloigné, plus sa lumière met du temps à faire le voyage, et plus on remonte dans le temps. L'observation de galaxies situées à 10 milliards d'années-lumière de nous (dont la lumière a mis 10 milliards d'années à nous parvenir), nous montre l'Univers tel qu'il était il y a 10 milliards d'années, c'est-à-dire peu après sa création.

Qu'est-ce qu'une année-lumière ?

Une année-lumière est une unité de distance ; elle correspond à la distance parcourue par la lumière dans le vide pendant une année. Une année-lumière fait 9,46 millions de millions de km.

Je suis née, il y a 4,5 milliards d'années, du choc entre la Terre et une météorite géante. Qui suis-je ?

À cette époque, la Terre était toute jeune. Elle était une boule de roche en fusion, sans aucune trace de vie. Une météorite géante, de la taille de Mars, l'aurait alors heurtée, non pas de front mais légèrement de côté. Sous le choc, des débris se seraient envolés si haut qu'ils auraient fini par se retrouver en orbite autour de la Terre. Ils auraient ensuite formé un anneau semblable à ceux de Saturne. Puis, le temps passant, ils se seraient regroupés, attirés les uns vers les autres par la force de gravitation. Une boule serait ainsi apparue, tournant autour de la Terre. Son nom : la Lune. Bien sûr, ce n'est qu'une hypothèse, mais c'est actuellement celle privilégiée par les astronomes. D'une part, la modélisation de l'impact sur ordinateur montre qu'il est tout à fait réaliste. D'autre part, près de 387 kg de cailloux ont été rapportés de la Lune par les astronautes américains qui s'y sont posés. Or, la composition de cette roche est très semblable à celle de la Terre. La Lune serait donc bien la fille naturelle de la Terre et d'une météorite.

Combien d'hommes ont posé le pied sur la Lune ?

Les Américains sont les seuls à avoir envoyé des hommes sur la Lune. En tout, douze astronautes y ont posé le pied entre 1969 et 1972.

> **Si, sur Terre, vous crachez un noyau de cerise à 3 m, à quelle distance y parviendrez-vous sur la Lune ?**

Sur Terre, deux phénomènes physiques font qu'un noyau craché retombe par terre. Le plus important est la gravitation terrestre, c'est-à-dire la force que la Terre exerce sur le noyau et qui l'attire vers le bas. Le second est les frottements de l'air, qui freinent le noyau, mais de manière très faible. Sur la Lune, il y a également deux phénomènes qui empêchent un noyau craché de partir loin. Le premier est la force de gravitation de la Lune. Le second n'est pas les frottements de l'air, car il n'y a pas d'air autour de la Lune, mais la visière de votre scaphandre. Afin de simplifier les calculs, oublions les frottements de l'air et le scaphandre, pour ne retenir que la gravitation. La force de gravitation à la surface d'une planète dépend de sa masse et de son diamètre. Sur la Lune, elle est six fois plus faible que sur la Terre. Le noyau de cerise ira donc six fois plus loin. Si vous le crachez à 3 m sur Terre, il atteindra 18 m sur la Lune. Trop fort !

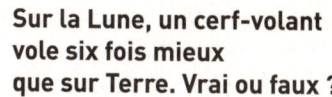 **Sur la Lune, un cerf-volant vole six fois mieux que sur Terre. Vrai ou faux ?**

Faux. Pour voler, un cerf-volant s'appuie sur l'air qui l'entoure. Sur la Lune, le cerf-volant paraîtra six fois plus léger que sur la Terre, mais comme il n'y a pas d'air, il ne décollera pas d'un pouce.

Peut-on acheter un terrain sur la Lune ?

« Vends magnifique terrain. Vue imprenable sur la Terre. » Depuis quelques décennies, plusieurs sociétés vendent des parcelles de Lune dans des territoires aux noms magiques : la mer de la Tranquillité, le lac des Rêves, la baie des Arcs-en-ciel... Le coût n'est pas très élevé par rapport au prix du mètre carré terrien : environ 60 euros l'hectare. Le plus cher, c'est le voyage ! Plusieurs documents sont remis à l'acquéreur : un titre de propriété, une photo satellite du lopin de lune et une carte de l'emplacement, pour vérifier au télescope que personne ne squatte chez vous. Seul hic dans l'affaire : d'après le traité de l'espace ratifié par les Nations-Unies en 1967, les objets célestes – Lune, Mars et autres planètes et étoiles – n'appartiennent à aucun pays. Les sociétés immobilières de l'espace, qui prétendent s'appuyer sur un flou juridique en réalité inexistant, revendent donc à de naïfs rêveurs quelque chose qui ne leur appartient pas. Du coup, 60 euros pour trois feuilles de papier, ça fait cher le mètre carré !

 **En 1925, un escroc a vendu la tour Eiffel. Vrai ou faux ?**

Vrai. À l'époque, les médias parlaient de la possible destruction de la tour Eiffel. Un homme surnommé Victor Lustig se fit passer pour un haut fonctionnaire chargé de sélectionner le ferrailleur qui récupérerait le métal. Il se fit remettre un gros chèque d'acompte par un ferrailleur naïf, avant de disparaître dans la nature...

Combien de temps doivent durer vos vacances, si vous voulez les passer sur Mars ?

Marre de cette bonne vieille Terre ? Envie de grands espaces ? Allez sur Mars ! À l'heure actuelle, aucun humain n'y a jamais mis les pieds : pire, si plusieurs sondes s'y sont déjà posées, aucune n'en est revenue. La faute à la distance. D'abord, pour y aller, il faut choisir le bon moment : comme la Terre et Mars ne tournent pas à la même vitesse autour du Soleil, elles sont parfois très proches, parfois diamétralement opposées. En partant au meilleur moment, le voyage aller dure entre 6 et 8 mois (contre 3 jours pour se rendre sur la Lune). Sur place, il faut ensuite attendre le bon moment pour revenir. Puis à nouveau 6 à 8 mois de trajet. Soit, au total, environ 2 ans. Avant d'y envoyer des humains, les problèmes à régler sont nombreux : il faudra beaucoup de carburant et de sandwichs pour les astronautes. Et ils devront s'entendre parfaitement pour se supporter 2 ans, être protégés contre les dangereux rayons cosmiques et parfaitement autonomes : les ondes radio mettent jusqu'à 20 minutes pour aller d'une planète à l'autre. En cas de pépin, envoyer un message et attendre la réponse peut nécessiter 40 minutes... Bref, les vacances sur Mars ne sont pas pour demain !

 Combien de temps une fusée mettrait-elle à atteindre l'étoile Proxima du Centaure ?

Une fusée allant à la vitesse de 50 000 km/h mettrait près de 90 000 ans à atteindre Proxima du Centaure, l'étoile la plus proche de la Terre après le Soleil.

**Dans quelles circonstances
la planète Cérès
a-t-elle disparu ?**

Observatoire de Sicile, la nuit du 1er janvier 1801. Alors qu'il recherche une étoile au téléscope, Giuseppe Piazzi observe un curieux objet céleste. Comme il se déplace par rapport aux étoiles, ce n'en est pas une. L'astronome pense alors à une comète, l'observe plusieurs nuits de suite, la baptise Cérès, du nom de la déesse protectrice de la Sicile, et annonce sa découverte aux autres astronomes. Bien vite, ils se rendent compte que le mystérieux objet n'est pas non plus une comète : son orbite est trop circulaire pour cela. L'objet ne peut donc être qu'une planète ! Une nouvelle planète, large de 950 km et située entre Mars et Jupiter. Dans les années qui suivent, trois planètes similaires, bien que plus petites, sont découvertes au même endroit Pallas, Junon et Vesta. Puis bien d'autres, quelques décennies après. Ces cailloux, trop nombreux et trop petits, ne peuvent dès lors plus conserver le noble statut de planète. À partir de 1850, Cérès, Pallas, Junon et Vesta sont déclassées et appelées astéroïdes. Aujourd'hui, plus de cent mille cailloux semblables ont été recensés entre Mars et Jupiter. Ils forment la « ceinture d'astéroïdes ».

Pluton est-elle une planète ?

Après sa découverte en 1930, Pluton a été considérée comme une planète. Mais l'objet est petit, peu dense et des objets similaires ont depuis été détectés au-delà de Neptune. Du coup, en août 2006, l'Union astronomique internationale a préféré déclasser Pluton de « planète » en « planète naine ».

Où trouve-t-on l'astéroïde Bésixdouze ?

Dans le ciel et dans les bibliothèques. En 1943, un an avant sa disparition lors d'une mission aérienne, Antoine de Saint-Exupéry écrivait *Le Petit Prince*. C'est l'histoire d'un aviateur qui, suite à une panne de moteur, se pose dans le désert du Sahara et s'apprête à réparer seul son avion. Le lendemain, une voix le réveille : « S'il vous plaît, dessine-moi un mouton ! » Il s'agit du Petit Prince, venu de l'astéroïde B612 où il vivait avec sa rose. On connaît la suite... En 2002, en hommage à ce magnifique conte, un astronome amateur français proposa à l'Union astronomique internationale (UAI), seul organisme habilité à baptiser les objets célestes, de nommer B612 un astéroïde. L'astéroïde 44610, découvert en 1993 par les Japonais Endate et Wanatabe, fut choisi pour cela. Pourquoi celui-ci en particulier ? Car B612 en base hexadécimale correspond à 44610 en base décimale. Mais comme l'UAI ne pouvait pas lui donner un nom contenant des chiffres, elle proposa d'écrire B612 en toutes lettres : Bésixdouze. La nuit, ce n'est pas la peine d'essayer de le voir dans le ciel : trop petit et trop lointain, il est invisible pour les yeux. Mais, ce n'est pas l'essentiel...

Pourquoi Saint-Exupéry n'a-t-il pas fait l'école Navale ?

Passionné de mécanique, Saint-Exupéry voulait intégrer l'école Navale à 19 ans. Mais il fut recalé au concours d'entrée à cause d'une note insuffisante en... français et littérature.

> **Pourquoi la constellation
> de la Grande Ourse
> s'appelle-t-elle ainsi ?**

Les nuits sans nuages, plusieurs milliers d'étoiles sont visibles depuis la Terre. Pour s'y retrouver, on les regroupe généralement par paquets d'étoiles voisines : les constellations. Le ciel est ainsi divisé en 88 constellations : le Cancer, les Gémeaux, le Dragon, le Capricorne, le Centaure... Chacune a une histoire, qui nous vient souvent de la mythologie grecque. Ainsi, à l'origine de la Grande Ourse, il y avait une très belle jeune femme, la nymphe Callisto. Un jour, elle se laissa séduire par le dieu Zeus et donna naissance à un fils, Arcas. Pour se venger, Héra, l'épouse de Zeus, transforma Callisto en ourse et l'envoya dans la forêt. Bien plus tard, alors qu'il chassait dans cette forêt, Arcas aperçut une ourse et tira une flèche, ignorant qu'il s'agissait de sa mère. Il l'aurait tuée si Zeus n'avait envoyé l'ourse dans les cieux pour la mettre à l'abri. Depuis, elle forme la Grande Ourse. Une autre légende raconte que, par la suite, Zeus aurait transformé Arcas en Arcturus, une étoile très brillante voisine de la Grande Ourse, afin de veiller sur sa mère.

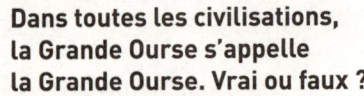

**Dans toutes les civilisations,
la Grande Ourse s'appelle
la Grande Ourse. Vrai ou faux ?**

Faux. Chaque civilisation a regardé le ciel avec ses propres yeux et ses propres images. Ainsi, notre Grande Ourse correspond à un putois pour les Indiens sioux, à un sanglier pour les Gaulois et à un chariot rempli de nourriture pour les Chinois.

Où se trouve la planète « 51 Peg b » ?

En 1995, dans leur laboratoire, les savants suisses Michel Mayer et Didier Queloz font et refont leurs calculs. Depuis quelque temps, ils observent la lumière émise par l'étoile 51 Pegasi, située dans la constellation de Pégase. D'après leurs résultats, cette étoile bouge : elle avance, recule puis avance à nouveau quatre jours plus tard, avec la régularité d'un métronome. Pour les deux astronomes, une seule cause possible : l'étoile est attirée par un objet invisible qui tourne autour et qui ne peut être qu'une planète. Baptisée 51 Peg b, cette planète est gazeuse, deux fois plus petite que Jupiter et fait le tour de son étoile en seulement 4 jours. Elle est malheureusement bien trop petite et trop éloignée pour être vue directement au télescope : autant essayer de voir à l'œil nu un moustique tournant autour d'un lampadaire à un kilomètre de distance ! La découverte des deux Suisses fait cependant grand bruit : jusque-là, les seules planètes connues tournaient autour du Soleil (Mercure, Vénus, la Terre...). Pour la première fois, des astronomes ont apporté la preuve qu'il existait d'autres planètes, ailleurs, autour d'autres soleils...

Combien a-t-on découvert de planètes ?

En janvier 2006, les astronomes ont annoncé la découverte de OGLE-2005-BLG-390Lb, la première planète extrasolaire solide (et non gazeuse). Entre 51 Peg b et celle-ci, environ 170 autres « exoplanètes » avaient été découvertes. En 2013, on en dénombrait plus de 800...

Combien y a-t-il d'étoiles dans le ciel ?

Depuis des temps très reculés, les hommes scrutent les étoiles et dressent des catalogues dans lesquels ils les répertorient. Les astronomes grecs Hipparque (vers 127 avant J.-C.) et Ptolémée (vers 137 après J.-C.) en ont ainsi recensé plus de 1 000. Comme ils vivaient dans l'hémisphère nord de la Terre, ils ne pouvaient observer que celles situées dans la moitié nord du ciel. Et comme ni les jumelles ni les télescopes n'existaient à l'époque, seules les étoiles visibles à l'œil nu étaient répertoriées. Par la suite, d'autres astronomes, arabes ou européens, ont complété ces catalogues, et, aujourd'hui, on recense environ 6 000 étoiles visibles à l'œil nu, une moitié depuis l'hémisphère Nord, l'autre depuis l'hémisphère Sud. Mais cela ne constitue qu'une infime partie des étoiles existantes : dans leur immense majorité, elles sont soit trop petites, soit trop éloignées, soit les deux à la fois, pour être vues à l'œil nu. Avec de bonnes jumelles, on peut en voir jusqu'à 100 000 et, avec les meilleurs télescopes, jusqu'à 17 millions. Mais on estime que notre galaxie compte en réalité 200 milliards d'étoiles et qu'il y a 100 milliards de galaxies dans l'Univers...

 ### Qu'est-ce que l'étoile polaire ?

Comme la Terre tourne sur elle-même, au cours de la nuit, les étoiles semblent tourner dans le ciel. Sauf l'étoile polaire, qui se situe dans le prolongement de l'axe de rotation de la terre. Du coup, celle-ci paraît fixe.

> **Dans l'espace, combien pèserait un trou noir de la taille d'une bille ?**

Un trou noir d'un centimètre de diamètre pèserait au minimum 6 000 milliards de milliards de tonnes, soit la masse de la Terre. Les trous noirs stellaires sont des objets bien mystérieux. Ce sont des cadavres d'étoile : lorsqu'une étoile très massive meurt, elle explose et donne naissance à un astre très lumineux, une supernova. Le noyau a ensuite tendance à s'effondrer sur lui-même, attiré par sa propre force de gravité. Toute sa masse se concentre dès lors dans un volume de plus en plus petit. C'est ainsi que naît le trou noir, avec sa densité extrême. Il est si dense qu'il attire tout ce qui s'approche et rien ne peut s'en échapper, pas même la lumière. C'est d'ailleurs pour cela qu'on l'appelle « trou noir » : comme aucune lumière ne s'en échappe, personne n'en a jamais vu un. Comment, dans ce cas, sait-on qu'ils existent ? En observant les étoiles ou les objets environnants : une fois pris dans son attraction, ils tournent autour avant de disparaître, absorbés.

Le Soleil est-il une grosse ou une petite étoile ?

Le Soleil est une étoile moyenne. Il en existe certaines plus petites (10 fois plus légères que le Soleil) et d'autres plus grosses (10 fois la masse du Soleil). À la fin de leur existence, seules les plus grosses donnent naissance à des trous noirs.

Combien d'extraterrestres y a-t-il dans notre galaxie ?

Oui, vous avez bien lu : combien de petits êtres verts – ou bleus, ou rouges, ça n'a pas d'importance – vivent actuellement dans notre galaxie ? Et avec combien d'entre eux pourrions-nous communiquer ? En 1961, un astronome américain très sérieux, Frank Drake, a tenté d'y répondre très précisément. Pour cela, il s'est demandé combien d'étoiles apparaissent chaque année dans notre galaxie. Ensuite, parmi ces étoiles, combien sont entourées de planètes. Ensuite, parmi ces planètes, combien sont propices à l'apparition de la vie. Ensuite, parmi ces dernières, sur combien la vie est-elle réellement apparue. Ensuite, parmi elles, combien ont vu l'apparition d'une forme d'intelligence. Ensuite, parmi ces dernières, combien ont développé une technologie avancée. Enfin, comme toutes les civilisations meurent un jour, quelle est la durée de vie d'une civilisation. En novembre 1961, Drake a réuni neuf astronomes, chimistes et biologistes de renom pour tenter de donner des valeurs à chacune des inconnues de son équation. Résultat : le nombre de civilisations extraterrestres avec lesquelles nous pourrions communiquer se situerait entre une vingtaine et plusieurs millions. Des chiffres qui laissent aujourd'hui de nombreux chercheurs sceptiques...

Des signaux extraterrestres ont déjà été captés. Vrai ou faux ?

Faux. Depuis 1960, des paraboles géantes tentent de capter des ondes radio émises par d'éventuels aliens. À ce jour, rien n'a été détecté et aucune preuve formelle n'a été apportée concernant l'existence des extraterrestres.

Notes

Notes

Notes

Notes

Notes

Notes

Notes

Notes

Notes

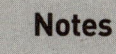

Notes

Notes

Notes

Notes

Notes

Achevé d'imprimer en Allemagne par GGP Media GmbH, Poessneck

Dépôt légal : juin 2013
ISBN 13 : 978-2-501-08782-7
4132064 / 01